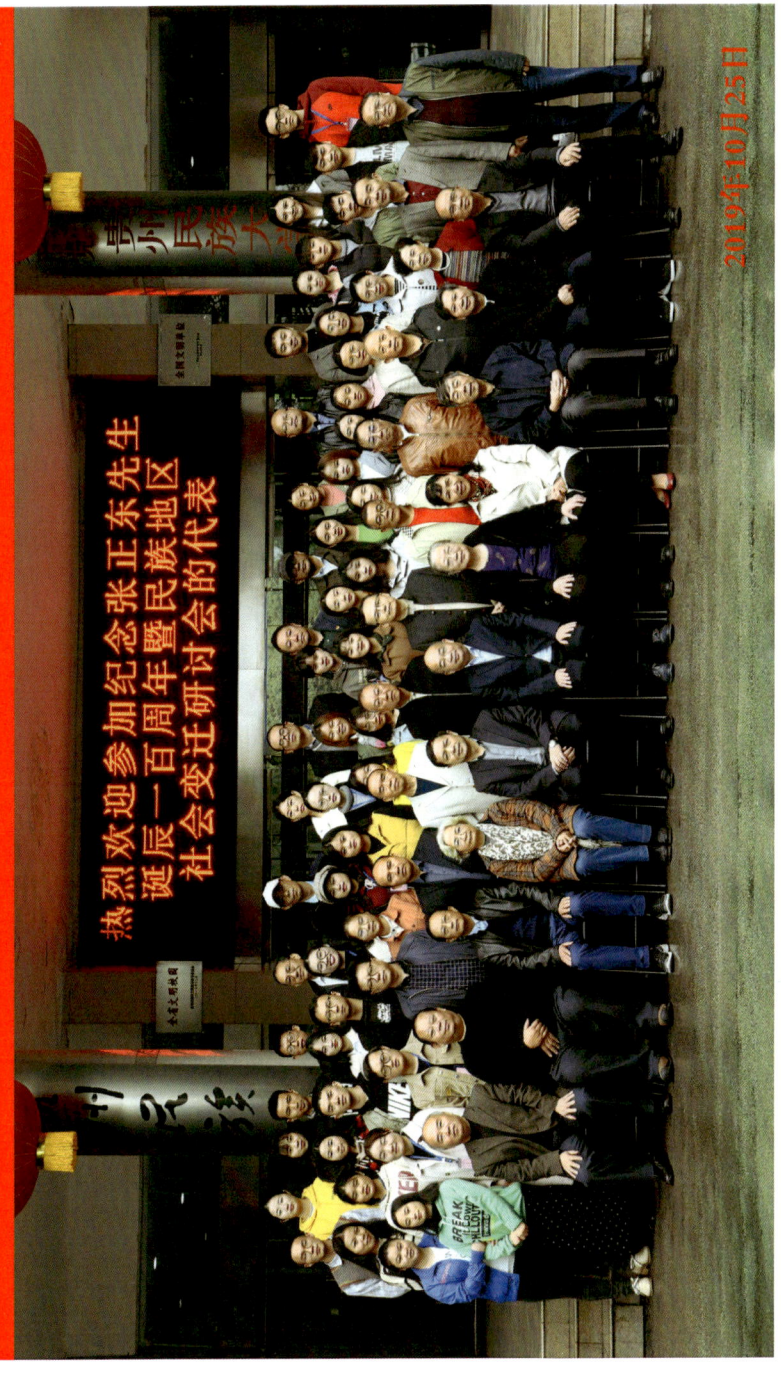

纪念张正东先生诞辰一百周年暨民族地区社会变迁研讨会合影

2019年10月25日

热烈欢迎参加纪念张正东先生
诞辰一百周年暨民族地区
社会变迁研讨会的代表

贵州省区域一流建设学科——民族学学科经费资助项目

纪念张正东先生诞辰100周年暨民族地区社会变迁

论 文 集

石开忠 编

群言出版社
QUNYAN PRESS
·北京·

图书在版编目（CIP）数据

纪念张正东先生诞辰100周年暨民族地区社会变迁论文集 / 石开忠 编 . -- 北京：群言出版社，2021.5
ISBN 978-7-5193-0637-3

Ⅰ．①纪… Ⅱ．①石… Ⅲ．①民族地区－社会变迁－中国－文集 Ⅳ．① K28-53

中国版本图书馆 CIP 数据核字（2021）第 018012 号

责任编辑：李　群
助理编辑：张启超
封面设计：李士勇

出版发行：群言出版社
地　　址：北京市东城区东厂胡同北巷1号（100006）
网　　址：www.qypublish.com（官网书城）
电子信箱：qunyancbs@126.com
联系电话：010-65267783　65263836
经　　销：全国新华书店

印　　刷：北京虎彩文化传播有限公司
版　　次：2021年5月第1版　2021年5月第1次印刷
开　　本：880mm×1230mm　1/32
印　　张：12.5
字　　数：250千字
书　　号：978-7-5193-0637-3
定　　价：49.80元

前 言

2019 年 10 月 25 日是张正东先生诞辰 100 周年之日。张正东先生 1942 年毕业于西南联大社会学系，后在吴泽霖教授的推荐下出任当时国立丽江师范学校校长，因为是抗日战争时期，故同时进行"边胞服务站"的工作。1949 年新中国成立后，张正东在云南的几所中学和云南大学从事教学工作，一直到 1957 年 7 月。之后经吴泽霖教授推荐，张正东到贵州民族学院工作，再后来到贵州省民族研究所工作。1975 年贵州民族学院恢复办学，1979 年 9 月，张正东先生回到贵州民族学院从事教学科研工作，直到去世。

张正东先生在贵州工作的 40 年时间里除了在贵州民族学院（今贵州民族大学）、贵州省民族研究所从事教学科研工作外，还多次到贵州少数民族地区进行调查。20 世纪 80 年代初，张正东先生还参加过贵州的民族识别调查研究工作。

我们缅怀张正东先生，传承他的精神，为了更好地开展民族教育研究工作，不辜负先生对后学的期望，我们召开了纪念张先生诞辰 100 周年的会议。本次会议共收到参会文章 50 余篇，论文集选取了 30 篇公开出版。

石开忠

贵州省区域一流建设学科 民族学学科负责人

2021 年 3 月

目 录

上 编

下 编

上编

在张正东先生诞辰 100 周年会议上的讲话

熊元 ※

张正东先生亲属、各位同志、各位老师、各位同学：

今天是我校已故张正东先生诞辰 100 周年的日子。1942 年张正东从在西南联大毕业。1942 年 7 月—1946 年 1 月，张正东教授与邝文宝老师受清华大学资助，在吴泽霖教授的指导下，在云南丽江进行了长达 4 年的民族调查研究和其他工作。工作主要包括：一是办学校，进行民族教育工作。1946 年 2 月—1949 年 7 月，张正东先生在云南丽江师范学校任教员、校长，直接从事民族教育工作。二是发展当地医疗卫生事业，改变少数民族缺医少药的状况。三是争取边疆地区土司回归祖国的工作。新中国成立后，张正东先生于 1949 年 10 月—1950 年 3 月，任云南大学社会学系讲师；1950 年 4 月—1950 年 10 月，在西

※ 熊元：贵州民族大学副校长。

南人民革命大学云南分校学习；1950 年 11 月—1951 年 7 月，任云南昆明长城中学副校长；1951 年 8 月—1953 年 8 月，任云南昆明第十二中学文科专任教员；1953 年 9 月—1956 年 5 月，任云南昆明第六中学文科专任教员；1956 年 6 月—1957 年 6 月，任云南昆明第十五中学文科专任教员；1957 年 7 月—1959 年 12 月，在贵州民族学院研究室做研究人员，从事民族学研究。1959 年贵州民族学院被撤销，张正东教授于 1960 年 1 月—1979 年 8 月，到贵州省民族研究所工作；1975 年贵州民族学院恢复办学后，1979 年 9 月，被调入贵州民族学院从事教学科研工作，一直到去世。

张正东教授担任《中国人口·贵州分册》副主编，参与编写了我省第一部区域性人口著作，参编了《贵州省志·地理志·人口篇》《清实录·贵州资料辑录》，还参加了云贵等省十几种少数民族的调查和资料汇编工作，同时撰写了多篇具有较高学术价值的论文。在教学科研工作中，张正东教授关心、培养中青年教师，接待了不少来我省、我院访问的国内外专家和学者，同他们进行了友好的学术交流。张正东教授在贵州省的民族识别、民族教育和少数民族地区的社会经济发展方面都做出了贡献。1986 年 9 月，贵州民族学院授予张正东教授"为人师表，教书育人"先进教师称号；1984 年 9 月，贵州省委、省政府授予张正东教授民族团结先进工作者称号；1985 年 10 月，省政协、省智力支边领导小组、省委统战部授予他"贵州省各界人士为四化服务先进代表"称号。

张正东教授在生活上始终保持艰苦朴素的作风，为人师表，严于律己，宽以待人，在大是大非的问题上态度鲜明。他参与了贵州民族学院历史系、社会学系的筹备工作，是历史系的负责人之一。在课程的设置上和学科定位上张正东教授能高瞻远瞩，放眼全国，着眼未来。

我们今天纪念张正东先生诞辰 100 周年，是要继承老一辈教师的光荣传统，并将其发扬光大，使我校的民族学、社会学学科得到更好的发展，以告慰张正东先生的在天之灵。

2019 年 10 月 25 日

在纪念张正东先生诞辰 100 周年会议上的讲话

陈凡 [※]

今天是张正东先生诞辰 100 周年之日，我们在这里召开纪念会，趁着这个机会，我怀着崇敬的心情向张正东先生致敬，表达我的敬爱之心。感谢石开忠教授给我这次发言的机会，也感谢在座的学生，让我们能够在这里举行师生见面的活动，谢谢大家。

我们在张老师带领下，进行了很多次调研，如到黔东南州的凯里、台江等市县进行调查。因为他视力不太好，所以他的学术助手石开忠不在他身边时，一般就是我陪着他下去进行社会活动和实践调研活动的。谢谢大家！

※ 陈凡：贵州民族大学教师，此文根据录音整理。

回忆恩师对我的教育培养

石开忠

　　我是1978年从都匀市新城公社坝干知青点考取贵州民族学院（今贵州民族大学）政治系政治理论专业的。刚刚恢复建校的贵州民族学院在贵阳市的龙洞堡，就是现在的贵州省社会主义学院。当时正东老师作为学校的老教师分到了一小间房子，房子在一小栋平房的教室边上。篮球场就在其附近，课余时间我们经常在这里打篮球，在吃晚饭的时候也经常看见正东老师去食堂打饭、打开水。因为学校刚刚恢复，不仅学生人数少，老师的人数也不多，经常住在学校的老师就更少了。有时我们会主动替正东老师打饭、打开水，这样就开始了我与正东老师的接触。在接触的过程中他总是轻言细语地和我交谈，这是我对他最深刻的印象。开始时他总是问寒问暖，后来交谈的次数多了交谈的内容也就逐渐多了起来。这样我就经常到正东老师的小屋里与他一同用餐和请教学习上的一些问题。一年级开的多是一些公共课，在功课上要向他请教的问题不多，由于正东老师视力不够好，加上冬天天气较冷，他除了要备课看书外，还要撰写文章，事情比较多。所以，我就主动到他那里做一些工作。写文章时多是他一边说我一边记录，记录完之后再修改，一篇文章就这样完成了。在这个过程中我学会了如何组织文章的结构、如何用词、如何造句、如何修改等写作方法。一年多的时间使我对如何写文章有了兴趣，也可以说是正东老师带领我开始了研究工作。

1980 年年中我试写了一篇小文章投到了云南的《民族文化》杂志，不久文章就发表了；1981 年年初我试写了"侗歌种类"投到了《贵州日报》文艺副刊，没过多久也发表了出来。于是我把这些发表的小文章拿给正东老师看，从他的脸色我看得出来，他的心情跟我的心情是不一样的。我是高兴的心情，因为第一次发表文章；而正东老师的表情是严肃的。于是，他拿起笔来一字一句地推敲、修改，标点符号都不放过。我看到他修改的部分才知道我的不足，内心深感内疚，真是无知者无畏。这件事情我终生难忘。

时间过得真快，4 年的大学本科生活很快就要结束了。临近毕业，"对于工作，我没有过多考虑，无论到哪里我都会服从分配"。当正东老师问我毕业后有什么想法时我是这样回答的，对此正东老师在我面前也没多说什么。后来我才知道正东老师已向领导推荐我留校任教了。

在留校名单公布后，我还没有报到就受正东老师委托开始带本校的几名学生和贵州大学历史系的6名学生与齐新潮老师一起到台江县进行社会调查，一个星期后结束返校。新学期开学我被分配到政治系作为正东老师的学术助手从事教学工作，直接在正东老师的指导下进行教学、科研工作。在我留校的第二个学期，正东老师根据安排给政治系1980级学生开人口问题讲座，我也随堂听课。在听了4次课之后正东老师叫我给学生试讲一节课。我在试讲前对所要讲的人口问题进行了讲义撰写等准备工作。初上讲台还是有些紧张，但讲完一节课之后正东老师只问了我一句话，你以前当过老师上过课？我回答说没有，我在中学当过班长，下乡当知青时在知青队当过副队长。经过这次试讲之后，教研室的李智仁、张永国、姜永兴等老师就同意我单独给学生上课了。

正东老师是经历过国民党统治时期的人，加之新中国成立后，在政治上又受到冲击，所以他说话办事都比较谨小慎微，这些特点也带到了他的学术研究中来。有一次我们俩到台江去过"吃新节"和做社会调查（回来后写有台江苗族的敬桥节一文），该县文化馆的吴通发馆长带我们到苗族人家过节。我是第一次经历这种场合，正东老师在这样的场合也没多说什么，我就跟在他的后面，他做什么我就跟着学，这样就顺利通过了三道拦门酒等程序，这是我第一次做民族调查。

1983年初，经正东老师安排我参加了"六山六水"民族调查，调查队完成了在荔波瑶族地区一个多月的调查后在黔南州首府都匀市进行汇报，我汇报的是"瑶山人口问题"，正东老师也一同到场听取汇报。在这以后，我有时下乡调查，有时在学校上课，但多是在正东老师的指导下完成。

1985 年，正东老师带领我参加了《贵州省志·地理志·人口篇》的编写工作，后又带我参加了《中国人口丛书·贵州卷》的编撰工作，我还和他一起参加了《人口学基础》一书部分章节的撰写工作。

在正东老师诞辰 100 周年的日子里，我们纪念他，缅怀他。他对我的教育与培养是多方面的，我只有认真做好教学与研究工作，才能对得起正东老师对我的厚爱，以告慰他的在天之灵。

我记忆深处的张正东老师

白明政 ※

2019 年 10 月 25 日，"张正东先生诞辰 100 周年暨民族地区社会变迁研讨会"在贵州民族大学花溪校区第五会议室举行。副校长熊元受校党委书记、校长委托出席会议，并代表学校对张正东先生表示崇高的敬意和深深的缅怀。张正东先生的女儿张凯玲老师和贵州民族学院政治系 1977 级、1978 级部分同学，贵州民族大学民族学专业在读的硕士生、本科生参加了这次会议。会议邀请张凯玲老师介绍其父亲生前的有关情况，应会议主持人、政治系 1978 级石开忠同学和大家的推荐，我代表贵州民族学院政治系 1977 级同学，做一个简短的发言。

张正东老师是社会学家，曾用名张征东，1919 年生，河南襄城人，1942 年毕业于西南联合大学社会学系。张正东老

※ 白明政：教授，原贵州民族学院政治系 1977 级学生。

师先后担任云南省丽江地区新生活运动促进会第一边胞服务站主任、云南大学社会学系讲师。1957 年以后，张正东老师在贵州民族学院从事教学与研究工作。先后担任中国少数民族经济研究会理事，《中国人口·贵州分册》编委，贵州省民族研究会副会长、顾问，贵州省社会学学会常务理事，贵州省人口学学会副会长等职。主要著作有《云南、福贡等县调查报告》（1986 年）、《贵州省志·地理志·人口篇》（合写，1985 年）等。

我之所以对张正东老师有较深记忆，是因为我是贵州民族学院恢复重建后的首届本科生。1977 年 7 月，我在贵州省三都中学（省级重点中学，之前牌子就是这样挂的，后来才改名为贵州省三都民族中学）读完高中，8 月份开始担任初中教师（民办教师待遇，说是一两年后可以转为公办教师）。跟我同时期的同学，不管是高中毕业还是初中毕业，都要上山下乡或回乡（也称为下乡知青和回乡知青）。我能在高中毕业后就被安排担任初中教师，每月工资 30 余元，确实很幸运了。我最初的愿望本是这辈子就好好当一名初中教师，没有料到当年 10 月，《人民日报》《光明日报》等相继发出公告，宣布 1977 年 12 月国家将恢复中断了 12 年的统一高考。更幸运的是，在 400 多名各界各类考生中，我居然以全县第一名的成绩，被刚刚恢复重建的贵州民族学院政治系政治理论专业录取。

贵州民族学院是 1951 年 5 月 17 日成立的，是新中国最早成立的 5 所民族院校之一，1958 年并入贵州大学。国务院批准恢复重建后，贵州民族学院最先在贵阳市南明区龙洞堡，借用贵州省社会主义学院的校舍办学（1982年底，学校搬迁到花溪董家堰），1977级和1978级的学生都是在那里毕业的。恢复重建的贵州民族学院，1977年初开始招收4个班的干训生，学制一年半，后补发大专文凭。第一批恢复高考的统招生，是1977年12月考试，1978年4月才进校的（仍然称为1977级，1981届），与干训班的同学还接触了半年。我估算着，大概在我进校之前，张正东老师应该就在给干训班的师兄师姐们讲课了。

贵州民族学院恢复重建之初，只有两个系、两个专业，一个是政治系政治理论专业（1983年分出历史系，1984年分出干训部，1985年分出法律系，1986年分出经济管理系等），一个是中文系汉语言文学专业。1977级，政治系政治理论专业、中文系汉语言文学专业各招一个班，每班40余人。换言之，全校第一批大学本科生总共才有80多人。1978年，中文系由于缺乏师资停止招生，政治系招了两个班。1979年全校由于既缺乏师资又缺乏校舍，所以停招一年。1980年全校又恢复招生，政治系、中文系各招一个班，但是由于龙洞堡的校舍不够用，只好把中文系整体搬迁到花溪董家堰临时工棚办学。那时的办学条件之艰苦，现在的学生是想象不到的。恢复重建后的贵州民族学院政治系最先招收的四个干训班和政治系1977级一个班、1978级两个班都是在龙洞堡老校区毕业的。

1981年学校在原有政治系、中文系的基础上增加了数学系，并于当年招了首届学生。数学系在 1987 年和 1989 年，先后招收了两个专升本的两年制数学师资班。学校本部从龙洞堡全部搬迁到董家堰校区，已经是 1982 年的事了。学校本部刚搬迁到董家堰校区时，暂时使用教师宿舍作为办公楼，整个办公区只有一部手摇电话机对外联系，可见办公条件之简陋。

张正东老师及其夫人邝文宝老师都是我们政治系的老师。在我的记忆中，张正东老师主要讲授社会学、民族学类的课程，邝文宝老师主要讲授教育学类的课程。我的毕业论文写的是三都县的民族教育问题，指导教师就是邝文宝老师，张正东老师也给予了指导，并提出许多好的建议。我的这篇论文后来正式发表了。

我学习还算用功，成绩也一直靠前，多次被评为校级"三好学生"。我在本科学习期间就加入了中国共产党，被推选为首届校学生会的宣传部部长、文娱部部长，毕业前当选政治系的首任团总支书记，毕业后留校工作。这些都受益于张正东等众多恩师对我的谆谆教诲。

记得在我担任首届校学生会干部期间，学校拨给校学生会一部 18 寸的黑白电视机，由我负责保管和安排收视。只要天气允许，我每天晚上 7 点准时将电视机搬到宿舍旁的篮球场安装好，供广大教师和同学观看新闻和有关节目。张正东老师和邝文宝老师有时地到篮球场观看新闻，他们都和其他老师、同学一样自带凳子有序观看，很受大家尊重。

张正东老师和邝文宝老师有晚饭后散步的习惯。有不少同学喜欢和他们一道散步、聊天和讨论问题。当然，陪同他们散步最多的就数我的师弟、1978级的石开忠了。张正东老师总是很乐意与学生接触，乐意与学生谈心交友。记得当时我们政治系的学生政治辅导员张承权老师和校团委的专职干部（校学生会秘书长）奚诚萍老师调去参与筹建数学系后，校学生会秘书处的日常工作就基本上由我负责了，公章也交给我保管。当时的校学生会办公室安置在校办公楼后边山弯上的简易砖房里，我常在那里值班和学习。张正东老师和邝文宝老师晚饭散步时，偶尔也到校学生会办公室与我聊天。像张正东这样乐意接触学生、关心学生的老师确实不少，他们把教书育人、关心学生作为崇高的职责，把自己的一生献给党和国家的教育事业，确实令我们敬佩。

1982年1月，我大学毕业后留校分配到校团委，作为全校唯一的专职团干临时负责校团委的工作。1984年我开始担任校团委副书记，又先后担任物理系、法律系、行政管理系、干训部党总支副书记（主持党务工作），历史系、文化传播系党总支书记，学校马列主义教学部主任（后来改为马克思主义学院院长），学校党委宣传部部长，同时兼任贵州省社科联第五届常委、贵州省经济与法制建设促进会会长、贵州省布依学会常务副会长兼秘书长等职务。由于工作较为繁忙，我后来与张正东老师的接触逐渐变少，但是我还是会抽出时间去他家里看望他。相对来说，平时在路上碰到打招呼和交谈更多些。张正东老师病重期间，我和几位同学去看望过老师。张正东老师病逝后，我们这帮学生都去为他老人家送了行。

当年教授我们的老师大多已仙逝，包括张正东老师的夫人邝文宝老师也已经走了许多年。但凡是在贵阳市去世的老师，只要知道信息，我们一帮学生都会去给他们送行。据我所知，已去世的老师有邱觉新、王发清、石争、穆琨、王大宇、潘定智、李兴让、吴荣爵、李知仁、张英姿、罗培森等，目前仍健在的只有潘世均、王忻亚、刘胜康、周远、黄世希、安书池、陈凡、周新华、杜勇、齐新潮、吴文孝、徐时敏、邱克光、徐雪琪、吴志平、焦钢、郭颂、黄茂琴、张静萍等老师了。他们为人师表、教书育人，我们感激不尽！

我记忆深处的张正东老师，有这样几个较为鲜明的特点：

一是谦逊待人。张正东老师虽然是老牌大学毕业的资深学者，但是他对待同事、朋友和学生都非常谦和，说话总是彬彬有礼，做事总是从容不迫，从来不会高高在上、以势压人。一位好老师，对每一位学生潜移默化的影响也必将是终生的。自我 2002 年评为教授之后，就长期被贵州省教育厅、省人社厅聘为高教系统的高级职称评审专家、被省教育厅聘为高校思政工作评审专家、人文社科基地评审专家，被省委宣传部、省人社厅聘为社科、新闻出版类高级职称评审专家；被省民宗委聘为民族宗教类出版物审读（看）专家，后来又被中宣部聘为高校系统全国重点马克思主义学院评审专家，被教育部聘为博士和硕士学位论文评审专家、全国最美思政课教师评审专家等。在别人看来，我也算有些资格在人前说些"大话"了，但是每每想起像张正东这样谦逊待人的老师，我就会时刻提醒自己要夹着尾巴做人。

二是不计得失。作为抗日战争时期毕业的老牌大学毕业生，张正东老师一开始就选择到边远民族地区从事基层工作，心甘情愿为基层群众服务。到高校工作后，他仍然从基础工作做起，这也正是张正东老师受人尊重、德高望重的地方。在我的记忆中，张正东老师的一生受到过不少的干扰和耽误，但是我们从来没有听到张正东老师有任何怨言，这大概就是人们常说的多一点理解、少一些抱怨，严于律己、宽以待人吧。

三是关爱学生。凡是听过张正东老师讲课的学生都有一种感觉，他对学生的关爱是发自内心的。他循循善诱、耐心讲解，一心想把自己的所学传达给学生。在日常的学习生活中，张正东老师也非常关注身边学生的家常和冷暖。一旦发现某位学生有困难，张正东老师和邝文宝老师总会倾其所有地给予帮助。

四是重教敬业。张正东老师无论是教学还是搞科研，都是兢兢业业、一丝不苟的。记得我在做毕业论文期间，除了邝文宝老师给予我不少指导外，张正东老师从语言的提炼、标点符号的运用等给予了指点。我在想，大学毕业留校工作几十年来，我一直都处于超负荷的工作状态，既担任一些领导职务，又承担大量的教学工作，但还是挤出时间出版了20多部专著，发表了90多篇学术论文，多次评为校级先进工作者、优秀党务工作者、优秀共产党员。这些都是当年老师们高度负责、从严要求的结果，没有像张正东一样的一批老师的精心栽培，就没有我的今天。

张正东老师虽然已经离开我们多年，但是他德高为师、行为世范的人格，温文儒雅、谦逊为人的素养和乐教敬业、关爱学生的品质，以及不计得失、宽以待人的作风，值得我们终身学习！

老骥伏枥 志在千里
——记贵州民族学院张正东教授

杨再军 ※

　　大学时代，我一直在张老身边生活和学习。记得进校不久，我就去求教张老："张老，我想看些史学、民族学方面的书。"张老直了直他那微弯的背，说："可以，年轻人要读点书，从第一个字到最后一个字。"

　　张老当时住在贵阳市龙洞堡临时校舍侧面的一间小屋里，书房、寝室和客厅通用，书架上塞满了一摞摞的书。他在书架的下层摸索了一会儿，拿出了几本厚厚的史学、民族学方面的书。"拿去读吧，我要检查的。"

※ 杨再军：贵州民族学院政治系1984届毕业生，曾在镇远师范学校任教，系贵州民族学学会会员、贵州社会学学会会员、黔东南州人口学会会员。

从此，我就常去请教张老。

每次我去拜访张老，他总在伏案工作，忘了微弯的背，忘了脑动脉硬化和白内障。他除了教学外，还在学报编辑部替别人改稿子和在校内外指导学生，他还将自己所掌握的知识写成了书。自 1977 年以来，张老总是夜以继日地写学术论文，参与主编了《贵州人口丛书》等。不过无论他多忙，我每次去他那里，他都会放下手上的工作和我聊上一阵。他是一个极其豪爽的人，却也像慈母一样温柔、体贴。当他知道我身体不适时，便和师母给我做好吃的；当他知道我在搜索有关民族识别的资料时，竟悄悄地为我翻阅历年的旧杂志，把一些相关资料送给我。他耐心地给我讲一些贵州民族概况、西南民族概况和民族史；讲方国瑜先生一生致力于西南民族史、云南地方史和方志的研究；讲他和师母 20 世纪 40 年代在西南联大读书时的情况；还讲了他的老师闻一多先生、朱自清先生在当时的恶劣环境下，一边教学一边著书立说的治学精神。这些，使我懂得了很多道理。张老很幽默，也爱笑，但总是微笑，讲到高兴之事也是微微一笑。有一次，我陪张老去遵义地区进行智力支边活动，当时的地区统战部部长是广东的客家人，他在遵义宾馆，问张老关于他的祖属问题，张老给了他满意的答复。那位统战部部长高兴得手舞足蹈："我终于归属于一个民族共同体了！"张老笑着说："在未进行民族识别前，你可是一个没有户口的人呢。"大家都笑了，我也笑了。

四年大学生活即将结束，我就要走向社会，可我永远忘不了张老在写作方面对我的启发开导。他一再强调从事民族学、社会学研究工作的基本功之一就是写作，要我随时随地地练习，用文字来准确表达个人的思想。"我的老师、前辈社会学家吴泽霖教授和费孝通教授的文章很受后人推崇，并被后人作为研究资料，那就是他们的底子、基本功扎实。"张老曾说。1984年5月的一天，我受张老的委托赴武汉中南民族学院查找相关资料，张正明教授接待了我，后来我又拜访了吴泽霖先生，转交了张老托我捎给吴泽霖先生的贵州土特产和信件，受到吴泽霖先生家人的盛情款待。回到学校拜访张老时他正在吃饭，我对张老叙说了在武汉登黄鹤楼、游归元寺、观长江夜景，夜游东湖，爬东山、龟山和蛇山的经过及完成了在中南民族学院查找资料的情况，并转达了吴泽霖先生和张正明教授对他的问候。他忽然重重地放下了筷子，指着我的手说："写下来，吃完饭就去写下来，以免事后遗忘。"他见我呆呆地瞪着眼，就又解释道，"我有时写东西也不过是若有所感，把当时的感受如实记下来罢了。可写的东西多得很，要多练。"接着又感慨地说，"你们今天端着铁饭碗，坐在学校里慢条斯理地揣摩写作之道，想来问我点什么也易如反掌，还不赶快做点事情出来！当初，我搞研究的时候，夜里苦思苦熬，不时还要受到政治风潮的影响。"在张老那锐利眼光的逼视下，我如坐针毡。夜间我躺在床上，眼前老是浮现出张老那饱经风霜有了不少皱纹的脸，好像听见他那仍然很洪亮的声音："我要把时间追回来！""还不赶快认真做点事情！"之后我读大本大本的书，做学习笔记，每有所得，张老就用他可亲的眼睛看着我。虽说我未能有所建树，可我的思想境界已经和原来大不相同了。

我也忘不了张老在我学习民族学、社会学时对我的帮助。我没有这些专业的牢固根基，缺乏这方面的专业知识，每逢听人谈起史学上的争论、观点，我就抓耳挠腮，张老总说："争论是层出不穷的，观点又何其多，谁能弄得清？进取是无止境的，主要还是内容，是内容决定形式，而不是相反，什么形式适合你，要自己去慢慢摸索，不要乱学人家。""写东西要紧的是内容，要有第一手材料。第一手材料又来自社会调查，从事社会学研究的人都要进行社会调查，通过调查，才能真正悟出有价值的东西来。写出的东西不能以点带面，要讲求论文的价值和对社会产生的影响和作用。"

张老很渴望出去走走，到 20 世纪 50 年代调查过的地方转一下，可是他年事已高，力不从心，稍感疲劳，病魔就折磨他。怎么出门呢，他开始积极锻炼身体，比如跑步……可以说为了健康他用尽了一切办法。当身体有起色的时候，他欢喜得像个小孩一样："看，我的手够得着地了！"真是皇天不负苦心人，他真的能出门了，虽说是步履艰难、气喘吁吁，却去了很多地方。从 1979 年起，他去了昆明、成都、西宁、兰州、北京等地，走了一大圈，开了许多学术研讨会，见了很多朋友，兴致勃勃，有时还同外国或外籍华裔学者会见，进行学术交流。他还应邀给外校讲课。他先后给中国人民大学档案系、河北师范大学地理系、云南大学和云南民族学院历史学的研究生上课。

对于能参加这些活动张老很高兴，他也对未来充满了希望和信心。1982年暑假，他要去台江做少数民族人口调查，嘱咐我打前站，到20世纪50年代调查点巫脚去，把历史和现状结合起来，进行比较调查和分析，同时，注意搜集新资料。同年秋，张老又赶往兰州、北京参加全国人口学术讨论会和《中国人口丛书》编纂委会的扩大会议。

为了振兴贵州，建设新贵州，张老接受邀请到地、州、县去进行智力支边活动。在遵义讲学时，我问他日程安排的是否太紧，长时间在外颠簸是否很辛苦，他干脆地回答："不。"在遵义时，张老兴致非常高，上娄山关，登红军陵园，路过修文时，又爬了四面环山、树木葱郁的阳明祠……我才想起张老说的，研究者不能放下笔，要勤搜集资料，没有第一手资料是写不出有价值的东西来的。也是在那时我才明白张老心里有一团火，他是在同时间、衰老、疾病赛跑，他到处照相，沿途买了很多地方志资料和各地名胜简介，供教学、科研参考。

自1982年至1984年，在张老的指导下，愚生先后在《贵州日报》《贵州青年》《贵州民族研究》等杂志和刊物上发表了《侗族青年的传统美德》《列宁论消失民族间事实上的不平等》等文章。

张老年事已高，他要求退休，让年轻有为的青年人上来。他告诉我，退休后，还打算为学校搞些教学、科研，带些青年教师，贡献自己的余热，做到"退而不休"，永远做贵州各族人民的老黄牛。

四年大学生活快结束了，我在张老身边学到了很多东西，这位史学老人的治学精神和见解在我脑海中烙下了很深的印记：一个瘦高的身躯，缓慢地迈着步子沿着校园的小道向前走去，慈祥的笑脸，迎着风……

关于天柱清水江流域"酸汤话"成因的调研

——为纪念张正东先生诞辰 100 周年而作

陈代清 ※

值此纪念张正东先生诞辰 100 周年之际，让我们共同怀念张正东教授并向他致以崇高的敬意！

20 世纪 70 年代末 80 年代初，我在贵州民族学院读大学期间，张正东教授担任我们政治系 1978 级民族学专业课的老师。让我印象最深、最难忘的，是他讲授的关于民族识别的内容，如关于"民族应具有共同语言、共同地域、共同经济生活

※ 陈代清：贵州民族学院政治系 1978 级学生。陈代清毕业后分配到黔东南州司法局工作，曾担任过黔东南州依法治州办公室主任和黔东南州法学会副会长及黔东南州司法志副主编等职务。他编写的干部、企业职工、青少年学生、农民普法读本纳入全国统一普法教材，由人民日报出版社出版发行。他自费开办的"黔东南普法网"运行超 10 年。退休后，他继续为黔东南州的政法宣传发挥余热，现担任 4 个微信公众号（政法类）的管理员，还受聘担任黔东南州见义勇为基金会秘书长。

和反映民族文化的共同心理素质"，关于"搞好民族识别，首先要对这个民族的语言、历史、经济、文化等方面进行深入调查、研究，提出确定民族成分的科学依据"等内容。张正东教授民族学理论知识和民族识别的调查方法，让我产生了对天柱县远口、白市、瓮洞清水江流域的"酸汤话"进行一次社会调查和探究的想法。在张正东教授的指导下，我对此做了一番深入的调查研究，也收集了不少资料，过去由于工作的关系，没时间来进一步整理和思考，现借纪念张正东教授诞辰 100 周年之际，将此调查整理如下。

一、调查的起因和实地走访调查情况

当时，结合张教授所讲的民族识别的知识，我主要是想从"酸汤话""酸汤佬"称呼的来由入手，从民族识别的角度做一些考究。于是从大三开始，我便在张教授的指导下，展开了对"酸汤话""酸汤佬"的社会调查。我利用周末到省图书馆查阅相关历史文献，利用寒暑假到天柱及周边的会同、新晃、靖州等档案馆查阅收集相关资料，还利用寒暑假到天柱县汶溪实地走访。通过走访和查阅大量的历史资料，本人对这个所谓"酸汤话""酸汤佬"称呼的来由有了一个大体的认识。

二、说"酸汤话"人口的分布

通过走访和对所收集资料的综合分析研究，说"酸汤话"的人口主要分布在天柱县的瓮洞、江东、白市、远口、竹林、坌处 6 个乡镇，蓝田镇和地湖乡也有一部分，同时，还拓展到湖南靖州县的大堡子，会同县的炮团、漠滨、蒲稳、朗江，芷江县的碧涌、大龙等比邻乡镇。全国说"酸汤话"的人约30万。说"酸汤话"的群体基本上居住在清水江下游沿岸及向两岸延伸的一些山沟和平坝里，主要以农业为生活来源，部分人口靠经商为生，过去还有一部分人靠放排——即通过清水江运送木材到洞庭湖一带贩卖为生。在清水江沿岸人口集中之地设有日用品和农副产品交易市场，这一群体的人们会定期到这些市场购买生产生活用品和交换剩余的农副产品。

三、说"酸汤话"群体的来历

根据调查所收集的相关资料分析，清水江流域说"酸汤话"群体的来源有以下几个方面：①早先世居于此地的少数民族，主要是苗族和侗族。在走访调研的前提下，我曾撰写过一篇《天柱建置沿革》的文章，文中引用民国时期《历代沿革表》标注天柱在元代时"为朗溪峒，侗人、仡佬据此"。一些历史文献还把秦以前的天柱统归为苗疆和三苗边隅。从远古到中古时代，天柱、会同等地的少数民族的居住环境"丛箐荆、弥垣山谷、诸苗穴之"。（见民国《贵州通志·杂货志》）根据《黎平府志》记载，明朝洪武三十年（1397年）朱元璋派兵30万由沅洲"划木开道二百里抵天柱"，到天柱、锦屏、黎平等地镇压少数民族起义。②第三次苗族人口大迁徙时，从鄱阳湖、洞庭湖两湖以南的江西、湖南和湖北的南蛮荆蛮或荆楚地区沿长江进入清水江流域定居的苗族。（见吴谋斌的博客《贵州·天柱清水江流域苗族酸汤话》）③长期沿长江进入清水江流域做生意而定居的商贾和匠人。明朝天柱建县后，随着"水路（清水江）的开通和驿站的设置，商旅马队的行驶更为便利，加之杉木及土特产极为丰富，于是这里便吸引着商旅数万，纷纷来到天柱等地贸易，还出现了一些不事农桑而专事贸易的商人"。我写的《天柱市场的形成和发展》一文专门对天柱农村市场的形成和发展作了一些探讨。清光绪天柱的县志在描述天柱瓮洞时就提到"鱼盐木货泊舟于此"。我在走访老人时还得知，近代以来，有很多来自浙江、江西、湖南等地的铁匠、木匠、篾匠、劁猪匠、补锅匠（俗称"五匠"）也到此定居。④从明朝起，朝廷派遣人到西南建立卫所屯堡。根据爱必达的《黔南识略》《镇远府志》和光绪时期的《天柱县五区团防志》等文献资料记载，明洪武三年（1370 年）置天柱卫，洪武二十四年（1391年）置天柱守御千户所，洪武三十年（1397 年）又移靖州卫后千户所至汶溪置汶溪屯镇后千户所。仅这一时期移入天柱两个千户所的士兵就有 2600 多人。后来这里又设置了镇远（远口）和江东两个巡检司，还设置很多堡哨（如现在的白市镇又叫"白庵塘"）等，移入不少汉族人口。前述 4 种群体在此定居后相互通婚，繁衍生育的子孙后代，即构成了现在说"酸汤话"的群体。

四、"酸汤话"的形成

在实地走访和调查中笔者得到了一个口口相传的方言故事，故事是这样描述"酸汤话"来由的：一次县组织有地方兵士参加的队列出操训练时，白市的领队用汉话喊"向左向右看齐"口令，说得走样不标准，下面的也听不明白，带队人便用土话喊"白市乡的通通有,各瞧(酸汤话音为 nao)各的鼻梁筋"。其他地方的人听来觉得很酸,于是,便有了"酸汤话""酸汤佬"的称呼。难以考证这一故事出自何处、何人所写,但可以推测的是酸汤话出现在天柱建立卫所之后的可能性最大。总之,说"酸汤话"的群体都把这个故事当一个笑话在口口相传。

从历史的发展来看,总的趋势是前述 4 种来历的群体,在长期的生产生活交往中,出于语言沟通交流的需要,必定会互相学习对方的语言,必定会产生几种语言的融合,这便形成了流传至今的"酸汤话"。具体成因如下:

(1)因货品交换和五匠走村串寨服务过程中相互学习接受对方的语言而成。据清《嘉庆一统志》记载:湖南会同县托口寨"通贵州镇远府天柱县,为桐(油)、木(材)所必由,明时木商皆聚于此"。据光绪《天柱县志·关梁》记载"新市镇,在今瓮洞,万历二十五年知县朱梓新建官店数十间,募土著,聚客商,往来鱼盐木货泊舟于此",最具农村市场的特征。清《高宗实录》卷 105 记载"苗疆向无市廛"。清雍正七年(1729 年)湖广总督奏请在贵州少数民族地区兴立市场。天柱到清道光年间已有 11 个市场,到光绪年间发展到 28 个市场。清朝廷不仅设立市场,同时还对汉人与少数民族之间的商品交易进行严格的监督,"湖南民人往苗土贸易者,令将所卖货物,行户何人,运往何处,预报明地方官给予印照,注明姓名人数,知令官吏兵役验照放行,不得挟带违禁之物。如有官吏兵役勒索者,一并查究"。(清蒋良骐《东华录》

卷30）由于商品贸易和生产生活的需要，就像现在农村老头老太太进城卖菜必须学习微信收付款一样，交换双方不得不学习对方的语言。这就产生了两种完全不同的语言的人——汉族商人与当地苗人、侗人的语言交流问题。很显然，汉语与苗语、侗语等少数民族语言是不可能沟通的，而汉族商人与苗人的沟通又是客观存在的，这就必然出现一种双方都能听懂和理解的语言媒介，一种既不是汉语也不是苗话、侗话但又能使汉人与苗人、侗人通用的语言。而"酸汤话"就应运而生了，这也可以说是"酸汤话"形成的社会经济条件和因素。

（2）因外来人口同当地少数民族通婚后的长期家庭生活语言融合而形成。由于外来人员在此长期定居，必定与当地居民互相通婚，这样一来，同一个家庭中就会有多种语言的人一起生活，必定产生几种语言的融合，也会产生一种大家都能听懂和理解的语言，于是便形成了现在的"酸汤话"。"酸汤话"中有很多音带有汉语的变音，这应当是受到了西南官话的影响。还有一部分如杜、乐、姚、陈、董、万等史称军三排的各姓是当初建立汶溪千户所军人的后裔，他们的先祖来这镇守前是标准的汉族。他们来到汶溪千户所屯军和进入清水江沿岸的讯塘、屯堡后，就在苗族、侗族聚居的地区居住下来，其后裔与当地苗族、侗族或其他少数民族通婚，受母系族别的影响从而改变了他们的族别。毫无疑问，当时这些军人后裔的语言既受到父系语言即汉语的影响，同时也受到母系语言即苗语、侗语等少数民族语言的影响。也就是说，在一个家庭，同样会有汉语与苗语、侗语的碰撞与融合的问题，这种碰撞与融合，产生了一种各方都能听懂和理解的语言——"酸汤话"。这就是"酸汤话"形成的家庭条件。"酸汤话"中带有江西、浙江一带的方言，这是因为在此定居下来的人中有来自江西、浙江等地的商贾人员和军屯兵士。关于原来居住于此的苗族、侗族等其他少数民族语言在"酸汤话"中是否有体现，本人不懂苗话和侗话，所以不得而知，有待专家研究考证。

（3）与朝廷在此地推行的行政管理的官方语言有关。据天柱地方县志记载，明洪武二十四年（1391 年）迁靖州卫左千户所于天柱镇守，属湖广靖州卫；明洪武三十年（1397 年）又移靖州后卫所于天柱汶溪镇守，并在远口鸬鹚、江东两地设巡检司。明万历二十五年（1597 年），天柱守御千户所吏目朱梓，申文建县，会疏朝廷批复，准于该年四月初四日改所建县，取名天柱县，属湖广靖州。划出会同县峒乡（今地湖乡、远口镇的大样一带）、口乡（今远口、竹林、杨家一带）、绥宁的一部（今坌处镇、竹林的中寨一带）、镇远巡检司（今远口镇的鸬鹚一带）、江东巡检司（今江东乡）并入天柱县治。明朝在天柱建立的卫、所、巡检司、讯塘、堡哨等，既管军事，又管地方民政和生产。天柱地方县志曾记载："仍于每月朔望两日，汉民苗民会集公所，宣读圣谕、律令"，以"保甲""乡约"贯彻封建礼教。由此可知，现在天柱清水江沿岸居住的即现在说"酸汤话"的群体即康熙版天柱县志里提到的"三里苗"，而当时这些区域基本上属于汶溪千户所及湖南的会同、绥宁所管辖，管理者不可能是当地的"三里苗"，只可能是明王朝派来的官人，这些官人不可能会说当地的少数民族语言。这就是说，管理者说汉语，被管理者"三里苗"说苗语，两者不能相互沟通。后来，朝廷在西南少数民族地区推行"改土归流"，不仅改行政官制，还要求改民族服饰和语言，如《瑞阳阿集》在描述建天柱县时，就有"苗夷千人，衣巾汉制，伏阶罗拜"的记录。光绪年间的《黎平府志》上也说"侗苗在天柱、锦屏二属，择平坦近水地居之，种棉花为业，男子衣于汉人同，多予人佣工；女人戴蓝布角巾，穿花边衣裙"。这样一来，一种通用的语言——"酸汤话"就产生了。这可以看成是"酸汤话"形成的政治条件。

（4）与朝廷推行汉语文化教育有密切的关系。清乾隆年间的《镇远府志》在介绍天柱县第一任县学教谕陈朝疏时指出：为教化当地少数民族，巩固和加强明王朝的地方政权，为封建统治阶级培养御用人才，他请示县令朱梓批准，在本县选择了 29 人，同时从靖州和会同两地儒学中拨了 30 人附之，作为表率，带领天柱童生学习，创立天柱凤城书院。天柱"邑中人文振兴，自朱（梓）、陈（朝疏）二人始"。旧的史志大都把天柱归为民苗杂处地。明万历二十五年（1597年），湖广靖州地方官李得阳、赵文炳、江东之等会同题称"将天柱所原辖苗十八寨编为三里，并割会同县四里，共七里……在民苗交错之地"建立天柱县。建县后，"苗辖于所，民附于县""仍于每月朔望两日，汉民、苗民会集公所，宣读圣谕、律令，以通维新之化，潜消旧染之习"。天柱建县后，先后建立了县学凤城书院、兴文社学、宝带桥社学、钟鼓洞社学、注溪社学等，后来还建立了一些乡学和私塾。总之，天柱县的文化教育起步较早，百姓也非常重视对子女的文化教育。据光绪年间的《天柱县志·选举志》记载，在清代，天柱考中进士4人、举人20人、贡生15人、岁贡99人。学校、乡学和私塾等教的汉语，受当地语言习惯的影响，发音走调，不标准。长期的积累，学走样的汉话和当地的土话，加之江浙、湖南等地的一些方言的影响就形成了现在的"酸汤话"。

五、"酸汤话"发音语境实例

为弄清说"酸汤话"人的语音交流，笔者曾在天柱白市汶溪生活过一段时间，对"酸汤话"做了一番记录和研究，现列举一些语境语音实例供专家学者研究。

两个说"酸汤话"的人傍晚见面时打招呼，甲会问："ní qí yā fān gā mō？"（"酸汤话"读音用拼音标注，下同）（意思是：你吃饭了吗？）乙则答："hái mō yòu qí，cái niáng gōng jún wū lái．"（意思是：还没有吃，才收工回家来）甲又说："ní qí gā yā fān lí wū hái．"（意思是：你吃了晚饭来我家玩啊）乙会答："qí gā yā fān hái yiú dó jū cāo，béi wān shí yí kūn gǎo zí la mō kòng lōu．"（意思是：吃了晚饭还要砍猪草，整完时要睡觉喽）

"酸汤话"中关于自然现象词语的发音实例：山（sān）（括号里为"酸汤话"读音，用拼音标注，下同）、水（xú）、风（hōng）、下雨（hā yú）、打雷闪电（dá húo shán）、下雪（lúo xié）、河、江（gāng）、海（hǎi）、湖（fū）、夜晚（yā diú）、白天（rí diú 或 pé tiān）吹风（qū hōng）……

"酸汤话"中关于人称、亲属关系等的发音实例：我（ŋen 这里用国际音标的辅音加拼音）、你（ní）、他和她（gér）、父亲（diǎ）、母亲（mǎ）、爷爷（gōng）、奶奶（lāi lāi）、外公（zāng gōng）、外婆（bóbó）、大伯（dāi diá）、二叔（diē）、满叔（mán diē）、舅舅（jiù yā）、姑妈、姨妈（niāng）、哥（gūo）、姐（jiǎ）、姐夫（jiǎ fū）、这里（dái dí）、哪里（gūo dí）、哪个（géi gūo）、什么（mó dí）……

"酸汤话"中关于大小、方位和先后等词语的发音实例：大（dāi）、小（né 或 xī）、多（bú lá）、上面和上边（shāng diú）、下面和下边（hā diú）、前面和前边（jān diú）、后面和后边（hiū diú）、中间和居中（zhōngkān）、东（dōng）、西（xī）、南（nán）、北（bé）、昨天（cúoér）、今天（jieer）、明天（mēnér）、前天（jiānér）……

"酸汤话"中关于动作词语的发音实例：提（diang）、抬（dái）、扛（gáng）、吃饭（qí māng）、吃中餐（qí bó fān）、吃晚饭（qí yā fān）、睡觉（kūn gáo zī 或 dá ŋán bī）、笑（xiú）、哭（k ú）、喝水（hūo xù）、喝茶（hūo zā）、跑、走（ziù）、站（jí）、靠（bén）、来了（lāi gā）、去了（kér gā）、看和瞧（nāo）、做和整和干（bēi）、做农活（niáng gōng）、横、斜砍（pán）、甩（liáo）、累（liá）、抓（wá）……

"酸汤话"中关于名词类词语的发音实例：田（dián）、土（shā）、树（xū）、松树（qióng xū）、桥（jiú）、楼（liú）、头发（diú fā）、水井（jín dáng）、骨头（káo lōu）、膝盖（qí dōu gú）、大腿（dái tèi báng）、苍蝇（mén zé）、乌鸦（láo wá）、鸟雀（má qiú ze）、蟑螂（sáo gá bo）、蚯蚓（tóu mí dóng）、蜘蛛（bó si kó）、螳螂（má lóng kuáng）、蝴蝶（á bé be）……

"酸汤话"中关于颜色类词语的发音实例：白（pé）、黑（hé）、黄（wáng）、蓝（lán）、绿（liù）、红（hóng）……

"酸汤话"中称男性生殖器为"lùan zī"或"diú bá zai"，称女性的生殖器为"bái"。而最大的特点是，在"酸汤话"中，不管男女都喜欢在话头或话尾带一个"bái"字，这已经习惯为一种语气词和口头禅。"bái, dái gēn mù diú bén zhōng a，dái dú dái mō dōng ."（意思是：唉，这根木头非常重，抬都抬不动）

从"酸汤话"的发音语境来看，大都是阴平和阳平，即一声和二声声调居多，三声和四声较少。为什么会有这种语境语音特点，笔者认为这与说"酸汤话"的群体的性格和生活环境有很大的关系。一是说"酸汤话"的群体的性格比较温顺平和；二是说"酸汤话"的群体所居住的地方较为平坦，多数在清水江沿岸，而清水江下游流速也比较平缓，很少有急流险滩；三是，历史上，说"酸汤话"的群体所居住的地方没有发生大的反抗朝廷的起义和民族之间的矛盾（战争），所以，就造就了所说的"酸汤话"在语调上阴平和阳平较多。

新中国成立后，确定民族成分时，天柱县清水江流域一带说"酸汤话"的群体，有的被定为侗族，有的被定为苗族。从民族识别的角度来看，这一群体，有着共同的语言，都说"酸汤话"；有共同的地域，都集中生活在清水江沿岸一带；有着共同的经济生活，都是以农业为生活来源；有着共同的心理认同，都承认自己是说"酸汤话"的人。"酸汤话"不同于汉族语言，也不是西南官话的方言，更不是苗话和侗话，而是来自两湖、江浙一带的军人、商人和五匠等，在此长期居住，并与当地少数民族长期融合后的一个群体在长期的内部语言交流过程中形成的一种独具特色的语言，把说"酸汤话"的群体作为一个单独的民族来识别也未尝不可。

尊敬的张正东老师，您用民族识别的理论和调查方法指导我开展了对"酸汤话"以及对说"酸汤话"的群体的研究。您所教授的民族学和民族识别的知识，对指导今后的民族研究和民族识别仍然具有重要的指导意义。您永远是我们的老师，我们永远怀念您！

有关张正东、邝文宝两位老师的一些情况

张凯玲 ※

　　张正东老师出生在基督教的家庭，父亲张恩宣，字张惠亭，毕业于齐鲁大学，曾在河南商丘教会医院任院长（现商丘第一人民医院前身）。抗战以后，张恩宣曾在武汉华中师范大学从事医务工作。张正东老师 1938 年毕业于河南省鸡公山国立东北中学，并考入清华大学。邝文宝老师也出生于基督教家庭，父亲邝柳春，字邝敬，从美国回广州后，在教会任牧师，曾与孙中山、廖仲恺将广州教会办的学校、医院从外国人手中收归国有。邝文宝老师 1938 年毕业于广州的教会中学，并考入清华大学。

　　两位老师考入大学后，因抗日战争的原因，清华、北大、南开三所学校迁往云南省昆明市，合为西南联合大学。当时由

※ 张凯玲：张正东先生的女儿。

于交通不便，邝文宝老师需从广州坐车船经过越南绕道去云南。入境时，她不懂得交小费给海关人员，于是其所有箱子被海关的人打开检查，所带物品洒满一地，这对于一个十几岁的孩子而言是件很恐怖的事。1938—1942 年，他们在校期间目睹了闻一多先生课余时间在学校大门摆摊刻章谋生的情况；也经历了警报响起的时候，跑到周边松林坡地里，把笔记本放在腿上淋着雨听老师讲课、记笔记，警报结束后回学校吃大蒸笼做的"八宝饭"（杂粮饭，饭中有很多沙子，甚至老鼠屎），同学们依旧一扫而空的情况。几十年后，她的同学回忆，广州来的邝文宝老师在宿舍说："要是有一根香蕉吃就好了。"其实，他们是有机会出国留学的，但是他们选择留在国内求学，希望自己学成后能为祖国实实在在地做一点事情。毕业时，同学们都回到自己的家乡或去沿海城市，当时家里已经给他们安排了大学教书的工作。他们看到边民因为不识字，用珍稀的皮毛换取一些盐和针线等日用品时，常被一些商人欺骗，因此他们毅然决然地决定留在这里工作。北大教授潘光旦先生还为他们写了一首诗。当时在边胞服务站，为了争取土司（目的是争取国土的归属），张老师曾经由藏族同胞扶着爬过大雪山，由于交通不便，跟着马帮，经常骑马。有一次张老师从马上摔下来被半坡边的一棵树挡住才得以脱离危险，没有掉入澜沧江。有一次邝老师骑的马突然受惊，她便从马上摔了下来，两只脚却还拴在马背上，被马拖走了十多米。为了办学，他们用边胞服务站的微薄工资支付给师范学校毕业的学生（因为学生没有工资），一同在维西县从山脚抬石头到山上办学，所办学校就是现云南省维西县第一中学的前身。一中校庆 50 周年时，一中的老师还前往贵州民族大学找他们了解当年创办学校的情况。他们走遍了云贵的山山水水，一直在做民族调查和讲学等的工作。在云南迪庆史志办的同志也到贵州民大向他们了解当年的情况。他们当时在丽江认识了不少外国朋友，邝老师在生孩子的时候是靠两个德国传教士接生的，用他们自己发的电来照明，并用自己养的牛挤牛奶喂孩子。当地纳西族的一个音乐家几十年后遇到在昆明十二中教书的金蕴环老师，还告诉她，最难忘的是在中学读书时，丽江教书的个子高高大大的张老师，当时条件很艰苦，他们晚上都是用蜡烛备课，改本子到深夜。20 世纪 50 年代初吴泽霖教授参加教育部视察贵州民族学院工作时，贵州民族学院的朱煜如院长提出急需老师，张正东和邝文宝两位老师才被从昆明的中学调到贵州民族学院，后因贵州民族学院被撤，他们又到了中国社科院贵州分院民族研究生院工作。20 世纪 70 年代贵州民族学院恢复，当时贵大、师大、教育学院邀请他们去教学，他们因几十年为少数民族工作的深厚感情，选择回到贵州民族学院。20 世纪 80 年代的时候，贵州教育厅和贵州民族学院安排张老师带美国民族学的博士生路易沙，当时他们进行了不少的民族调查和民族研究的工作。张老师到了贵州不少县城、乡镇进行民族调查，做了很多有关民族人口历史的讲座。他也曾到国内很多城市教学，参加了不少民族、人口研讨会。云南大学历史学聘请张老师参加博士生答辩工作。全国第一次民族学会在花溪召开，吴泽霖教授和西南联大的同学都相聚在花溪。张老师在重病卧床时，仍参加《贵州省志》的编审工作，他认真修改审定的精神，得到了同志们的赞赏。

做学问离不开认真二字，两位老师在历次政治运动中受到不少冲击，但是仍然默默地工作，无怨无悔。他们生活很清贫，家里面最多的东西就是书。他们短短的一生不求名利、无畏艰苦、平平凡凡，却写出了西南联大学子对祖国大地、对中华民族真真实实的眷恋情怀。

师从张正东先生学民族学

杨昌儒 ※

　　我的本科专业是政治学，但教学计划中有民族学的课程。刘绍励、张英志两位先生给我们讲"民族理论与民族政策"课，李智仁先生给我们讲恩格斯的《家庭、私有制和国家的起源》。张正东先生在 20 世纪 70 年代末调入贵州民族学院后，与姜永兴先生一道为我们开民族学专题讲座，他们讲授的少数民族社会制度、婚姻家庭制度、精神文化等专题深深地吸引了我，也许这些是我走上民族学教学道路的开始吧。

　　1983 年，我从中央民族学院进修回来后，省委组织部下达任务，要我在校干训部搞一个民族干部调查报告。我接到任务后，找张先生请教，先生为我草拟了调查提纲，教授我收集资料的方法。我谨记先生教诲，深入三都水族自治县，在为期

※ 杨昌儒：1977 级政治系学生，原贵州民族大学副校长。

半个月的调查中，获得了三都县干部队伍的基本情况，形成了《三都水族自治县民族干部调查报告》。这份报告最后当时在中国民族理论研究会主办的《民族理论研究通讯》全文刊登。

1984 年，我把《家庭、私有制和国家的起源》的学习心得整理成文送《贵州民族学院学报》编辑部。当时，张先生负责民族学方面论文的编审，先生看到我的文章后随即通知我到他的家里，逐字逐句地修改我的文章。经过两个晚上的修改，题为《试论民族与国家的相互关系》的论文最终定稿，并在《贵州民族学院学报》上发表。

1987 年，我提出重建"民族理论与民族政策"教材体系，并把写作大纲交到学校科研处。很多专家认为我年纪轻，阅历不够，难以承担这项任务，况且国家民委 1985 年出版的教材是指定教材，不可任意修改。只有张先生坚决支持我、鼓励我，与我一道讨论写作大纲，并表示愿意为我的书作序。在张先生的鼓励下，1988 年年底我完成了写作任务。1989 年，贵州民族出版社为我出版了《民族理论概要》一书。

回想与先生相处的这些事，感想颇多，如果没有先生的指引和悉心教诲，我不可能是第一个对国家民委统编的"民族理论与民族政策"教材体系提出修改的学者，也许人云亦云，照本宣科的工作样式就会伴我终身，教育部民族学本科教学指导委员会的人员名单上就不会有我的名字。回顾与先生相处的这些时间里发生的事情，我认为先生的以下品质值得我们终生学习。

一、鼓励和支持后学

张先生非常注重学科建设，注重学术人才的培养。学科建设说到底是学科队伍建设，要搞好学科队伍建设，首要的就是鼓励和支持后学，这样才能形成后浪推前浪的态势，方可保持学科建设昂扬向上的活力。如果学科带头人只注重自身的发展，忽视后学，也许你的峰头很高很大，但没有后浪的波峰推动，其结局必然是后继乏人。

二、严谨的治学精神

先生是西南联大毕业的，曾师从费孝通等名流巨匠，言行举止间彰显了西南联大的传统。先生花了两个晚上为我修改文章，逐字逐句的修改过程中没有训斥，更多的是商量和说明为什么，每句话、每个字的使用都强调其合理性。先生这种学术精神和仁者情怀值得我们效法。

先生虽然离开我们，但先生的精神永存。今后我们在学科建设、学术研究和人才培养方面，要珍惜先生留给我们的学术基业和精神财富，要根据当今中国和世界的发展要求，励志前行，用无愧于时代的研究成果来告慰先生的英灵。

记张正东老师讲授民族学的一些片段

吴治国 ※

1978年11月10日，我离开了工作生活一年多的黄平民兵团八连，告别家乡，辞别亲人，怀着理想，带着梦幻，走进了贵州民族学院，开始了我4年的大学生活。

我清楚地记得，进学校没有几天，也就是11月17日的下午，那天天气阴沉略显凉意，时任贵州民族学院政治系主任的潘世钩，把我们政治系1978级两个班的91位新生集中在食堂旁边的大教室，向我们宣布大学4年的教学计划，共20多门必修课和若干选修课。说实在的，那时候的我还懵懂无知，或者说缺乏对未来就业方向的思考，不太在意这些。心想，反正

※ 吴治国：贵州民族学院政治系1978级学生。先后任黔东南州委讲师团副团长、州委宣传部副部长、台江县委副书记、黔东南日报社总编辑、黔东南州社科联主席、黔东南州政协文史委员会主任等职，现已退休。

有课就上，好好学就是。我们这些通过高考重新走进课堂的大学生，都深感学习机会来之不易，因而，都在铆着劲，拼命地学，唯恐学习搞不上去。

那时候，高考刚恢复，我们的大学课程几乎没有统一的印制品教材，除了共运史、英语等少量有课本外，其他课程材料基本上都是任课老师自己编写、用誊印钢板印的讲义。周新华、黄世贤老师上的中共党史，邱觉新副院长上的形式逻辑，李心让老师上的现代汉语等都是如此。我记得直到我们上了大学三年级，才发了一套北京大学教授王力主编的《古代汉语》。我印象最深刻的是，每次上课，都是老师在上面讲，学生在下面记，周而复始地进行着我们的学业。我在学生时代，记笔记的速度比较快，老师讲授的内容我一般都能记录下来，课后稍加整理，一堂课的内容也就能够比较完整地记下来了。那时我们班一些同学课后都喜欢向我借笔记去抄，我还因此有几分得意哩。

进入大二下学期，按照教学计划，学校开始给我们安排了一些选修课。1980年4月9日上午，张正东老师第一次走进教室给我们作民族工作方面的专题报告，或许也叫讲座吧！当天，他主要讲了为什么要进行民族识别工作和怎样进行民族识别工作两个问题。也就是这一天，我第一次见到了张正东老师。他个子很高，比较清瘦，头发浓密，带着一副深度眼镜，身穿四个荷包的咔叽布，上兜还插着一支钢笔，脚下穿着一双白边布鞋，活脱脱那个时代典型的知识分子形象，也彰显了从那个时代走过来的知识分子气质，给人以亲切、温和、善良和长者风范的感觉。那时，作为学生的我，也不知道他多大年纪，哪里人，哪个学校毕业的，反正他用普通话讲课，不用说就知道他是外地人。

在讲为什么要进行民族识别时，他首先讲了民族识别的重要意义。他说，民族识别是一项重要的民族工作，是落实民族政策的先决条件，是我们民族研究直接为无产阶级政治服务的重要课题，也是我们培养少数民族干部的一个重要依据。接着，他继续讲道，新中国成立前，由于反动统治阶级长期实行民族歧视和民族压迫政策，使我国少数民族聚居、杂居和散居的一些地方，保留着许多民族成分不明确的族称，这种情况在我国西南地区尤为突出。就贵州省而言，解放前有关资料列举的就有古今民族名称 120 多种。新中国成立后，在贯彻执行党的各项民族政策过程中，有关方面对贵州省一些民族单位的成分问题，也曾进行过调查研究，如 1950 年中央民族访问团在贵州工作时，各地报来的民族名称就有 80 多个。该团工作人员接触了其中的 30 多个民族单位，对他们的一些基本情况也做过一些调查、了解。1953—1955 年，省民委和中央民族学院等单位曾先后对毕节等地穿青人的民族成分进行了调查研究；遵义等地的单位对仡佬族的社会历史作用做过调查研究；省内其他地、县对境内的民族情况，也做了大量的调查研究工作。到1956 年年底，贵州省民族识别工作已经取得了几项重要成就，如苗族支系名称的统一、布衣族名称的公布、仡佬族民族成分的确定、穿青人社会历史的调查，都具有重要的现实意义。在后来的宣传民族政策、建立民族自治地方、培养民族干部和开展民族地方的政权、经济、文化等建设过程中，各有关部门也都参考了民族识别提供的情况和意见。在讲到民族识别的困难和问题时，他话锋一转，说道，由于贵州省民族名称众多，民族识别工作量比较大，因此，在建国初期，这项工作还不可能全部完成。遗憾的是，1957—1964 年，由于种种原因，贵州省没有进行民族识别工作。1965 年，贵州省民委组织有关人员对黔东南州的一些民族单位，当时主要是对革兜人开始进行民族成分的识别调查。在工作过程中，也对东家、木老等民族单位的语言、历史情况进行了初步的了解。但后来，上述调查、研究工作被迫中断。在讲到下一步工作时，他满怀信心地说，现在党中央十分重视民族工作，五届人大通过的《政府工作报告》，号召我们要积极开展民族学等方面的的调查研究，国家民委也将民族识别工作提上了工作日程。我们要积极行动起来，努力工作，继续完成省内的民族识别工作。

怎样进行民族识别工作呢？他说，搞好民族识别，首先应该对这个民族的语言、历史、经济、文化等情况进行深入调查研究，提出确定民族成分的科学依据。但是，在正式确定族别、宣布族别之前，还必须全面地了解本民族的意愿和其他民族的看法，以及形成这种看法和意愿的原因。接着他说，我们应该结合我国和贵州省实际来理解，并在民族识别工作中正确地阐明和加以应用斯大林关于民族识别的四个特征。比如，就共同语言来说，我国的汉族和几个少数民族都把汉语作为他们的共同语言；又以共同地域而论，我国不少民族，由于迁徙等原因，分散在全国许多地方，他们虽然没有共同地域，但都是单一的民族；再从共同经济生活来看，我国的彝族分布在云南省、四川省、贵州省等地，解放前，他们所处经济发展阶段不同，可以说没有共同的经济基础、经济生活，但并不因此就不是一个单一的民族。所以，民族识别工作是一项很复杂的工作，需要从历史和现状来全面考察这个共同体的民族特征，不能强调一个要素而忽视另一个要素，影响民族识别和民族工作。

在讲座中，他还说，民族调研、识别工作是一项深入、艰苦的工作。由此他还谈到了中国人类学家、社会学家、民族学家费孝通先生新中国成立前携刚结婚不久的妻子王同惠深入广西大瑶山，爬山涉水，走村串寨收集少数民族资料，不幸被虎伤的事例。我第一次听到了费孝通这个名字，也初步懂得了民族调研、民族识别工作的确是一项艰辛而复杂的工作。同时，他还给我们讲授了民族识别工作的一些具体方法。比如，由于我省待识别的民族单位比较多，情况各异，各项准备工作需要一定的过程，因此，目前就应该对待识别的民族单位先作一般情况的了解，然后按地区、分类，逐个进行识别；为了取得经验，也可采取试点的办法，先选一个民族特征比较明显、各项资料不难收集、民族意愿基本一致的民族单位进行识别，以此推进工作。

在以后的讲座中，他还给我们讲授了有关民族人口的问题，如关于民族名称问题、关于民族历史问题、关于民族特点问题、关于贵州少数民族人口问题等。这些问题当时观点比较新，研究也是比较前沿的，就是现在来看，也不过时。只可惜，我在这方面不上心、不专注，在未来的工作中，由于民族历史、民族文化、民族政策方面的知识准备不够，修为不足，因而，在民族学、人口学方面毫无研究，更无建树。唯有我的同班同学石开忠，紧跟张正东老师，致力于民族与人口的研究，孜孜以求，严谨治学，终成大器，而为一代名师博导。我想，门生的成就，或许是对张正东老师在天之灵的最大告慰。

给我们上完选修课后，我和张老师的接触便少了。偶尔在路上和食堂相遇，互相打个招呼后即过。转眼间到了1982年的7月毕业季。那时，毕业离校前很时兴同学之间题写临别赠言，当然也有请老师题写的。7月15日是我们政治系1978级学生毕业聚餐的日子，上午，我拿着一本硬壳的上海笔记本来到张正东老师的家，请他给我题写赠言。我说明来意后，他热情地接待了我。在他的寝室兼书房，他问我，毕业后有什么想法？他给我讲了一些毕业后在社会上如何工作、学习，怎样做人的道理。他说，一个人不管在哪里，不管从事什么工作，唯有不断地学习，充实自己，思想才不会僵化，才能紧跟时代前进的步伐，工作才会有成就。末了，他在我的本子上工整地写上"坚持学习，努力工作" 8 个字，算是对我人生的嘱咐。几十年来，我将其铭记在心，用以指导自己前行。

时光如梭，逝者如斯。张正东老师离开我们已有 20 多个年头了。作为他的学生，我不能忘记他的教育之恩和培养之情。故以此小文，表达对他的深切怀念，并对他的为人、博学致以崇高的敬意！

下 编

回溯与坚守：基于《张正东文集》的思考

李少鹏

（贵州民族大学民族学与社会学学院）

摘要 张正东先生诞辰 100 周年，我特对先生的一生做一个回溯，通过深情缅怀先生为贵州民族大学民族学、社会学的学科建设、人才培养、社会服务和贵州民族研究工作、民族团结进步事业所做的贡献，追寻先生"教书育人、服务社会"之精神，以此文纪之。

关键词 张正东；回溯；思考

我从石开忠教授处了解到，2019 年是张正东先生诞辰 100 周年，故特从导师杨昌儒教授工作室借来《张正东文集》，细细研读。在了解先生的一生、感受先生之精神后，不管是对自己还是自己所学之专业，都大有裨益。张正东先生出生于

1919 年 10 月 25 日，河南汲县人，父亲张恩宣一生从事医务工作，母亲魏守贞，继母张灵凤，均为家庭妇女。兄妹共 7 人，4 个妹妹，2 个弟弟。张正东先生的妻子邝文宝老师，为先生西南联合大学社会学系的同学，1942 年结婚，有 3 个子女，均居贵阳。据先生简历，先生一生可分为三个阶段：第一个阶段，1919 年 10 月—1942 年 7 月，出生到求学阶段；第二个阶段，1942 年 7 月—1957 年 6 月，在云南工作阶段；第三个阶段，1957 年 7 月到先生逝世，在贵州工作阶段，先生把 40 年定格在贵州大地上，把后半生贡献给了贵州民族学院和贵州人民。石开忠教授在《张正东文集》序言一中用 3 000 多字为我们详细介绍了张正东先生"教书育人、服务社会"的精神；杨昌儒教授也在《张正东文集》序言二中做"师从张正东先生学民族学"一文来纪念先生。深情缅怀先生为贵州民族学院民族学、社会学的学科建设、人才培养、社会服务和贵州民族研究工作、民族团结进步事业所做的贡献。

一、云南（1942 年 7 月—1957 年 6 月）：张正东先生的社会调查报告

1942 年 7 月张正东先生从西南联合大学社会学系毕业以后，积极地进行民族学、人类学实地调查。他所做的有关民族调查的专题资料 10 余种，涉及地区有云南省 7 个县，分别是永胜、中甸、维西、宁蒗、德钦、贡山和福贡，并撰写了《福贡设治区调查报告》《傈僳族创世传说》《维西调查报告》《云南傈僳族调查报告》《德钦纪行》和《贡山设治区调查报告》

等多部著作。此文中我们以张正东先生所写，西南民族学院图书馆于 1986 年 5 月编印成册的，名为《云南傈僳族及贡山福贡社会调查报告》的珍贵材料，分析探知张正东先生调查报告的书写方式以及追寻张正东先生对于云南各项事业的发展所作的贡献，并从中体会张先生的可贵精神。

《云南傈僳族调查报告》是关于云南省民族社会的调查报告，调查内容相当丰富。张正东先生的民族调查也是民族学、人类学者学习的典范。《福贡设治区调查报告》和《贡山设治区调查报告》则是小区域内的报告。为什么说小呢？主要是区域范围较小，人口数量少。福贡共 4 个乡，包括章化、龙马、定边和普利；贡山也是 4 个乡，曰达拉、茨开、菩拉和孟顶。据福贡的报告统计 4 个乡总人口 14 862 人，贡山的统计数据为 10 401 人。过去 4 个乡的人口加起来只相当于现在一个较小乡的人口，所以定义为小区域。张正东先生的设治区区域调查方法适用于现在的民族志和专题调查，比如一个乡镇，一个村。接下来，我将对《云南傈僳族调查报告》和《福贡设治区调查报告》《贡山设治区调查报告》两类报告做一个模式的整理。（说明：为了遵照原文和便于编排，未重新编排各级标题的序号）

《云南傈僳族调查报告》和《贡山设治区调查报告》条理清晰，内容丰富完整，是 1942—1957 年间不可多得的珍贵资料。其报告调查撰写模式，至今依然有借鉴意义；报告中关于民族名称、民族关系、地理环境、宗教信仰、婚姻丧葬、经济生活、卫生教育和日常生活的记录，给现实的比较研究提供了科学、完整的资料参考。我以为，报告中张正东先生的一些思考，依然值得我们深思：

（一）对于傈僳族来源文献的收集整理，实际考证了傈僳族的自称，自译本族名称之意义，汉族对本族之称谓，和本族与其他民族之关系，与汉族混合情形和傈僳的创世传说，本族来源传说，让傈僳族在民族识别的第一阶段（1950—1954 年）得到了确认。张正东先生的《云南傈僳族调查报告》为傈僳族的识别奠定了基础。

（二）对于男女平等的记述，"（八）女子的地位：傈僳女子之地位可谓与男子相等。盖既无若干束缚女子言行之礼教，亦无特种戕斫女子身体之习俗（如束胸、缠足等）。故傈僳妇女，无论在意识上及体力上均可与男子相比拟。吾人于傈僳社区中旅行，或至傈僳家庭中借宿时，每见傈僳妇女态度大方，坦然无私，对待陌生之男子，亦少忸怩羞涩之态。此种事实，当可表示傈僳妇女在其社会中地位之自由"为我国人口事业发展提供历史依据，确认了并非只有西方语境下才有男女平等，才有人权。当时的《中华人民共和国宪法》第 48 条第 1 款就男女平等问题明确指出"中华人民共和国男女在政治的、经济的、文化的、社会的和家庭的生活等各方面享有平等的权利"，有现实的和"活"的参照意义。

（三）对于傈僳族歌谣的记述，不但反映了傈僳族在那一特殊的历史时期的艰苦生活，同时，也体现了傈僳族青年男女在艰苦生活环境下，依然对爱情、对未来世界充满希望，对幸福生活充满向往。歌谣不但体现时代，也映射现实如今。2019年4月10日，习近平总书记给云南省贡山县独龙族乡群众回信，祝贺独龙族实现整族脱贫，勉励乡亲们为过上更加幸福美好的生活继续团结奋斗。同样，傈僳族现如今幸福美好的生活得到了实现，几十年前的希望和向往也通过歌谣的现实与过往的对比，发挥着它的历史功能。

二、贵州（1957年7月—1997年3月）：张正东先生的民族问题研究

新中国成立后，中央派民族访问团访问贵州民族学院，访问团成员中就有张正东先生的恩师吴泽霖教授。当吴泽霖教授得知贵州民族学院师资非常紧缺，他立即想到他的学生张正东先生。于是，吴教授写信给先生，希望他到贵州民族学院工作。在收到吴教授的来信后，张正东先生夫妇毫不犹豫地来到了贵州民族学院，从事教学科研工作，一直到退休。张正东先生十分注重调查研究，在贵州多次到一些县进行调研，曾任张正东先生助手的石开忠教授也多次随他到台江、惠水、都匀、贵定、雷山和剑河等县市进行调查。同时，张正东先生还参加了云南、贵州等省十几种少数民族的调查和资料汇编，撰写了多篇具有较高学术价值的论文。他曾参与贵州民族学院历史系、社会学系的筹备工作，并任历史系负责人。下面我将张正东先生在贵州民族学院所做的民族研究，做一个分类整理。

（一）民族识别

前文提到，张正东先生参与了云南、贵州等省十几种少数民族的调查和资料汇编，在民族识别工作中，尤其是贵州的民族识别，也少不了先生。原载于《贵州民族研究》的《关于开展贵州民族识别工作的建议》中，先生介绍了贵州省 1953—1965 年的民族识别情况，并分析了这一时期内，尚未识别的 20 种左右的族称，区分成 5 种情况，提出搞好民族识别的方法和建议。原载于《贵州民族学院学报》的《关于贵州族别研究中的几个问题》中，先生通过梳理贵州族别的脉络，提出了民族研究的几个问题，分别是民族名称问题、民族历史问题、民族特点问题和民族意愿问题。同时，先生和石开忠教授结合当时两个文明的提出，撰写了《重视民族学研究，促进民族地区两个文明建设》（载于《贵州民族研究》）。文中结合国家和贵州省的实际情况，提出了一些民族学需要研究的项目：社会形态问题、民族成分问题、少数民族人口问题、民族传统文化问题、民族教育问题、婚姻家庭问题和少数民族地区的经济发展问题。

（二）民族人口

根据马克思主义的人口理论，张正东先生明确指出了物质资料的生产和人口增长的辩证统一，强调二者必须保持一定的比例关系，认为民族研究者在进行民族经济研究的同时，需要进行民族人口研究。张正东先生对于民族人口的研究，主要论文有《试论贵州少数民族人口问题》（载于《贵州民族学院学报》）、《积极开展人口研究，努力促进民族繁荣》和《建议研究少数民族人口增长的社会原因》（载于《民族人口探索》），以及与石开忠教授合著的《人口普查与民族研究》（载于《贵州民族学院学报》）等。这些论文都是结合当时的社会背景和贵州省的实际情况进行撰写的，根据实际，提出解决的办法和对策，为贵州省的发展提供了参考依据。

（三）民族历史

张正东先生曾参与贵州民族学院历史系的筹备工作，并是历史系的负责人之一，在课程的设置上和学科定位上高瞻远瞩，放眼全国，放眼未来。他对民族历史的研究亦是如此，他在与汪家烈合著的《论古夜郎居民的族属问题》（载于贵州省社会科学院历史研究所编写的《夜郎考（讨论文集之二）》）一文中探讨夜郎境内居民分属的族系濮人、越人、僰人、撩人和华夏人的历史，研究这些居民与近代民族的关系，最后得出仡佬族的先民濮人曾是夜郎国主体居民的一些旁证。与余宏模合著的《清初回族迁入威宁考》（载于《贵州民族研究》）中得出结论，回族迁入威宁的历史，其时间上限可能止于清初，根据目前可信的资料判断，所谓明初洪武年间调北征南时既已驻守乌撒，迁入威宁的说法，未必可信。

（四）其他民族问题

从与石开忠教授合著的《雷、台、剑三县和凯里市苗族妇女婚姻状况浅析》中的数据来看，苗族妇女婚姻状况有 4 个特点：一是妇女随年龄的增长，有配偶的人数逐渐增多，在有配偶的妇女中，早婚人数仍占有一定的比重；二是苗族妇女离婚人数占同一年龄已婚妇女的比重较小；三是妇女的丧偶人数，随着年龄上升，在同一年龄已婚妇女中所占比例逐渐加大；四是随着年龄上升，苗族妇女未婚人数在同年龄的妇女中所占比例逐渐下降，终身未婚人数的比例极低。与潘朝霖合著的《论贵州民族地区的师资队伍建设》（原载于孟铸群、陈红涛等主编的《中国民族教育论丛（一）贵州民族教育研究专集》）中梳理了当时贵州省少数民族地区师资队伍的现状，提出了贵州省少数民族地区师资队伍建设的几点建议。

三、结语

本文的标题是回溯与坚守：基于《张正东文集》的思考，我对张正东先生在云南和贵州所做的学术研究做了回溯。但是我以为，我们民族学、社会学人，更多的是在先生的精神引领下，坚守这一份事业，并热爱它，把民族学、社会学认真地做下去，把学术研究作在贵州大地上，把人生奉献给土地和人民。最后，用贵州民族学院在张正东先生的追悼会上的悼词表示吾辈之感情，悼词中说："张正东同志退休以后，仍然十分关心贵州民族学院的建设和发展。他曾担任学院关心下一代协会顾问，发挥自己的余热。他谆谆教导在贵州民族学院工作的子女，要老老实实做人，勤勤恳恳工作，为党的民族教育事业做贡献，为贵州民族学院的建设和发展尽心尽责。他直到生命弥留之际，还向前往医院看望他的学院领导询问学院情况，充分体现了他关心民院，热爱民院之情。张正东同志的逝世，使我们失去了一位好同志、好老师，是民族教育事业一个无法弥补的损失。我们要化沉痛的哀思为力量，学习张正东同志高尚的品格和严谨的治学态度，努力做好贵州民族学院的各项工作，以告慰张正东同志的英灵于九泉之下。"这是吾辈民族学人共同之心声。

参考文献

[1] 习近平.习近平谈治国理政（第二卷）[M].北京：外文出版社，2017.

[2] 张正东著，石开忠编.云贵民族考[M].北京：群言出版社，2014.

[3] 张正东著，石开忠编.张正东文集[M].北京：群言出版社，2014.

[4] 张正东，邝广宝.怀念三位老师[J].社会研究，1991(6).

[5] 张正东，翁家烈.论古夜郎居民的族属问题[M].贵阳：贵州人民出版社，1981.

[6] 张正东.试论贵州少数民族人口问题[N].贵州民族学院学报（社会科学版），1982(2).

[7] 张正东，石开忠.重视民族学研究促进地区两个文明建设[J].贵州民族研究，1986(1).

[8] 张正东.关于开展规则少数民族识别工作的建议[J].贵州民族研究，1979(2).

[9] 张正东，余宏模.清初回族迁入威宁考[J].贵州民族

研究，1979(3).

　　[10] 张正东，石开忠 . 雷、台、剑三县和凯里市苗族妇女婚姻状况浅析 [J]. 民族人口探究，1988(1).

　　[11] 冯友兰 . 联大教授 [M]. 北京：新星出版社，2010.

　　[12] 杨昌儒 . 学思集 [M]. 北京：中央民族大学出版社，2018.

　　[13] 石开忠 . 民国时期贵州的民族研究 [N]. 贵州民族学院学报（哲学社会科学版），1999(3).

　　[14] 石开忠，石慧 . 吴泽霖教授在贵州的民族研究工作及意义 [N]. 中南民族大学学报（人文社科版），2019(1).

张正东先生贵州民族研究综述

赵芝梅

（贵州民族大学民族学与社会学学院）

摘要 贵州是一个多民族省份，既有历史遗留的民族问题，也有民族发展中产生的现实问题，为了更好地助力贵州省民族地区脱贫发展，加强民族团结，实现各民族共同繁荣发展，张正东先生在对贵州民族问题研究领域做出了许多贡献。其著作中，他对贵州地区的人民人口问题以及民族识别工作和民族地区遗留的一些问题都进行了梳理，提出了自己独特的见解，通过阅读整理张正东先生文集，笔者结合自身对民族学相关理论的学习和对贵州多个少数民族地区的田野调查，对张正东先生的理论思想进行了如下整理。

关键词 张正东；民族研究；贵州

如今正是贵州省脱贫攻坚战决胜的关键时期，正确地认识贵州民族地区的发展问题，有助于更好地开展贵州地区的扶贫工作。张正东先生关于贵州民族研究的主要贡献集中在贵州民族识别工作的开展、贵州少数民族人口问题研究、寻找加快贵州人口普查的必要性以及贵州省少数民族地区的"空心村"等问题的解决方法上。本文通过整理张正东先生的相关学术著作，对张正东先生的民族研究成果做出文献综述，以便其他学者更为便捷地查看张正东先生的理论观点。

一、民族识别工作

民族识别是国家制定民族政策和理论的重要依据，也是更好践行民族理论和政策的先决条件之一，同时也是各界学者展开民族研究的重要手段之一，在粉碎"四人帮"以后，西南地区的其他省份已经陆续开展了民族识别工作，而且已经取得了不菲的成绩，贵州地区的民族识别工作起步较晚，民族单位数量较大导致识别工作难度大，在开展民族识别工作之前，需要一定的准备时间，张正东先生在充分研究其他省份的民族识别工作经验之后，详细分析了贵州民族识别中可能出现的一些问题，针对贵州地区的民族识别工作的开展提出了许多具有可行性的建议和意见。

张正东先生在其 1979 年发表的《关于开展贵州民族识别工作的建议》一文中，梳理了我省各研究成果中有关民族识别的文献资料，结合发展实情，对贵州民族识别工作提出了以下几点建议：一是对于未识别的民族，我们应该充分考虑该民族群体的内部意愿。简单来说就是将其内部提供的民族申报情况作为划分民族成分的主要参考，比如有的民族自认为应该归属于某一已识别民族，且其他民族也承认其应该属于某一民族，但是由于某种原因没有来得及进行划分，族别名称还未公布和正式确定的民族群体，应该在考察其生活习惯以及文化和风俗等各方面条件的情况下，对这一群体的族别归属以及名称进行确定并公布。比如我省毕节和六盘水地区的"七姓民"（部分白族的他称），威宁"七姓民"干部少数民族单位认为，贵州地区的"七姓民"在文化特征上偏向于云南大理的白族，他们在古代因为战争或其他原因迁徙到贵州地区定居，但是仍然保留着以往的生活习惯，他们现在所使用的七个姓氏也和大理白族常用的姓氏相同，所以我们在确定"七姓民"的族别归属时应该充分考虑其和大理白族之间的关系。二是对于未识别的民族，我们应该充分考虑我省现存的某些民族单位名称和省外已经确定的族别名称在发音上高度相似的情况，比如贵州黔东南和黔南地区居住的"木老"（或写作"木佬"）和广西的"仫佬族"在民族名称上基本相同，而且经考察，广西地区的"仫佬族"在历史上也曾使用"木佬"这一族别名称，前些年贵州省麻江县的"木佬"与广西罗城县的"仫佬"之间也曾有过书信联系，但是因为贵州地区民族识别工作开展的时间较晚，还没来得及确定两者之间是否有联系。但是值得注意的是，我省自主申报的"京族"里的"南京"人，不能等同于广西地区的"京族"，"黎族"里的"里民"也和海南地区的黎族存在差异。三是对于未识别的民族，我们应该充分考虑我省的一些少数民族虽然在族别以及自我认同中不同于其他少数民族，然而他们的生活习惯、语言服饰等文化特征都和另一少数民族十分相似的情况，比如黄平和安顺的"ge 兜"（或写作"ge"家人）和贵州地区的苗族在文化特征上基本相同，我们在确定其民族单位时也应该进行细致的调查研究。四是应该充分考虑我省的一些民族单位和古代移民有关的情况，比如毕节和安顺的"穿青"人，"南京"人、"里民"人、"湖广"人等，在对这些民族群体进行族别划分的时候，应该以历史文献资料为主。五是应该充分考虑我省有一些少数民族单位名称延用古时的旧称或者民族支系名称，对此应该结合简化后的汉字和国家已经确定的正式族称进行更正。

张正东先生认为，我们应该积极响应第五届人民代表大会中通过的《政府工作报告》中关于号召学者积极开展民族学等方面研究的内容，在省民委的带领下积极开展民族识别工作。

二、人口普查

张正东先生对于人口普查的定义归纳为："人口普查是一个国家或地区在某一特定的时点上，对其境内的人口以及人口相关的社会、经济、文化等状况，进行逐人逐户的登记调查，并将所得资料迅速汇总、评价、分析与发表的全过程。"张正东先生认为，进行人口普查工作能准确地了解国家境内的人口分布和构成情况，对国家人口政策的制定提供数据参考，是更好地建设社会主义现代化国家的必然要求。

自新中国成立以来，我国分别在 1953 年、1964 年和 1982 年进行过三次人口普查，其中，在 1982 年的第三次人口普查工作中，所有登记项目共 19 项，其中 13 项是按人登记，6 项按户登记，所有的登记项目都和民族研究有关，所以，张正东先生认为，我们可以利用人口普查来进行的民族研究项目有 5 个，分别是：

（1）人口普查与族称问题研究。在人口普查的过程中，我们可以了解全国各少数民族的地域分布以及人口比率和数量问题，通过几次人口普查数据的对比，分析出各少数民族人口增长比率。比如在 1982 年第三次人口普查的过程中，贵州省总人口数为 28 552 942 人，其中汉族人口共 21 129 487 人，占全省总人口的 74%；各少数民族人口共 7 423 455 人，占全省总人口数的 26%；其中世居少数民族共 12 个，人口数为 6 586 706 人，占全省少数民族人口数的 88.7%；其他少数民族共 34 种，人口数为 88 669 人，占全省少数民族人口的 1.19%；未识别民族人口数为 748 080 人，占全省少数民族人口的 10%。这些数据为贵州省政府制定实施国家民族政策提供了重要参考价值，同时也为民族工作者研究民族问题提供了数据资料。在确定民族族称时，普查员根据申报人所填资料进行汇总上报，但是申报人是否真的可以归属某一民族，却需要民族工作者进行田野调查和文献资料搜集来进行验证。因为出现错报的原因很多，所以人口普查中的民族称谓等相关问题，民族研究工作者必须加以重视。

（2）人口普查与民族理论问题研究。人口普查中的民族识别工作，是民族工作开展的前提条件。民族识别的准确性和完整性，关系到民族政策的制定和实施执行情况，也是民族团结和各民族共同建设社会主义的关键影响因素。贵州是一个多民族省份，历史上各民族关系也十分复杂，民族理论政策的传播与理解在各个地方和民族都不一样，同时，贵州省还存在许多未识别民族群体。为了更好地解决一系列民族问题，我们不得不加强对民族形成历史的研究和各民族理论的学习。贵州省未识别民族主要存在两种情况要弄清楚，一是需要搞清楚是汉族还是少数民族，二是需要搞清楚是单一民族还是某一少数民族的支系。这些都需要结合历史和实情进行调查分析。只有正确地划分民族族称，才能更好地加强民族团结，才有利于民族政策的制定和有效实施。

（3）人口普查与民族教育问题研究。由于历史上对于少数民族的压迫和歧视，贵州省少数民族受教育程度普遍较低。1982 年第三次人口普查结果显示，贵州省少数民族小学以上文化程度人口共 2 526 592 人，占全省少数民族人口总数的 34.04%；而贵州省汉族小学以上文化程度的比率是 46.93%；少数民族 12 岁及以上人口不识字或者识字较少的人口共 2 867 715 人，占少数民族总人口的 38.63%。同时，数据表明，在少数民族半文盲和文盲人口中，女性明显高于男性，贵州地区少数民族中，12 周岁及以上的女性 80% 不识字或识字较少。出现这一现象的主要原因是少数民族地区的教育水平较低。许多少数民族地区社会分工不明确，经济落后，教学场所破旧、设备差，有的学校3个学生用不上一套桌椅。少数民族地区的教师社会地位和生活待遇都不高，导致从业者较少，多数少数民族地区的经济体制以及社会文化等都和现代教育不相符，导致当地教育发展速度慢，自愿受教育人口少。人口普查结果可以提醒相关单位重视民族地区教育问题，认真研究各项教育政策，提高民族地区教育水平。

（4）人口普查与民族经济问题研究。1982年第三次人口普查中关于行业和职业构成的数据显示，贵州省少数民族在业人口为3 662 448人，在业人口中从事农、牧、林、渔业，也就是国际定义的第一产业的人口数为3 468 473人，占在业人数的94.7%；从事第二产业的人口数为71 450人，占在业人数的1.95%；从事第三产业的人口数为121 918人，占在业人数的3.33%。从人口普查数据分析，贵州省少数民族从事第一产业的人口数最多，从侧面反映出贵州地区少数民族经济落后的状况。为了加快少数民族地区经济建设，应该充分重视人口普查中相关经济问题的研究，参考其他地区对产业结构进行调整，促进民族地区经济全面发展。

（5）人口普查与民族婚姻、家庭问题研究。1982年第三次人口普查中，贵州省少数民族婚姻关系的数据显示，贵州省少数民族婚姻家庭状况中早婚早育问题较多，婚姻关系较为稳定，离婚率较低，同时，贵州省一些落后边远民族村寨中，仍然存在大量的近亲结婚现象。近亲结婚会对民族地区的后代人口素质产生不良的影响，比如智力发育和体力发育的先天不足等问题接连出现，且比率有增无减。随着年龄的增加，丧偶人数也在不断增加。贵州省少数民族地区的复合型家庭较多，老人的赡养和小孩的抚养都是明显的问题。

所以张正东先生认为，我们应该充分认识人口普查的重要性。民族工作者更应该重视分析人口普查中的数据资料，并且合理利用这些数据资料研究现实问题，试图找出解决现存问题的合理路径，为民族团结以及民族地区的繁荣发展做出贡献。

三、民族问题研究

1. 少数民族人口问题

关于少数民族人口问题的研究结果，张正东先生在其发表的《试论贵州少数民族人口问题》一文中，就贵州省少数民族人口的基本情况进行了统计分析，对贵州省少数民族人口增长速度以及如何提高贵州省少数民族人口质量问题提出了几点意见和建议。

张正东先生认为为了使人口发展和国民经济发展相适应，应该适当控制贵州省少数民族的人口增长速度。1982 年第三次人口普查结果表明，贵州省少数民族人口增长比率远远超过同一时期全国人口增长速度。贵州省典型的喀斯特地貌，耕种面积并不大，俗话说"七山一水二分田"，在这样一种地理条件下，贵州省少数民族人口增长过快会导致人均耕种面积减少，人均粮食占有量降低。由于人、物增长不平衡，生态遭到了破坏，灾情增多，粮食产量降低，所以贵州省少数民族地区实行计划生育的可行性大大增加。但是在具体实施过程中，应该具体民族具体分析。

同时，贵州省应该逐步提高少数民族的人口质量——人口质量是指人的身体素质、道德品质和文化技术三方面的情况。在实行计划生育的过程中，也不能忽视人口质量的提高。众所周知，贵州省少数民族地区近亲结婚情况较多，早婚早育情况也不少，造成这种情况的原因是少数民族地区传统婚俗习惯的遗留和现行婚姻法普及度不高。少数民族地区将近亲结婚看作是一种"亲上加亲"的行为，但是婚姻法明令禁止三代以内的旁系血亲互相婚配。从生物学的角度来说，近亲结婚生育的孩子患某些先天缺陷的概率较大，不利于整个民族的繁荣发展。另外，在少数民族地区由于医疗卫生条件不太好，导致许多地方病高发。由于文化教育基础设施较差，许多少数民族地区不重视教育问题，导致民族地区平均文化程度不高，不利于提高当地的人口质量。

针对以上现状，张正东先生认为贵州省少数民族研究工作的开展应该从以下几个方面入手，一是族别研究，二是收集贵州省少数民族人口的历史资料，三是调查贵州省少数民族人口问题的现状，四是成立贵州省人口研究所。人口问题是历史遗留问题，也是现代社会发展必须要解决的问题。

2. 重视民族研究问题

张正东先生和石开忠先生认为，贵州是一个多民族省份，广泛开展民族研究是贵州省民族研究工作长期的、重要的任务。民族研究涉及的问题很多，比如民族政策、民族理论、民族关系、民族地区经济发展等方面，开展民族研究有利于加强民族团结，实现各民族共同繁荣发展。而作为一个民族学学者，我们应该重视各民族生存现状及其历史发展规律研究，通过田野调查来获取一手资料，形成调查结果，为促进民族地区的精神文明和物质文明建设提供理论支撑和依据。

为了更好地落实各项民族政策，民族学需要研究社会形态问题，密切关注各民族的经济、政治和文化发展过程，对不同地区不同发展程度的不同民族实行不同的措施。贵州省未识别民族人口较多，应该尽快解决未识别民族族称问题；还要重视少数民族人口问题，根据不同民族的不同人口情况实施不同的人口政策，以及民族传统文化的继承和发扬问题。我们应该鼓励民族文化中的积极因素，也要帮助少数民族地区群众辨别阻碍民族发展的一些陈规陋习，在群众自觉自愿的基础上进行改革，这有利于少数民族地区的民族教育发展；同时要积极普及婚姻法，规范少数民族地区的家庭婚姻，才能更好地发展少数民族地区的经济。

四、结语

贵州是一个多民族省份，也是民族问题较多、较典型的省份。正确认识贵州现存民族问题，积极寻找对策，有利于其他省份在相似问题上进行借鉴。成功解决贵州省民族地区的民族问题，可以给其他省份提供一个成功案例。张正东先生在对贵州省民族历史进行文献分析和资料搜集的基础上，对多个民族地区进行田野调查，正确认识和发现贵州省民族问题，并提出许多可行性对策建议，为贵州省的民族政策实施提供了理论支撑与技术支持，对贵州省的民族识别工作和人口普查工作等作出了巨大的贡献。

参考文献

[1] 张正东.关于贵州民族识别工作的建议 [J].贵州民族研究，1979(1).

[2] 张正东.试论贵州少数民族人口问题 [J].贵州民族大学学报（哲学社会科学版），1982(1).

[3] 张正东，石开忠.重视民族学研究促进民族地区两个文明建设 [J].贵州民族研究，1986(2).

[4] 张正东，石开忠.人口普查与民族研究 [J].贵州民族大学学报（哲学社会科学版），1985(2).

[5] 张正东，邹世恒.苗族历史学术讨论会在贵阳举行 [J].贵州民族研究,1980(1).

[6] 张正东著，石开忠编.张正东文集 [M].北京：群言出版社，2014.

张正东先生的学术人生与教育思想

余菊

（贵州民族大学民族学与社会学学院）

摘要 张正东先生，贵州民族大学民族学教授，一生都在为社会学的学科建设、人才培养、民族教育以及贵州民族研究和民族团结做贡献。本文通过回顾他的学术人生和学术成就，探讨了他一生为国家、为人民、为贵州民族大学不懈奋斗的高尚品德和学术情怀。

关键词 张正东；学术人生；教育思想

寒来暑往，贵州民族大学已走过 67 载的光辉历程，学校已经发展成为以人文科学、社会科学、工学为主要学科，法学、教育学、文学、历史学、理学管理学、艺术学等 9 个学科相互支撑、协调发展的综合性大学。贵州民族大学目前已经成为贵州民族地区人才培养培训基地、科技研发基地、民族优秀文化传承创新基地、民族团结进步示范基地和民族地区经济社会发展新型智库。

学校全面贯彻落实党和国家的教育方针政策，始终秉承服务少数民族和民族地区，发扬"奋发蹈厉，庄敬自强"的民大精神，夯实基础、优化结构、突出特色，促进学校规模、结构、质量、效益协调发展，进一步提高教育质量、办学水平和办学层次，增强办学实力与综合竞争力，奋力向国内高水平一流民族大学迈进。

而这一切与一些老前辈的奋斗有着密不可分的关系。这其中就包括张正东先生。先生的一生都奉献给了贵州民族大学，他的学术人生和教育思想正好诠释了他这一生为贵州民族大学所作出的贡献。

一、求知（1919—1942 年）：漫漫求学路

1919 年 10 月 25 日张正东先生出生于河南省汲县的一个信仰基督教的医生家庭。家庭物质条件优越，文化氛围浓郁。童年的他受到了父母亲的良好教育和引导。1926 年 9 月他开始在河南商丘县立小学（初部）学习，自此开启了张正东先生的求学路。1930 年 7 月张正东先生结束了在河南商丘县立小学的学习，同年 9 月进入上海私立清心中学（高小部、初中部）学习。在 1935 年 9 月—12 月，张正东先生又在河北通县私立潞河中学学习高中一年级上学期的课程。由于当时国家形式动荡不安，1936 年 2 月—1936 年 7 月，张正东先生又转

入河南开封私立豫中中学进行高中一年级下学期课程的学习，时长 5 个月。

1936 年 9 月张正东先生又在家人的带领下返回上海在私立浦东中学学习高中二年级的课程，至 1937 年 7 月结束。此次学习时间也仅仅一年。1937 年 7 月 7 日，日军发动卢沟桥事变。1937 年 7 月 29 日，北平、天津沦陷，9 月 22 日中国共产党发布国共合作宣言，12 月 13 日的南京大屠杀，让国人恐慌，生活受到严重影响。张正东先生在 1937 年 9 月又回到河南老家，在河南开封私立豫中中学学习，直到 1937 年 12 月才结束高中三年级上学期课程的学习。1938 年 2 月，张正东又转入河南鸡公山国立东北中学进行高中三年级下学期课程的学习，直到 1938 年 6 月，以优异的成绩高中毕业；于 1938 年 10 月进入云南省昆明市国立西南联合大学法商学院社会学系学习。1942 年张正东先生以优异的成绩本科毕业时，有一位在广州岭南大学任领导的亲戚曾给他安排了一个教职，但被他婉言谢绝了。他认为哪里的城市基本上都是一样的，而农村却不同，各有各的特点，特别是在少数民族地区的农村更是不同，更是需要他们这样的人才。

1942 年 7 月—1946 年 1 月，张正东先生及其夫人受清华大学资助，在吴泽霖教授的指导下在云南丽江进行了长达 4 年的民族调查研究工作。工作的主要内容是：兴办学校，进行民族教育工作。张正东先生认为云南是边疆地区，又是少数民族地区，教育比较落后，因此急需大力兴建学校、召集教师，发展教育事业。

二、发展（1942—1956 年）：学术人生的春华，师德育人

张正东先生本科毕业的时候正是国家的用人之际，因此张正东先生在毕业后去了云南丽江从事民族调查工作，四年间与云南丽江人民同吃同住，获得了大量的实践经验。可以说，这次的田野实践实现了张正东先生将社会学与民族学相结合，从文献的方法到民族学的实地调查的转变，形成了他夯实的理论基础和丰富的田野调查经验，并让其拥有了博大的学术视野，为其后来的学科建设、民族研究奠定了深厚的基础。当时由于民族地区师资匮乏，急需像张正东先生这样的优秀人才，因此1946 年 2 月他被调任云南省丽江中学任教员，直到 1946 年 10 月才结束在丽江中学的任教工作。

张正东先生除了全力投身于云南的教育工作外，还协助积极发展当地的医疗卫生事业，改善少数民族缺医少药的状况。张正东先生与夫人虽然不是医学专业的毕业生，但他俩利用自己原有的医学知识，边干边学，较好地完成了这项工作。

除了教育和医疗，张正东先生还做了争取边疆地区土司回归祖国的工作。

张正东先生知识渊博，对工作兢兢业业，因此其在 1946 年 11 月再次被调任到云南丽江师范学校当校长，直到 1949 年 7 月才结束。1949 年 10 月他担任了云南大学社会学系讲师，讲授人类学，到 1950 年 3 月才结束。无论在哪里任教，张正

东先生总是怀着教书育人的博大情怀，这对学子们产生了深远持久的积极影响。但张正东先生始终觉得学无止境，于是1950 年 4 月其又在西南人民革命大学云南分校进行了半年时间的学习，直到 1950 年 10 月结束。

1950 年 11 月，张正东先生在云南昆明长城中学担任副校长、文科专任教员，到 1951 年 7 月才结束。1951 年 8 月—1953 年 8 月期间，张正东先生在云南昆明第十二中学文科专任教员；1953 年 9 月—1956 年 5 月，张正东先生在云南昆明第六中学文科专任教员；1956 年 6 月—1957 年 6 月，张正东先生在云南昆明第十五中学文科专任教员。在此期间张正东先生虽辗转多个学校之间任教，但总是以"教书育人、服务社会"为宗旨，培养了一批又一批优秀学生，为新中国建设和社会主义文化事业的发展作出了伟大的贡献。

新中国成立后不久，中央派民族访问团访问贵州民族学院，而访问团成员中就有其恩师吴泽霖教授。当吴泽霖教授听完汇报后得知贵州民族学院师资力量非常紧缺，他立即就想到他的学生张正东先生。于是，吴教授写信给张正东先生，希望他到贵州民族学院工作。在收到吴教授的来信后，张正东先生毫不犹豫地就来到了贵州民族学院。

1957 年 7 月—1959 年 12 月，张正东先生在贵州民族学院研究室从事民族学研究工作。1959 年贵州民族学院被撤销，1960 年 1 月—1979 年 8 月，张正东先生到贵州省民族研究所工作。1975 年贵州民族学院恢复办学，1979 年 9 月张正东先生再次被调入贵州民族学院从事教学科研工作，直到退休。

三、大成（1957—1997 年）学术人生的秋实，硕果累累

张正东先生研究涉猎面广，著作丰富，在担任《中国人口·贵州分册》副主编期间，参与编写了贵州省第一部区域性人口著作，及《贵州省志·地理志、人口篇》《清实录·贵州资料辑录》，还参加了十几种少数民族的调查和资料汇编工作，同时撰写了多篇具有较高学术价值的论文。此外，他还担任《贵州通史》的编委。

在教学科研工作中，张正东先生关心、培养中青年教师。他接待了不少来我省、我院访问的国内外专家和学者，同他们进行了友好的学术交流。在 1986 年其就受学校委托指导从美国来进行苗族研究的路易沙。在贵州省的民族识别、民族教育和贵州少数民族地区的社会经济发展方面其也作出了贡献。

1986 年 9 月，贵州民族学院授予张正东先生"为人师表，教书育人"先进教师称号；1984 年 9 月，贵州省委、省政府授予他"民族团结"先进工作者称号；1985 年 10 月，省政协、省智力支边领导小组、省委统战部授予他"贵州省各界人士为四化服务"先进代表称号。

张正东先生一生著作颇丰，现将主要的罗列如下：

（1）云南省永胜、中门、维西、宁蒗、德钦、贡山、福贡县的有关民族调查的专题资料十余种。

（2）1944 年，张正东先生在《边疆文化》上发表《德饮纪行》；1945 年写《保保族调查报告》等；1948 年在《边疆服务》

上发表《保保族的创世传说》。

（3）1958—1960 年，张正东先生参加彝族、伶佬族简史、简志编写工作。

（4）1960—1963 年，张正东先生参加《〈清实录〉贵州资料辑要》的编写工作，1964 年贵州人民出版社出版。

（5）1979 年，张正东先生参加编写《贵州少数民族·彝族》，1980 年贵州人民出版社出版。

（6）1979—1981 年，张正东先生先后在《贵州民族研究》《贵州民族学院学报》发表民族识别文章。

（7）1980 年，张正东先生在《贵州民族研究》第一期发表《清初回族迁入威宁考》（与余宏模合著）。

（8）1981 年，文章收入《夜郎考（讨论文集之二）》，贵州人民出版社出版。

（9）1981 年，张正东先生发表《试论贵州少数民族人口研究中的几个问题》和《百越民族史和贵州民族研究》两篇文章。

（10）1983—1986 年，张正东先生担任《中国人口·贵州分册》副主编，参与编写贵州省第一部区域性人口著作。

（11）1985—1986 年，张正东先生参编《贵州省志·地理志·人口篇》。

（12）1986 年起担任《贵州通史》编委。

（13）1986 年，张正东先生在贵州民族学院学报发表《人口普查与民族研究》论文（与石开忠合著）。

四、传道授业

张正东先生对学生作业和论文的修改是认真严肃的，时任贵州省人大副主任唐世礼的毕业论文就是他指导的，修改意见非常细致具体。贵州民族大学副校长杨昌儒的《民族学纲要》一书也是张正东先生细心指导修改后出版的。根据贵州民族大学民族学与社会学学院创院院长石开忠教授回忆，其在跟随张正东先生的 12 年里，不仅在写文章上，而且在做学问、做人上都有很大的收获，终身受益。

张正东先生退休以后，仍然十分关心贵州民族学院的建设和发展。他曾担任学院关心下一代协会顾问，发挥自己的余热。他谆谆教导在民院工作的子女，要老老实实做人，勤勤恳恳工作，为党的民族教育事业作贡献，为贵州民族学院的建设和发展尽心尽责。

直到生命弥留之际，他还向前往医院看望他的学院领导询问学院情况，充分体现了他关心民院、热爱民院的深情。张正东先生鼓励和支持后学，注重学科建设，注重学术人才的培养。张正东先生毕业于西南联大，曾师从费孝通、吴泽霖等名流巨匠，言行举止间彰显了西南联大的传统。

附录

张先生也，原籍河南，生于医家，善于思考，砥砺前行，博览群书，涉及百家，酷暑严寒，不舍昼夜，苦读诗书，及至学成，供职民大，崇德敬业，治学严谨，立足专业，结合实践，调查研究，著书立说，为人师表，严于律己，教书育人，爱国爱生，服务社会，传道授业，解疑释惑，烘春桃李，春晖满天，耄耋之年，笔耕不止，生命不息，奋进不已。回首往事，献身学术，无怨无悔，乃名教授。

参考文献

[1]杨圣敏主编.中国人类学民族学学科建设百年文选[M].北京：知识产权出版社，2008.

[2]惠中主编.人类与社会[M].北京：中央广播电视大学出版社，2003.

[3]夏建中.文化人类学理论学派[M].北京：中国人民大学出版社，1997.

乌蒙高地回族生计方式的流变
——以威宁县S村为例

李萍

（贵州民族大学民族学与社会学学院）

摘要 乌蒙高地处于黔滇川交界，这一区域内回族的社会文化具有极强的同质性。另外，该区域内的汉族、彝族与苗族社区群有很强的文化同质性，表现在生计方式和饮食习惯方面上。生计方式作为一种"谋生之计"，在乌蒙高地的回族社群中表现出惊人的相似。回族社群生计方式的流变带来乡村理念与生活方式的变化，由单一的烤烟种植转向养殖、林果业、外出务工、经商等，呈现出传统与当代和谐共生的场景。面对自然环境和社会变化，他们如何协调人与自然、人与人之间的关系，的确值得探讨。本文以乌蒙高地威宁彝族回族苗族自治县中水镇的S村为研究对象，试图反映一个典型村落传统的生计变迁状况，探析 S 村生计方式的选择及其困境，并进行反思。

关键词 乌蒙高地；回族；生计方式流变；S 村

乌蒙高地位于黔滇川交界，具体包括贵州省威宁县、赫章县、六盘水市，云南省昭通市区、鲁甸县、宣威市区，以及四川省舒永县等地。此地大约聚居着 40 万人口的回族同胞，以贸易和农业为主。这一区域与 2012 年国家划定的重点扶贫攻坚区的乌蒙山片区部分重叠。乌蒙高地的回族同胞中，马姓居多，其次是孔、张、虎、李、锁、刘等姓氏，少部分为齐、丁、牟等姓氏。其实，马姓也有区分，马姓相见，习惯性地问"你是什么马？"回答会有：下坝马、松林马、马家屯马、蔡家地马、核桃树马、开化马、小瓦房马、河西马、客籍马、陕西马等共 12 支马姓。不知道的就疑惑——马姓还有这么多分支？可以说，马姓分支是乌蒙高地独特的文化现象。

由于这 12 支马姓是从黔滇川交界的回族社群中区分的，且多聚居于乌蒙山脉区域，故笔者将回民社群具有文化同质性的该地理区域称为"乌蒙高地"。马氏的分支得益于刘吉阿訇。此外，刘吉还是乌蒙高地传播经堂教育的第一人。

在乌蒙高地区域，回族社群具有文化同质性，区域内的个案研究一定程度上能看出该区域回族人生计方式流变的基本特征。本篇文章的田野点正处于乌蒙高地区域，即威宁彝族回族苗族自治县中水镇的 S 村。S 村地处云南省昭通市与贵州威宁交界地带。该村为笔者家乡，笔者对其有很深的亲切感，在调查过程中也比较得心应手。撰写此文章是基于对家乡的情怀：
一是自从记事以来，见证了家乡从"离不开土"到"离土不离
乡"的变化历程。通过生计方式的流变侧面反映该村历史文化
变迁的轨迹。故，基于调查的材料，从生态人类学的角度切入，
探析当地生计方式的变迁，将田野调查与理论知识相结合。二
是 S 村是一个回族聚居村，有着典型的文化特征。通过调研写
作，不仅能运用所学知识去剖析家乡的发展变化，还能从不同
层面展示当地的文化体系，具有重要的文化意义。

　　该村主要的经济作物是烤烟、玉米和洋芋，烤烟占全年收
入的一半以上。改革开放以来该村都以种烤烟"过日子"，由
于各个阶段烤烟技术的不同，所获得的经济收入也有所差异。
随着时代的发展变化，现在烤烟已成为"夕阳产业"，再加
上当地气候环境和人们思想观念的转变，这种"靠天吃饭，靠
山吃山，靠水吃水"的生存方式越来越具有挑战性。面对这样
的境况，当地村民如何自我调适是值得探讨的问题。笔者曾于
2018 年 10 月、2019 年 5 月初和 6 月初以及 2019 年 8 月深入
S 村开展调研，通过访谈和参与观察等获取了比较翔实的田野
调查资料。

一、S 村历史人文概说

（一）S 村地理位置环境

　　S 村位于威宁彝族回族苗族自治县中水镇的西南部，距县
城 117 千米，距中水镇政府所在地 15 千米。与云南省昭通市
接壤，距昭通市昭阳区城区中心 18 千米，现在交通较发达。

地理坐标为：东经 103°17′—103°19′，北纬 27°14′—27°24′，东西长 1.5 千米，南北长 3.4 千米，总面积 5.4 平方千米，辖 5 个村民组。当地曾经发生过多次轻微地震，呈立体季风气候，年平均气温 16.8℃，年降雨量在 897 毫米。全年无霜期 194 天，年日照总时数 1 466 小时。占地面积 6.4 平方千米、8 315 亩（1 亩 =666.67 平方米，下同），一组、二组、三组、四组、五组分别占有耕地面积 1 725 亩、933 亩、1 652 亩、2 449 亩、1 556 亩。（数据来源：S 村村公所办公室）。环境方面，森林覆盖面较低，基本只有坟山地带有较多的松树。除此之外，就是村民栽种的果树。

此处地势起伏很大，中部是后河流域，两边是坡地，平均海拔 1 852 米。5 个村民组依靠"乔宝山""大黑山""大军山"而坐落，这三座大山也是中水镇海拔较高的山峰，其中最高海拔为 2 000 米左右。三座大山大部分被开垦，仅"大军山"上有一些灌木丛。这里气候较为凉爽。S 村也是中水镇最偏远的一个村落，云、贵两省的交界地带，地理位置比较尴尬。在 20 世纪八九十年代到 21 世纪初期，本村的人去牌坊或者花桥"赶场"（赶集），途经其他村落时被称作"青山黄脚杆"。在被划为行政村落之前 S 村的人都自称是"青山人"。据了解，该村改革开放初期，生态环境相当好，可以说是绿水青山。一位 50 岁回族妇女回忆说："在我小的时候，到山上去放羊，满山的松树和'麻林林'（青冈树）。到雨季时背着箩筐去树林里捡菌子，很快就捡到一箩筐。还会经常看到野生动物，比如'得勒'（狼）、兔子、野鸡等。现在就不一样了……""黄脚杆"的称呼同样有其原因，一是该村的土壤颜色相对于其他村来说有所区别。S 村的土壤为沙土或红土，途经其他村落时看脚上的泥巴颜色就能知道是"青山人"。而中水镇的其他村落的土壤属黄土。二是经济发展水平较其他村落而言比较低下，交通较其他村落闭塞。换句话说，"黄脚杆"一定程度上是贬义。其他村落地势较平坦，靠近水源，一直以种植蔬菜为主要收入来源，收入比较可观。而 S 村的土地资源大部分属于山地，只能种植耐旱作物，收入比较低。

该村土地资源丰富，水资源缺乏。土壤为沙土或红土，适合种植烤烟、玉米、马铃薯。该村一个大型水库修建于 2015 年，位于该村的一队（滴水崖）。整个村有大量的蓄水池，一条主要河流，冬季基本干枯，雨水多的季节，如夏季有较多的水流。老一辈人经常会讲起这样一个故事，来感叹现在环境的变化："有一年雨水特别多，河里就起蛟了，一条大蟒蛇把河水堵住，周边的田地都遭殃了。"随着农业的发展，森林地带微乎其微。特别到种植庄稼的季节雨水极其缺乏。河水或蓄水池是种植庄稼的主要水源，灌溉田地的水大部分来源于井水，当地居民的饮水不存在问题，近年来每家都饮用自来水。

（二）S 村人文历史环境

2015 年末，S 村户数总计 431 户，人口总计 2 133 人。有马、李、所、张、何、齐、阮、牟八种姓氏，其中马姓回族人口最多，占总人口的半数以上。村里汉族仅有 6 户，和村里回族人相处融洽。比如汉族朋友家遇有婚丧嫁娶，回族朋友会随份送礼，一般不会就餐，除非汉族朋友在清真餐馆设宴，便可前往就餐；再如在新建房屋以及种植庄稼时回、汉之间互帮互助。S 村中心位置建有清真寺，属于典型的"围寺而居"模式，并依此形成一个以礼拜寺为中心，"大分散、小集中"的分布与居住格局。因"大分散"，威宁各地的清真寺只能各自独立、互不统属；由于"小集中"，每个地方的回坊只能是一个独立的宗教组织单位，这与西北地区盛行的"门宦""教派"制度有本质的不同。

S 村也曾经是解放军作战过的地方。"大军山"上曾有一个大军架，是解放军搭建的一个很高的木架子，是为了更好地观察敌人的行动和在此高地发送电报，现在只剩下一个"大军架遗址"，这座大山因此而得名。

S 村 20 世纪在国家单位工作过的村民有 22 个。其中一组有 7 人，二组有 7 人，三组有 3 人，四组有 2 人，五组有 3 人。21 世纪，现有国家公职人员，一组 8 人；二组，暂且不详。三组 11 人；四组 2（现知）人；五组 1 人。从 20 世纪至 21 世纪的公职人员职业结构可以看出明显变化。20 世纪大部分是工人，新中国成立初期，工人的社会地位相对于农民要好得多。到了 21 世纪，公职人员的职业呈现多样化，有教师、医生、公务员、工人等。当地回民的就业方向也呈现多元化。

二、S 村回族生计方式的选择及其困境

乡土社会是个生活很安定的社会……向泥土讨生活的人是不能老是移动的，在一个地方生长下去，一直到死。老子理想的乡土社会是"鸡犬相闻，老死不相往来"。不但每个人生活的地方都是熟人社会，而且不常背井离乡，即所谓"生于斯，死于斯"的世代黏着。改革开放前，S 村回族基本依靠种地谋生，改革开放后，回族除了种地外，开始兼营副业。换句话说，改革开放前 30 年种植烤烟的历程，是农民在探索将生计手段向外部延伸用以补贴家计的过程，而后 30 年则是农民在"摸清石头"之后试图抬起头来望着彼岸"踩着石头过河"的纠结期。这主要基于以下两个因素：一是 S 村"劳动力缺乏"的现状。在 S 村的 2 133 人中，由于年轻人上学或外出务工，每天和"土"打交道的就只有父母辈的人。二是历史上回族有善于经商的传统。当地一部分人到城镇做服务行业，如烧烤类、餐馆类、季节性服装生意以及买卖烟叶等。周边一些汉族人民对当地回族人民的评价是："勤劳的回族人民，在哪里都吃得开。"这一定程度上反映了回族善于经商的传统。在市场经济深入发展和人口流动性极强的现代乡村社会，大部分农户不再仅仅依靠种地维持生计，出现了多样化的生计方式。根据当地具体情况，S 村村民当前选择什么样的生计方式和可能采取怎样的生计方式？如何实现从传统到现代的转型？这里的传统，指的是在当地生产生活中占据主导地位的农业种植；现代，则指经济全球化。笔者将其划分为三种类型，一是依然"捆绑在土地上"的

小农经济生计方式；二是季节性半工半耕的生计方式；三是弃耕务工的生计方式。

（一）"捆绑在土地上"的小农经济生计方式

波兰尼（Karl Polanyi 又译波拉尼）认为，"一种经济是最有效地使用有限的资源获取和满足特定目的的过程。在方法上，他强调个体自利的行为动机和个人利益最大化，所谓理性的决定之形式论。一种经济是在人与环境的互动中满足物质需求的过程，强调文化和社会系统对个人选择的限定，即所谓实质论"。小农经济早已有人类学、民族学以及社会学的前辈们研究，有的前辈甚至为此用尽毕生精力。而恰亚诺夫提出了著名的"小农经济理论"。这一理论认为：一是农民会根据家庭的消费，决定劳动投入的程度，而不是为了在市场上追求最大利润；二是人口供养比例大的家庭劳动辛苦程度更高；三是当一个家庭结构发生变化的时候，即家里的消费随着人口的增加而增长的时候，农民将会增强劳动辛苦程度，以满足消费增长的需要；四是劳动辛苦程度最强的农民通常也是生活水平最低的农民；五是当劳动辛苦程度达到一个限度时，农民会放弃劳动。不过他这一理论，是把农民研究限定在"非资本主义的家庭农场"的"小农经济理论"中。我们不妨来探讨 S 村主要的几种小农经济，即"一拍三窝"和魔芋等。

1. "一拍三窝"：烤烟

"一拍三窝"，属于地方用语，指的是当地人种植的烤烟，因为栽三棵烟苗的宽度差不多是双手伸开的距离，因此称"一拍三窝"。农户通常会问"今年某家有没有'一拍三窝'"。种植烤烟一直是 S 村的主要收入来源，甚至也是整个中水镇的经济发展动力。当地农户教育孩子时通常都会说："书读不进去，就回来'一拍三窝'。"21 世纪初，S 村烤烟种植量逐年上升（如表 1 所示），烟农平均种植 8 亩左右的烤烟，收入占烟农全年收入的 80%。这里的烟农，每年腊月间开始跟烟站定种烟的面积，还需和烟草公司签订合同并交押金，烟农种植烤烟的面积少至 8 亩左右，多则 20 亩以上。三月份开始"撒烟子"，即培养烟苗，这时烟草公司会发放烟子的品种、薄膜、基质等。烟草公司发放的种子一般是"云烟 85""云烟 87"或"云烟 97"，但村民们会根据土地的实际情况适当培育其他品种的烟苗，比如白泥土质适合栽种"贵烟二号"，红泥地适合栽种"云烟百"等，什么样的泥土种哪个品种，都由他们长期以来种烟所获得的经验来决定，当然前提是要完成烟站所指定品种的种植指标。在每年的四月至五月，是烟农栽烟的季节。村里栽烟的农户起早贪黑，直到栽烟结束。当学生放假时，他们都会帮助家里栽烤烟。当地学生也抱怨，"种地（烤烟）太苦人了，几乎一年四季都在为种植烤烟忙碌，其除了投资成本加劳动力成本所赚到的仅仅能贴补家用，根本就不划算"。一位村民 A 说："有的全家外出打工，一家人四五个上班，算下来一个月也能存一万块以上，而且还没有种地累人。"村民 B 说："我家'两个人'（指夫妻俩）烤烟买卖结束，去厂里或工地上做工，两个月不到就能赚到 2 万多块。想想种烟都是怕的。但每当种植烟的季节不得不回来，因为还要照顾小孩上学。"一定程度上强调个体自利的行为动机和个人利益最大化。人们的劳动成果越来越无法支撑超重的经济生活负担，所以他们必须找到一个平衡点，即除种植以外，利用有限的时间以及劳动成本去获取较多利益。

七月至十月则是烟农最忙的时间段，人工采摘已成熟的烟叶并用拖拉机运到烤烟房外。这并没有完事，白天将新鲜烟叶"打"（收）回来，到晚上还需把烟叶整齐地码在烟棍上面，之后才放入烤烟房经过七至八天的烘烤。然而，烟农烘烤烟技术的好坏直接影响烟叶出炉的质量。出炉的烟叶需根据烟叶的质量，精心地分类定级，当地人称为"理烟"。"理烟"是一个烦琐又细致的过程。烟农们每逢烟叶成熟，不管风里雨里，都会在地里忙活。每逢烟站收烟季节，不管多苦多累，白天黑夜地在"理烟"。最后烟站收购烟叶则是烟农获得利润的时刻。随着市场经济的发展，烤烟的收入越来越不能满足人们的生活需求。

烤房、运输工具、烘烤技术等，在 2000 年后有所改善（见表 1）。未改善以前旧式烤房是"土坯烤房"，修建于 20 世纪七八十年代，采用自然通风排湿，操控性差，烘烤能力低。烟、火一体，安全性差，易烤红，烤青，不经意间可能就烤成"核桃叶"（烂烟），当地人说："下面几条'龙'（大

表1　21世纪初S村烤烟种植量和新建烤房的部分数据

时间(年)	面积(亩)	数量(户)	平均值(亩)	烟叶品种	新建烤房(间)	其他
2002	691	184	3.7	云85、云87	6	
2003	638	143	4.5	云87、云89、红大	缺	
2007	2 183	227	7	云85、云87	20	
2008	2 954	260	11	云85、云87、云97	83	受冰雹灾害200户,受灾面积总1 209亩;绝收753.8亩
2010	2 000	279	7	云85、云87、云97	缺	
2014	3 245	300	11.6	云87、云97	缺	
2015	2 629	216	12	云87、云97	缺	
合计	1 4349	—	8.1	—	—	

炉灶和小炉灶相拼接而成),上面挂着烟,一不小心,好烟变烂烟。"烘烤烟叶的质量相对较差。在一开始推进新式烤烟房以及一些新技术设备时,该片区的负责人李某以及每组的"联保组长"都对烟农做了不少思想工作。这些设施改造的费用基本都由烟草公司承担。随后有一部分人愿意拿出户头修建新式烤烟房,并且借用了他人的户头,修建了很多烤房。而有的农户依然处于纠结状态,迟迟不愿意修建"新式烤烟房"。

新式烤烟房又称大型密集烤房,发明于日本,我国在20世纪90年代末引进,采用强制通风设备,易操控,烤、火分离,安全性高,烘烤能力强(装烟密度大),烘烤质量大大提高。新式烤烟房主要采用人工智能控制,安装了"仪表"来控制温度，更易掌握烟叶的生理生化过程（变黄规律）。经过实践证明，所有的烟农都觉得新式烤烟房烘烤出的烟叶质量很好，烟农都想拥有一套这样的烤房。而由于户头被他人借用以及烟草公司指标越来越少，一些烟农就只能租用他人的烤房。可见每一种新事物走进人们生活时，并不是立即能够适应的，而要经过时间的推敲以及实践的检验。当人们觉得新事物对自身有很大益处益并且有更高的需求时，就会欣然接受，并为我所用。至少现在来看，现在种植烤烟的人仅仅是"走不开"的父母，这种生计方式能够持续多久也是一个值得思考的问题。

单一的烤烟种植业"多元化"转变。近年来，烟草局对烟叶质量的要求越来越高，基本只收品质比较优质的烟叶，好的烟叶能卖个好价钱。但是由于常年耕种烤烟的土地农药使用频繁，土质越来越差，种烟户随之不断减少，父母一辈在家种烟，年轻人外出务工的情况不断增多。该村很多人都外出谋生路，有的在云南昆明嵩明种植大棚蔬菜；有的搞起了养殖；有的开始寻找效益更好的农作物（之后将谈到魔芋种植）。其实不管是在当地搞规模养殖的养殖户，还是远在昆明种植大棚蔬菜的种植户。从规模一级技术层面来说，的确进步不少。毕竟租种大棚的成本不会低于 20 万元，每家租的大棚面积不低于 20 亩。农户也是冒着一定的风险，蔬菜价格下跌或蔬菜病虫害，对种植户来说也是一种损失。一位种植大棚蔬菜的村民 C 说："前几天'一水'（一波，大棚蔬菜 2 至 3 个月就成熟一波）菜都废了，一分钱都没赚到，这菜也不好种，赌到一把算一把。"

他们在现代化农业的推动下，纷纷到基地租种大棚蔬菜，依然离不开"乡土"。藏在他们内心的"记忆"仍然在起作用。

1. 包谷和洋芋

包谷在 S 村农户的收入中是不可忽视的，占全年收入的1/5，只要是跟泥土打交道的人每年都会种植 2 至 4 亩的包谷。威宁洋芋想必人人都听说过，而该村的洋芋亦是如此，这里大部分的洋芋属于"黄心洋芋"。20 世纪末到 21 世纪初，种植的洋芋质量和收成很好，一大部分都会拉到市场上卖。而近几年来情况则有变，洋芋几乎只能自给自足，甚至有的还需要集市买。这也是环境气候变化所致；再是农药使用过度，慢慢造成土地贫瘠；最后是人们思想观念的转变，就像一位村民所说："现在洋芋太难种了，挖洋芋时又费力，而且才八九角一斤，根本卖不到几个钱。"面对这样的境况人们会自然而然地做出对策，适当调适"人地关系"。村民不再依靠种植洋芋来增加收入，而只是为了饮食所需。

2. 魔芋种植

S 村 2019 年初才有少部分村民开始种植魔芋，并不是全村都种植。尽管刚刚起步规模不大，但这也是 S 村从种植烤烟产业转向更高收益的魔芋种植的尝试。S 村的李某种植的魔芋面积有 2.5 亩地，8325 元的魔芋种投资，从云南省曲靖市富源县富村镇购买 185 千克，22.5 元 /500 克；过路费和邮费共830 元；肥料投资共需 850 元，高钾复合肥 3 包，后期追肥 2包，每包 170 元；农家肥 5 000 千克；魔芋"汰腐净"（农药）

290 元。综上总计投资 10 295 元。除此可以计算的外，还有人工投入——盖了 6 车拖拉机拉的松针、除草及管理费等等。所谋在"乔宝山"自家地里种植了一亩魔芋，投资相当于李某的一半。而这样高成本的投资和不确定性的收益，村里大部分人是不敢尝试的。

　　魔芋种植的尝试，在这里有必要提及一队的李某。李某在烟草公司工作期间，一直负责本村的烤烟产业，因为他作为 S 村土生土长的本地人，对本村的实际情况都比较了解，在实施农作的过程中能够很好地与当地人沟通。李某在 1993 年进入了中水烟叶站工作，2017 年退休。他在烟草公司工作时，几乎每年负责本村的烟农签订合同、收取肥料投资、发放烟种和薄膜、烟苗栽培指导等等。2018 年以后他不再专注于种植烤烟，也可能是由于年纪大以及体力劳动不够，更重要的原因是他觉得烤烟现在的发展趋势不利，种植成本高（资金和劳动力）。2019 年以来他一直寻找能够替代烤烟并且收益好的农作物，也一直在关注魔芋的种植方法与市场价格，开始尝试从烤烟种植转向魔芋种植，今年种植了 2 亩魔芋。他觉得村里大部分人对农业发展的认识较落后，很难转变思想观念，觉得除了种烟还是种烟。他说："'会林'（化名）买了 30 000 元的魔芋种，于是在村里租了十七八亩地种植魔芋，他将计划成立魔芋合作社，合作社一个县只能成立一个，我就在和'会林'商量，如果到时候情况允许的话可加入合作社。他预计明年租种 100 亩。"三月份李某和一队的所某前往曲靖，参观了当地的魔芋种植基地；还了解全国最大的曲靖魔芋交易市场；看到魔芋的副产品（魔芋面膜、魔芋酒、素毛肚等等）加工厂的多样性。他说："二代魔芋种，一亩可种植 1 000 棵，魔芋种植一季后，需间隔 7 年才能在这片土里继续种植。但我们这里的人投资不起，比起烤烟种植，魔芋成本是相当高的，1 亩魔芋需要6 000 元的投资。不过，一亩魔芋的效益相当于 10 亩包米和三亩烤烟的收益。曲靖种植魔芋的年收益可达 200 000 万元左右。曲靖还种植三七，价格在 8 元 / 克。之前曲靖收购的商人到昭通和威宁收魔芋，1 元 /500 克多就被落了，贩子拿到市场上就卖了 3 元 /500 克"但种植魔芋也跟气候与地理环境有关。他说："曲靖的海拔我是亲自测量过的，海拔 1 900 多米，跟咱 S 村只悬殊几十米，由此可种植魔芋。另外，判断某地能不能种魔芋就可看当地有无野生的魔芋。"通过各方面的考察后，所某和李某于四月份各自开始尝试种植魔芋。最后所某感叹："我们这里有的人思想太落后，一辈子种烤烟平房都很难修起，现在谋生的方式太多了。只是他们不愿冒着风险去尝试，一般都要等一些人种出魔芋来卖到好价钱，他们才会觉得自己也可以种植。曲靖那里在十年前和我们这里一样，同样种植烤烟，后来人家改变为种植魔芋，经济效益比烤烟高出几倍。"李某花费了很大的精力在魔芋地里掩盖松针，这样魔芋地里不容易长杂草，也便于管理。笔者再一次访谈时，李某种植的魔芋已经初长成。

综上所述，可以说，S 村村民依然过着自给自足的小农经济生活，"望天吃饭"成为他们生计方式的标签。就在 2019 年端午节期间，笔者回到家乡调研时发现，当地种植的烤烟，从栽下烟苗开始，差不多整整一个月干旱无雨，偶尔下几颗雨点，雨太少对烟苗的成活几乎无望。一天下午，村民们期盼的一场大雨终于来临了，马某欣喜若狂地说："好了，好了……终于下雨了，这次应该会多下点，这烟有救了。"不料这场雨才持续了几分钟，她又开始长吁短叹起来。农村生活并非安逸，很多农户生活条件依然很艰苦。尽管如此，当地人不会坐以待毙，他们会做出适当选择不同的生计方式的决定。而随着土地越来越贫瘠，出现了一部分农户"越穷越垦，越垦越穷"的情况。

（二）季节性半工半耕的生计方式

在当今这个"不完全的农村社会"里，人们对外界的依赖（特别是市场）日益加深，不得不外出赚取货币用以满足消费的需求，因而形成了不同类型的农民工群体。而季节性半工半耕的群体就是其中特殊的类型。在 S 村，季节性半工半耕的生计方式指的是每年 3 月到 10 月在家务农，而 11 月至次年的 2 月在外务工的生计方式。这依然属于"捆绑在土地上"的小农性质。值得说明的是，本节分析的季节性半工半耕的生计方式不同于上面"捆绑在土地上"的小农经济，尽管它们所能达到的目的或效果基本相同，季节性半工半耕生计方式，农闲时出去务工，农忙还得回来耕种，他们的劳作方式也跟随季节而变化。2015 年这种半工半耕类型的农户达到 100 余户，占全村农户近三分之一。这部分农户的特征依然是"上有老下有小"的牵绊，农业生产依然是许多农户生存的重要保障，但随着孩子不断成长，单单依靠土地获取生活资源，已是越来越不够支撑整个家庭的开销。每天"面朝黄土背朝天"辛苦赚来的资金显得多么杯水车薪。所以，半耕半工的生计方式是"上有老下有小"最佳的选择方式。

（三）弃耕务工的生计方式

弃耕务工的生计方式指的是年轻夫妇放弃农业生产，携家带子进城务工的生计方式。近年来，虽然 S 村选择这种生计方式的人是少部分，但越发让其他村民羡慕。据了解，20 年前，除一队有兄弟 3 人在外做牛肉生意外，其余季节性外出务工的村民寥寥无几。此后，村里做服务行业的人不断增多，如 MMF，她在服务行业探索了多年，新婚后便种植了 3 年烤烟，接着，开始"摸着石头过河"做生意。原本在黔南民族医药专科学校开清真餐馆，然而由于两孩子还小需要照顾，便将生意转移到本地镇上开餐馆，但生意冷淡。再后来，她在镇上卖服装，冷淡收入也只是勉强维持一家人开销。整个过程都是在探索，根据具体的环境调适生存方式，以满足自身需求，生活与生存的需求同样可以促进生计方式的转变。正如 MMF 这一案例，作为一个乡下人，要想走向市场经济发达的城市是举步维艰的。然而，如今"市场"不仅意味着一个做买卖的场所，更意味着人的一种观念形态。S 村有少部分弃耕务工的"抛荒者"或"准城里人"的生活条件要安逸得多。然而，这种"好日子"看上去很具有吸引力，但却不可持久。外出打工和做生意的人逐渐增长，特别是青少年外出打工在一定程度上受到外来文化的影响也是自然而然的。老一辈父母感叹"越来越指望不上了"，并认为"他们不想回家是因为懒，不想种田"。也有一些老辈人认为"年轻人有个体面的工作，是最有脸面的"。因而青年人是否还愿意"子承父业"是一个值得进一步了解的事情，试想一个离开学校就外出务工十几年未真正从事过农耕活动的青年怎么会愿意回家牵牛种田呢？他们关于乡土社会的"记忆"究竟留存了多少。虽然季节性半工半耕生计方式的农户很显然对入城居住没有具体的时间表，但他们依然作为半自给自足的小农"捆绑在土地上"，只是一定程度上摆脱了"自我剥削"走向"被剥削"，在"泥土味"之外增加了"铜臭味"，但"铜臭味"往往容易驱使人们走向市场经济发达的城镇，甚至可以说他们处于进城居住的萌芽阶段。

三、生计方式流变下的反思

综上可以看出，S 村回族的生计方式主要有：务农和务工。在 2015 年之前，该村回族以务农为主；2015 年之后，务工成为主要的经济来源，务农逐渐处于辅助地位。其中务工更新了当地思想观念，生计方式变得多样化，不再一味地扎根于土地。在文化的规约下选择适合的生计方式，如清真餐馆、服装业、禽肉零售批发等等行业。这种生计方式的流变给笔者带来以下反思：

（一）S 村回族生计方式流变中的"文化自觉"

所谓"文化自觉"，是借用我国著名社会学家、人类学家费孝通先生的观点："它指生在一定文化历史圈子的人对其文化有自知之明，并对其发展历程和未来有充分的认识。"另一方面，"血缘是稳定的力量。在稳定的社会中，地缘不过是血缘的投影，不分离的。'生于斯、死于斯'把人和地的因缘固定了"。在 2015 年以前，S 村回族主要以烤烟、玉米等农作物为主要收入来源，生活水平较其他村落偏低，其他村落一些人会说"青山人（S 村人）还是穷"。2015 年之后，S 村走出去的人越来越多，有的烟农靠种植烤烟盖了平房，有的靠外出打工改善了物质条件。S 村的人感到很自豪，但并没有因此享受安乐，他们依然分散在各个地方谋生。

（二）S 村回族生计方式流变中思想观念的转变

回族生计方式从自给自足的单一经济形式向多元化转变，回族更全面更彻底地参与到整个社会的生产、生活之中。2015 年之前，他们以种植烤烟、土豆以及玉米等农作物为生。2015 年之后，小农经济已不能满足人们日益增长的物质文化需求以及精神需求。村民开始摸着石头过河，去探求对岸的生活方式。出现了"打工潮"，而大部分人属于体力劳动。该村回族越来越重视子女的教育，砸锅卖铁一定要让孩子读书。至今，该村现有一位在读博士研究生、一位在读硕士研究生，受过大学教育者 100 余人。这些高学历的回族青年不再像他们的父辈那样靠力气谋生，他们开始走进城市，依靠自己的智慧和知识，融入主流社会。同时 S 村部分村民开始探索新型的农业种植，比如金线莲药材的种植，不过现在仅仅是尝试的阶段。

（三）S 村回族生计方式中的"涵化"

"涵化"指的是由两个或两个以上具有不同文化体系间持续的直接接触，从而导致一方或双方原有文化形式发生变迁的现象。其前提条件是文化接触和文化传播。大批回族青年去城市打工，其宗教信仰、生活习俗、饮食禁忌等方面受到明显影响。特别是辍学青年到外地打工，在感情以及恋爱观方面都深受汉文化的影响，他们中有自愿和外地汉族通婚或者汉族嫁给回族的情况，这可以算是"顺涵化"。在这个过程中，当地回族通过改变自我来适应大的社会环境已是大势所趋，但依然有必要坚守回族基本的信念、生活方式与原则。挣钱固然重要，但不能在物欲横流的社会中迷失自我，丢掉自己的民族文化。

四、结语

在广袤的乌蒙高地上，回族人民历经百年繁衍和发展。在中国特色社会主义新时代的今天，S 村的生计方式发生了很大变化，从传统"自给自足"的小农经济逐渐转变为外出务工的模式。这种生计方式的变迁，是人们对周围环境变化不断调适的过程。在这个过程中，回族吸收其他民族的优秀文化，与时俱进。但是，无数青年人从农村流出，从而削弱了农业生产的中坚力量，不知是喜还是忧。一定意义上说，不同历史阶段，一个民族的生计方式也是该民族的一种文化选择。更重要的是，一个民族的发展，不仅仅要考虑能够被量化的经济层面，还必须注意并重视社会文化基础，如此，诸多不确定的社会文化治理因素才能消解，在全面建成小康社会的同时才能营造出一个人民向往的美好生活图景。

参考文献

[1] 费孝通 . 乡土中国 [M]. 北京：北京大学出版社，2012.

[2] 徐杰舜，许宪隆主编 . 人类学与乡土中国 [M]. 哈尔滨：黑龙江人民出版社，2006.

[3] [美] 朱利安·斯图尔德著，谭卫华，罗康隆译 . 文化变迁论 [M]. 贵阳：贵州人民出版社，2000.

[4] 杨军昌 . 侗族传统生计的当代变迁与目标走向 [J]. 中央民族大学学报，2013(5).

[5] 余珍，冯钰伟 . 生计方式的变化与变动中的乡村秩序——以柏林弯社区文化实践为例 [J]. 广西民族研究，2018(1).

[6] 张敬飒，吴文恒等 . 不同生计方式农户生活能源消费行为及其影响因素 [J]. 水土保持通报，2015(6).

清水江上游苗族社会变迁研究

——以台江县南省村为例

车昌洋

（贵州民族大学民族学与历史学学院）

摘要 社会变迁，一般指一个地区社会结构和文化现象的动态过程，这种动态过程由自然环境的改变、人口流动的产生、社会组织结构的变化等所引起。本文以田野调查为主要方式，收集相关资料，重点关注南省村自汉文化传播和扩展以来所导致的人口、生产生活方式、风俗习惯上的变迁，这在一定程度上为我们了解清水江上游苗族社会的发展状况提供了着眼点，有着重要的社会现实意义。

关键词 南省村；苗族；社会变迁

关于清水江流域的研究成果非常多，特别是在清水江文书的研究上表现突出，然而其关注点大多为清水江下游地区，对清水江上游关注度较为缺乏。本文以研究清水江上游地区苗族村落社会发展变化的方式来呈现出当地历史文化的变迁以及对汉文化传播和扩展所做出的回应。

聚，村落也。村落，不仅是房屋的集合体和人们居住的场所，同时，还包括与居住地有关联的一系列生活和生产实施以及人们活动的空间。其构成部分如房屋建筑、道路、广场、河流、水井、古树以及村落内的空闲地、果园、林地等。贵州省台江县南省村是黔东南地区较为典型的苗族传统村落，界定传统村落的条件为是否具有传统的、历史感的古建筑、古井、古树等遗迹。而台江县南省村被认定为传统村落的标志性遗迹为坐落在南省大寨中央的百年徽式建筑，它见证了南省村的发展及其社会变迁，特别是在生产生活、风俗习惯上的变迁较为明显。而人们对中国传统村落社会文化变迁的研究，表达出了对村落社会与历史传统的深刻理解。通过田野资料和相关文献的整理，本文主要以南省苗族传统文化的发展变迁与传承来叙说传统村落的发展与变化，记述着乡土文化的历史变迁和传承。

一、南省苗族社会的历史变迁

苗族，在古代曾聚居在长江中下游及黄河流域的部分地区，后来逐步西迁到今湘、黔、川等地。其中，有着"天下第一苗族县"之称的台江县是黔东南地区苗族文化保存较为完整的地区，与贵州省其他地方相比，苗族分布更为集中。黔东南州作为贵州苗族聚居地，其历史文化较为浓厚，自清代以来，黔东南一直被视为"苗疆腹地"，由于地理位置较为封闭，社会生产较为落后，人们过着各自营生的生活，从而成为中原人眼中的化外之地。

据相关历史文献记载，今贵州黔东南地区，宋、元以后，以雷公山脉为中心，逐渐形成了一个以苗族为主的民族聚居区，这一地区的苗族主要属"黑苗"，有的也称"九股苗"。关于九股苗的传说在台江苗族地区流传甚广，女子头上的银饰是其关于九股苗传说的最好证明。而南省，最早见之于历史是在清朝，隶属于台拱。清代，黔东南地区苗族大部分被称为"生苗"，其地域范围大致为东起黎平界，西至都匀，北达施秉、镇远界，南抵古州，处于清水江和都柳江之间，包括台拱（今台江）、清江（剑河）、凯里、丹江（雷山）、八寨（丹寨）、古州（榕江）等地。朝廷为了巩固统治，清雍正年间对贵州进行改土归流，除了废除当地大小土司外，还对以上生苗地区采取武力的方式开辟苗疆，消除化外之地，开设了"新疆六厅"。在雍正十年（1732年），设台拱营，战事再起，对苗疆的开辟进入了最后阶段，主要征讨台拱九股苗，后九股苗赴营投诚，于是在台拱建城设官，雍正十一年（1733年），改台拱营为台拱厅，隶镇远府。此时，南省才有迹可循。

黔东南地区在"改土归流"时，对当地苗族人民进行残酷屠杀和压迫，导致苗族人民奋起反抗，在台拱地区先后出现了包利红银起义、张秀眉起义，影响深远。在清朝的镇压和当地苗民的反抗中，当地的社会、经济、文化都受到了一定的影响，如清朝的苗疆开辟，使当地的苗民几乎被屠杀殆尽，导致大量的荒地无人耕种，为后来的移民做了铺垫，也使后来南省村苗族家族变迁有迹可循。另外，苗民起义波及甚广，特别是张秀眉起义导致大量苗民伤亡，起义失败后，其后人为躲避战祸，到处逃亡，改名换姓，被迫迁入他乡，以此换得安定的生活环境。在调查的过程中，关于张秀眉的传说层出不穷，家族改姓的故事随处可听，这也正反映出当时历史的残酷性，同时也表现出了当地苗族人民英勇抗争的精神。正因如此，清王朝为了稳定其在苗疆的统治，不得不采取安抚人心的措施，这些措施虽在一定程度上合乎苗族人民的需要，但离苗族的要求却相差甚远，但不可否认的是，这是台拱苗族人民抛头颅洒热血换来的结果，有利于促进当地苗族社会的发展。

民国时，文献中有了确切的南省苗族的历史发展记载。民国二年（1913年），其改台拱厅为台拱县，此时置有南省区。民国三十年（1941年），台江县设立，设有台拱区，辖南省乡，南省区域社会有了明显的发展。新中国成立后，南省经历了南省公社、南省生产大队、南省乡政府等行政机构变迁。到1991年，实施建镇并乡撤区的调整，撤掉南省乡并入台拱镇，村组建置结构不变，一直沿用至今。

总之，南省苗族社会的变迁，从其历时性来看，自清雍正年间改土归流至今，苗族人民走过了漫长的路程。在此期间，迫于统治者的追赶，有的被迫迁徙到他乡，有的由外逃荒迁入本地，有的选择到荒无人烟的丘陵地开荒居住，有的居住在河边，他们共同形成了南省村的村寨格局，也逐渐形成了一种对区域的认同与区分意识。

二、家族的迁入及村落的形成与变迁

村落的发展变迁与地方家族的互动有着密切的联系，家族的发展变迁为村落的变化提供了基本原动力。台江县台拱镇南省自然村在既定的社会关系和本村的礼法规范中，通过利用乡规民约和一些生活准则来建立起新的村寨秩序。同时，家族的迁入，也为南省村落的发展注入了活力。通过调查，南省村往往是透过改变家族之间的互动关系以及家族保留的传统民居来运作村落与家族之间的互动和联系的。

（一）迁徙而成的族群村寨格局

南省村是一个苗族聚居的传统村落，坐落在美丽的翁你河河畔，辖有火坑寨、大寨、羊纠寨、瓦寨、塘寨五个自然寨，每个寨子相互贯穿，错落有致。整个村子呈现出狭长的格局，沿着瓮里河纵向分布。

据调查所知，每个寨子的形成都与家族的迁徙有关。南省村居民姓氏主要为邰姓，其次为王姓，还夹杂着少许的张姓、李姓、龙姓、姜姓等，分别分属于不同寨子。邰姓，在五个寨子中皆可见，但主要分布在大寨和羊纠寨。王姓，主要分布在瓦寨，而其他姓氏则散居于各个寨中。通过南省姓氏的梳理可以看出村里的居住格局是血缘与地缘相结合的产物，也能反映出村里各姓氏的更迁状况。

家族聚居繁衍，这是村落形成的重要条件。而南省村邰氏家族的变迁和发展对村寨格局的形成具有重要的推动作用，南省苗族人民大多都是聚家族而居。一支家族常是一个父系血缘宗族，同姓之间基本具有血缘关系，不同姓氏之间也因通婚互相有了血缘关系。一个村通常会有一个大姓，同时杂以其他小姓，如南省村中大约有三分之二的居民为邰姓，其他苗族有王姓和龙姓等，他们因有了姻亲关系而形成亲密无间的、良好的合作互助关系。

关于以上家族的来源，各有不同的说法，据当地老人回忆说，邰氏家族最先来到南省，但邰姓在南省并不都是一个家族，而是由大寨邰姓、羊纠"祥玠"一支、塘寨与火坑寨一支、瓦寨邰姓几个支系组成，他们家族的迁徙来源、具体的迁徙状况和迁徙始祖各有不同。据传，大寨邰氏在以上支系中最早来到南省，为躲避战乱与逃荒迁徙至此。根据大寨邰氏后人口述，邰氏祖先本是江西人，却因逃荒向长江上游迁徙，后沿着洞庭湖到达清水江，开始定居在今南宫乡大田角，后又到了方召乡交汪村，因为资源分配问题，最终到达南省村。初到南省大寨时，因贫穷而到当地一户富裕家庭帮工，由于这家没有后代，为其养老送终，并顺利地继承了其财产，邰氏祖先得以定居下来，到现在已发展到十几代人。而羊纠寨邰氏家族同样来自江西，因饥荒往西南迁徙。最先定居在台江县方召乡交汪村，后因人口逐渐增多，于是羊纠邰氏祖先搬到南省开荒定居，并娶了附近的女子为妻，但因女子意外死亡，被外家讨债，便逃到了施秉。到施秉生活三代后，又因与人发生钱财纠葛，不得不变卖田产用于赔偿，导致无地可耕，于是祥玠带着其家人返回南省，在羊纠开荒种地，从此定居在羊纠，到现在已到第八代。而塘寨与火坑寨的邰氏本是一家，有着共同的祖先。据传，原本其祖先从湖南迁徙到塘寨，后有两个儿子，在其父亲死后，家族逐渐发展壮大。因塘寨地域狭小且陡峭，于是两个兄弟决定分家，老大留在了塘寨，而老二则另谋出路，在今火坑寨处安家定居。随着邰氏家族的不断发展和变迁，居住在南省的苗族就逐渐以邰姓为主，而后从外地迁来的同姓也会以互认兄弟的方式形成族群共同体关系。

另外，居住在瓦寨的王氏家族与邰氏家族有相似之处。据传，王氏是从湖南逃荒迁徙至此，搬迁到瓦寨时，瓦寨无人居住，因有一口水井，可供人畜饮用，于是在此开垦定居，后另一支系搬来，同样以认亲的方式和谐相处，相互协助，逐渐发展到现今的状况。而南省的其他杂姓，如龙姓、张姓、李姓、姜姓等搬迁至此，时间较前两个姓氏要晚，大多散居于邰氏家族与王氏家族之间，搬来的原因，有的是为做生意而来，有的是到以上家族中帮工，因娶了本地的女子，故而在此安家定居。不管是什么原因搬迁至此，不同姓氏的家族之间通过建立普遍的姻亲关系从而拉近彼此的距离，形成了一个族群网络。由于是聚族而居，于是无论是同姓的没有血缘关系或者有血缘关系的南省苗民，还是无血缘关系迁徙而来的异姓苗民，他们都会用一种适合维系关系的方式来达到不同家族之间的和平共处与相互协助，从而形成村落共同体。南省村则在这样的共同体中依靠血缘和地缘的族群互动关系，随着几大家族的发展变迁逐渐变化发展，从不毛之地最终形成了当前的村落分布格局。

（二）异同姓家庭、家族之间的关系

南省苗族社会是以父系血缘关系为纽带，形成的家庭、家族的表现形式。对于家族的亲疏关系通常以世系表表现出来，从其世系表中可知，苗族以父子联名的方式来维系其家庭关系，同时也是区分亲疏的重要凭证。如某一家族有一"倒插门"兄弟，其不得列入其世系表中，可见苗族主要是以血缘关系来作为联系纽带。

我们知道，家族是由比较近的同一祖先繁衍下来的家支派系组成的亲属圈，表现为繁衍代数多、分支多，并形成不同的家庭。如前文所述，南省村主要有邰、王、张、龙、姜、李等姓氏，其中，邰姓最早迁来，其次是王姓，而其他姓氏则迁来较晚，各姓氏之间都有相互开亲的状况，使各异姓家族间有了亲属关系。

从以上家族中的开亲状况看，南省村的同异姓家族间的关系较为复杂。据当地老人所说，存在同姓开亲的状况，如大寨邰姓可与塘寨、羊纠邰姓开亲，开亲的条件取决于结亲后生育状况是否良好。如此这样的原因为自邰氏从交汪分支后，散居于各地，后迁入的邰姓要么是因躲避祸事改姓而成，要么是没有血缘关系的同姓家门，周围寨子里的邰姓基本不在近亲范围内，因此同姓可开亲。但也有例外，如出现塘寨与火坑寨同姓不开亲，瓦寨王氏同姓不开亲的情况，这样的结果是由兄弟祖先故事流传而致。此类故事的模式为，当寨子说起其起源时，常说从前有几个弟兄来到这里，分别到不同的地方建立了寨子，他们就是这几个寨子共同的祖先。塘寨与火坑寨便流传着这样的祖先故事，他们有着相同的字辈，虽是后来受汉族影响所取，但可以看出其极重视其亲属关系，这种亲属关系平时看不出来，但当出现大小事务时，或个别家庭出现困难时，如有老人过世、有孩子结婚等，就能体现出两个寨子的关系，他们会形成家族和族群内的合作与互助，充分体现出其血亲关系，所以两个寨子同姓不婚。

通过以上开亲状况分析，较好的表现出了南省同姓家族之间的关系。作为村内人口最多的邰姓家族，与张姓、王姓、龙姓等异姓家族之间也有着姻亲关系。但他们却很少与外村人通婚，特别是不与汉族通婚，其目的是为了加强内部的凝聚力，共同对抗外部的压力。如当时报效村的土匪时常来烧杀抢掠，他们唯有在本民族形成统一战线，方可与之对抗。可见，南省苗族在村内亲属关系里，其族群性的巩固是通过横向的村内通婚和纵向的家族团结互助来完成的。同时，抵制与汉族通婚来回应汉文化对苗族地区的渗透和扩展效果不大，虽在一定程度上延缓了汉族文明的传播，但随着社会生活的变化，苗民智慧的开启，汉族的生活习俗逐渐在南省苗族中体现。如在调查中发现南省的碑刻文化具有了汉族特色，在南省大寨发现的清朝墓碑，根据墓葬的形制和规模以及碑文的内容可以看出南省村在清代就与汉族接触。根据碑文记载，左边记载了去世时间，右边记载了立碑时间，中间则记载墓主人，碑帽上则写着"龙来凤集"。另外，碑文上还记载着墓主人的后代，是以苗族父子联名的方式呈现。由此可见，此墓碑反映了苗汉文明的交流，如碑文"清故严父""孝男""孝孙"等都是汉文化的烙印，但碑中记载墓主和立碑者都未采用汉姓，仍旧用较为明显的苗姓，如"羊久""牛久"等，表明了当时汉文明在此地还未深入渗透，同时也是苗族人民对本民族文化保留所做的一种努力。

一方面，迁徙历史对他们来说已经变得模糊不清，只是为了搭建起族群之间的渊源与联系，从而构建出一个熟悉的、稳定的、永久的、传统的族源来确定其身份。另一方面，迁徙历史亦可能是当地人群的一种文化直觉与想象，是为自己塑造身份的一种方式，进而稳定他们在当地的身份认同。不管出于何种目的，各家族自迁入南省后，已经具备了地缘关系，同时还具有了家、家族的观念，使其成为一个地域共同体，这一群体对共同居住的地理空间有了共同的情感，共同营造着属于他们的美好家园。因此，南省村的形成和发展变迁与家族的迁入以及家族之间的互动有着重要的联系，特别是家族间的生产生活互动为南省村发展注入了新的活力。

三、村寨生产生活的变迁

南省村的生产生活与贵州其他地方的农村生活大体一样，以在农忙时生产劳动，在农闲时以娱乐为主。虽然地处贵州的边缘地带，相对偏僻，但它并没有与现代社会脱轨，很多观念和生活方式也随着社会的变化而变化，如农村的致富方法、基础设施的改善、生产的现代化、生活方式的多样化等方面，跟现代社会并不脱节。南省人民生活在现代社会中，他们能感受到现代化给予他们的生活气息并适应现代社会发展步伐，但也保留着自己的特色，如在生产劳作、饮食、服饰、语言、居住环境等方面与别的村子有所区别，形成了传统与现代结合的新型乡村。

（一）村寨生产劳动

明清时期，清水江流域被统治者称为苗疆地区，居住在此地的苗民，既无土司管辖，又无流官统治，被学界称为"生苗"区，与汉族交流较少。在开辟苗疆前，由于当时汉族的先进生产方式还没有传进来，居住在苗疆腹地的苗族，山多田少，种稻谷者无几，具种杂粮于山坡，耕作粗放，处山箐者，则芟林布种，进行刀耕火种。但由于土地贫瘠，广种薄收，生产粮食不足以供生活，常以渔猎作补充。在农业生产劳动中，苗族男女共同劳作，妇女除了农业劳作外，还织布，异常辛苦。自清开辟苗疆后，在生苗区设立了"新疆六厅"，台拱厅便是今南省所治地。此时，汉族的生产技术和生产方式逐渐传播进来，他们的农事活动显得非常有规律，会随着季节的变化而变化，一年四季有着不同的生产劳作。南省村的生产种植主要以稻谷、玉米为主，果蔬种植为辅。从种植、养殖到栽种，从田间管理到收获、储备和加工的整个过程，无不折射出南省村村民的勤劳与智慧。同时，也折射出朝廷对苗疆地区治理的成效，这样的生产方式一直持续到今天，影响深远。

他们的农事活动始于每年农历的正月，每逢春节过后，村民的主要活动是带上锄头、镰刀等农具除草翻地，以防杂草丛生，影响后期庄稼的种植。到了二月，大地回春，农民也迎来了新一年的农忙季，开始种植玉米。到三月，开始犁田育秧，到了四五月，开始收油菜、插秧、种红薯等，在这期间，农事活动没有明确的分界线，如在收完油菜后可马上犁田插秧，出现农忙高峰，农活往往同时进行，村民们为如期完成农耕活动，采取相互帮工的方式将庄稼收获与种植。而到了六月，村民主要种植一些蔬菜并料理稻田，而在七八月，恰逢金秋时节，到了丰收季节，村民开始收包谷、收割水稻，沉浸在收获的喜悦之中。到了九月，村民主要收获地里的红薯和大豆，并将其妥善安排管理。在冬季，进入了农闲时期，村民们享受着丰收的果实并举家欢乐，在固定的场所搞娱乐活动。另外，他们还充分利用空闲时间打猎捕鱼以充实其日常生活。这样的生产方式一直持续到现在，并未做出多大的改变，但也有所不同，由于南省村离县城较近的原因，大多数村民兼顾以上的劳作外，还以种菜卖菜为主，这也是本村生产方式在现代化经济趋势影响下所做的调整。

（二）村寨生活

南省村的生活习惯主要表现在语言、饮食、居住环境、服饰、娱乐等方面，在汉文化的影响下，仍较好地保留了其生活特色，但也随着社会的发展变化而有所变迁。

首先，在语言上，南省人民依旧说着能激发他们内心深处族群情感认同的苗族语言，虽没有文字记载，但他们通过口耳相传的方式将这种语言一直流传下来。在调查过程中，我们可以看到，整个村里的人都会说苗语，有的也会说汉语，但会说汉语的只占少数，只有当外人来时，才会说汉话与之交流，平时一些中老年人一般都用苗语交谈。随着社会的发展，一些青年人外出务工，加上孩子文化水平的不断提高，普通话在南省村民中基本普及。目前，越来越多的年轻人和小孩对苗语的熟练度不再像以前那样流利。正因为如此，现在南省村会说苗语的人正在进行努力传递，如养成说苗语的习惯，不须要刻意和提醒，他们能和家人用苗语交流就不会说汉话，通过这样的方式，使南省村既保留着自己民族语言，又坦然接受外来的语言。

其次，在饮食上，南省人民有主食和副食之分，随着生活条件的改善，其饮食也发生了变化。南省村村民以食稻米、玉米为主，且多显糯性。当走访民户时，常见苗族人民食糯米饭，酿糯米酒，在一些仪式中也常使用糯。清爱必达《黔南识略》记载："台拱厅苗人惟食糯米"，可见糯米在他们生活中起着重要的作用。另外，南省苗族人民还喜食酸，常以自制酸汤和葫芦瓜与江豆一起煮食，煮法特别，人称"白酸汤"。南省人民关于饮食的方法与其他苗族基本一致，也稍有不同，一是在制酸食上，南省苗族的制酸法较特殊，用米汤淘制沉淀而成，可直接取而食之，亦可与鱼等食物混合煮而食之，但忌放油，这样防止其味道改变，既美味又爽口。二是喜吃糟辣子，每当烧菜时，南省人都会放上几勺自制的糟辣子。三是喜喝酒，苗族向来有喝酒的习惯，且酒量甚大。南省苗族人同样喜喝酒，其酒为自酿重阳酒，酒香味甘，用于招待客人或平时家人小酌。从以上可知，南省饮食习惯具有地域性特色，但随着社会发展变迁，饮食也逐渐变得更加丰富，使南省的传统饮食与当代饮食结合起来，最终形成具有地域特色的饮食文化。

在居住上，南省苗族沿翁你河河畔聚族而居，他们的住房多为木式建筑结构，其类型多为平房，也存在少数的干栏式建筑。平房的居住形式为人畜共居地面，一般牲畜喂养于住房旁100米处，以便于管理，另一种形式为吊脚楼，人居住在楼上，牲畜喂养于楼下。随着社会的发展，人民经济水平的不断提高，砖木结构和砖石结构民居已变成主流。虽为传统村落，但在现代化快速发展的影响下，大多南省的民居已成为砖石结构，传统民居现在已少有人修建，南省村的面貌随着建筑的不断变化逐渐发生了改变。但南省村大寨则略有不同，那里伫立着一栋百年徽式建筑，在建筑物的马头墙上刻有"天官赐福"字样，这明显是汉文化在此地传播的生动写照，说明了汉族文化在清代后期已经深入渗透到苗疆地区，出现汉苗交融的现象。

在服饰上，南省苗族之服饰，有着其鲜明特色。认识一个民族，服饰是最好的开始，因此，服饰成为其身份的象征。苗族服饰作为一种民间艺术，呈现出色彩绚丽，丰富的样式，为人们所关注。但其作为一种文化符号和象征，表现出了重要的文化精神。如服饰的起源与演变、服饰纹饰的含义、服饰的风格等，充分展现出了苗族服饰的艺术价值与文化价值。南省苗族的服饰，主要有男性服饰、女性服饰、小孩服饰，其所穿衣服和所带头饰各有其特点。男性服饰大多有青、灰、黑三种颜色，女性和小孩服饰则较为讲究，有盛装和平装之分，且多为自纺自织、自染土布，其成衣过程全部由苗族妇女独自完成。服饰使用织、绣、挑、染的传统工艺技法，再穿插使用其他的工艺手法相互结合，使衣饰流光溢彩，具有鲜明的民族艺术特色，充分展现了苗族妇女的勤劳与智慧。

南省苗族女子爱美观念较为浓厚，她们会细心考究自己的穿着，除正常工作外，大部分时间都用于纺线织布、绣花制衣。随着社会的进步和经济文化的发展，其服饰也在不断地发展变化，由于受汉文化的影响，她们平常衣服穿着较为简单，与汉族无异。但在特殊的日子里则会着盛装，如有婚丧、嫁娶、过小年时，遂将制作好的新衣及头饰取出穿戴，光彩耀人，夺人眼球。苗族服饰伴随着苗族历史发展而变迁，向我们展现了苗族发展的历史，也体现了当地女性丰富的创造力。

最后，在休闲娱乐上，古时苗族以务农为本，常居于山间，生活环境较为恶劣，加上工作极其辛劳，若没有娱乐活动，则觉人生之无趣。因此，苗族人民在农闲时，创造出了一系列的娱乐活动，如跳花场、吹芦笙、斗牛、斗鸡、游方、唱酒歌、跳反排舞、跳铜鼓舞等娱乐活动。南省村的主要娱乐活动一般与节日相伴而生，在特定时间和特定地点进行。如斗牛、斗鸡一般在吃新节前后进行，以庆祝丰收。在吃新这一天，有个"游方"活动，一般为青年男女参加，穿上盛装前往，其意在求偶。另外，当地男女均好唱苗歌，一是抒发其情感，二是生活之必需。在现今，南省村寨里有特定的公共场地，用于集会或作娱乐场所，笔者在调查期间，时常见南省妇女于其附近场坝上跳舞，另附有苗族音乐，这既可调节其平日辛劳，又可愉悦身心。

总之，在时间的长河里，黔东南苗族曾被迫多次迁徙，导致彼此分离，虽极少往来，但在生产生活上仍有着相似的特征，也形成了许多差异。南省村苗族隶属于黑苗的一支，有着自己的生活场景，如在节日、建筑民居、服饰等生活习惯上与黔东南其他苗族有明显的不同，但随着科技社会的发展，各支系间的联系不断加强，在南省苗族的生活中我们可以看到其他支系的影子，如在建筑风格和服饰上，特别是在苗族服饰的银饰上体现较为突出。由此可见，南省苗族与其他支系的苗族形成了既相互吸收，又具有地域差异的生活习俗。然而随着观念和经济条件的转变，人们的生产生活方式发生着改变，在学校教育普及状态下，替代了原有的家庭教育和口耳相传式的族群教育，使当地苗民成年后，脱离了苗族的生活环境，从而对传统文化逐渐丧失兴趣。

四、人生礼俗的发展变迁

苗族的传统民俗承载了苗族古老的文化，同时也折射出苗族人民极重视人生礼仪。苗族人民在不同的人生阶段有着不同的人生礼俗，从出生、成人、结婚、生子、再到死亡，且礼俗活动呈现出多样性。南省村主要有打三朝、婚庆、丧葬等礼俗文化活动，活动流程复杂多样，这些活动的丰富多样性从侧面反映了南省苗族对仪式感的重视度。这些仪式经过时间推移，逐渐走向简单化。

（一）诞生礼仪

诞生礼是人来到世上最为重要的仪程，每个民族都有诞生礼俗的存在，只是表现方式各不相同，大多以"满月酒"的形式昭告亲友以庆祝孩子的诞生，而南省苗族则通过"打三朝"的仪式庆祝孩子的到来。"打三朝"与满月酒有异曲同工之妙，表现为孩子出生后第三天邀亲友来庆贺，但也有所不同，其仪式感表现得更为强烈、隆重。

通过"打三朝"的仪式我们可以看出，南省苗族在对待诞生礼仪上有着自己特殊的方式，其背后反映出来的文化内涵为：一方面通过这样的方式迎接新生命的到来，表现出亲朋好友以及周围邻居对孩子的祈福及美好祝愿。另一方面，通过请当地有威望有地位的老人为其取名并送祝福，在这个仪式中，老人将小孩抱至门外见当天的新生曙光，代表孩子以后的前途一片光明，像初升的太阳一样冉冉升起。另外，还会象征性地用猪油在其头上点一下，表示祈求祖先神灵保佑他一世平安，健康成长。若是女孩则还需用针线象征性的握在她手里，以表示会心灵手巧。"打三朝"的各种礼俗隆重、热烈且持续时间长，参与人数多，其意义不仅体现出为新生儿庆生，更为重要的是通过庆祝诞生礼来促进寨际间人员的走动、交往，从而增进各寨间族群交流与互助。但是，传统民俗文化必然受到现代社会发展的影响，随着时间地发展，"打三朝"的仪式也变得较为简单，其隆重程度也在逐渐减弱，现已变为主人家在庆祝新生儿的同时，为自己敛财的一种新方式。

（二）婚俗礼仪

苗族传统的婚姻状况大多为村内通婚和族内联姻，其类型有包办婚姻、自由婚姻、偷婚三种形式。随着社会经济的发展，南省人民的观念由旧变新，婚姻仪式也逐渐由繁到简，现在情况已发生了很大的变化，结为夫妇的双方可以是不同的民族成分以及不同的身份背景，他们打破了旧规，随着时代发展不断调整变化，最终形成一套适合自己的能够适应时代的婚姻仪式体系。

婚礼仪式是一种族内和族外通婚的外在表现形式，通过这种仪式的完成，可以窥视南省苗族由族内通婚向族际通婚的转换轨迹。如婚姻从以前较为封闭的族内或村内通婚，逐渐转变为以本村为定点，不断向外扩散的婚姻圈。这样的形式变化主要表现在几个方面，首先，地理位置由近及远，嫁娶的地点由附近寨子扩大到较远的区域。其次，联姻的民族成分由单一的苗族向多民族转变，原来结婚的对象多为附近村子或本村的不同寨子里找，民族成分较为简单，多为苗族，现则与汉族、布依族等民族开始联姻。再者，婚姻产生的形式发生了变化，以前以父母包办为主，现则转变为自由恋爱。最后，婚姻仪式的简单化，以前结婚是男女双方家族的大事，也是最为隆重的仪式，从说媒、定亲、迎亲到接亲再到回门有着繁杂的程序，现在，婚姻置办酒席的形式表现极为简单，虽有以前婚俗的影子，但程序已逐渐走向简单便利化。总之，南省村的婚姻礼俗在观念的改变下，仪式由繁到简逐渐成为趋势。

（三）丧葬仪程

为死者举行葬礼，是对死者的尊重与吊唁，同时，也是生者与死者灵魂沟通的桥梁。南省苗族人民相信人死后有灵魂徘徊于人间，需通过举行庄严的葬礼，灵魂才可顺利到达祖先所在的归宿地。因此，丧葬仪式里所表现出来的一系列仪程是为死者通往另一个世界开路，同时反映了生者在为死者建构另一个世界时，也重新整合了生者的社会。因举办葬礼，当地人具备了灵魂信仰，从而使他们对生死观和死后的世界有了特殊的理解。

死亡是每个人必须经历的阶段，当人们面对死亡时，总会认为人死后灵魂可以继续存在，于是在为死者举行葬礼时就显得谨慎和神秘。南省村为死者举行葬礼时有两种情况，一种是正常死亡，一种为非正常死亡，由于受到当地人灵魂信仰的影响，只有寿终正寝的死者方可举行葬礼且仪式隆重，这样灵魂才得以和祖宗神灵团聚。而非正常死亡的不但不举行葬礼，其灵魂也不得归于祖先地，这种表达的背后是通过仪式来满足人们的心理需求，同时也是对人们在面对那些无法预知、无法安排的来自命运厄难的一种排斥和释放。

南省苗族的葬礼，随着社会的发展已逐渐简单化，人们的灵魂观念受到现代科学的碰撞，逐渐淡化于心，葬礼就不像以前那样隆重。以前，丧葬仪式有着繁杂的流程，从咽气、整理面容、设祭台、择日子、敬棺材、选地、出殡、下葬、引魂、走客、复山等一系列的仪程中可以看出其丧葬仪式的繁多与讲究。现如今，人们简化了丧葬仪式，人死后，鬼师在其中扮演了重要的角色，先由鬼师看其日子，若是死者去世当天为黄道日，则葬礼可简，丧期为一天，最多为三天。若是遇到犯"重丧"日，则需鬼师请走鬼神，程序稍多，但与以前相比，也逐渐简化，无须办道场，也不用选地，到下葬吉日时，将死者安葬在自家地里即可，这样既避免浪费人力、财力，同时也使人们观念发生改变。

总之，通过调查访谈，南省苗族在现代社会中仍然传承着以前的民俗文化，在人生礼仪上，有着继承与创新。这些民俗逐渐成为当地苗族人民在社会生活中的习惯，并作为一种群体活动来增强族群间的互动与联系。从诞生礼仪、结婚礼仪再到丧葬礼仪，有着丰富的文化内涵，蕴含着深层的民族文化心理，具有不可替代的社会意义和民俗功能。

五、民间信仰互动下的社会形态

苗族的民间信仰与其他的宗教信仰有所不同，主要体现在神灵崇拜、祖先崇拜和鬼魂崇拜上。在南省村，鬼神崇拜和祖先崇拜更为明显，并由此形成了一系列的民间习俗和生活禁忌。由于南省村坐落在翁你河河畔，地势较为平坦，距离县城较近，且交通方便，与外界的交流较为频繁，因此，也受到了如汉族、布依族等其他民族的影响。在众多社会力量的影响下，南省的民间信仰已发生了较大的变化，既有着其强大的内在生命力，向社会各个领域渗透，对社会产生了不同程度的影响，又有着一种自发的、系统的起着正面效果的社会功用。这种功用与信仰活动相伴而生，如请神活动、叫魂活动等为当地人民提供了一种精神支柱，也是人们在遇到困难无法排解时的心灵寄托。

（一）鬼神崇拜

苗族信仰的鬼神观是一种独特的民间巫术，其内容主要表现在请神和送鬼上，鬼师在其中扮演了重要的角色。清乾隆年间，贵州布政使冯光裕曾上奏说："窃惟新疆诸苗，从古未归王化，喜乱贪得，信鬼好邪。"可见在苗族地区鬼神崇拜的盛行。南省村信仰的神灵有白衣大神、土地神、财神、寿神等，当人们在不同场合且遇到无法排解的困难时会请不同的神灵，而白衣大神充当着主神，南省苗族人民不管是在什么状况下，都会请白衣大神来坐镇，以求保平安。另外，土地神也是当地较为突出的神灵信仰，每当过小年时，每家都会派男人到土地庙前祭拜，以求来年风调雨顺。

苗族信鬼好巫由来已久，清代《苗防备览·风俗上》载：苗疆"其俗信鬼尚巫，有病不用医药，辄延巫宰牛禳之，多费不惜也"。可见苗族在鬼神信仰上有历史。苗族的鬼大多是在自然崇拜上产生的，苗族人认为万物皆有灵，鬼即是神，后来受到汉文化的影响，鬼的观念才有了变化。南省苗族关于鬼的传说，主要是当地的神婆根据生活经验和知识水平想象建构而成，并在特定的领域里发挥着特殊的作用。如当地的暗鬼传说、叫魂等这一系列关于鬼的信仰，无不折射出人性的需求。鬼的需求实则是人的需求，鬼的贪恋世俗实则是人性贪婪的反映。总之，对鬼的信仰无不窥视出来自人们认知上的缺陷，当人们的认知水平出现局限，对一些现象无法做出解释，往往就会联想到鬼神，希望借助鬼神的力量来解决，于是祭神、送鬼就变成一种贴近苗族人民生命生活的世俗愿望。随着科学技术的进步，人们的认知水平不断得到提高，可以凭借科学与理性来行事，鬼神观念逐渐淡化，尽管如此，新的空间又被不断打开，一些新的鬼神又不断地补充到现实生活中来，如民间"烧蛋""蛊毒"带有迷信色彩的巫术又逐渐兴起。

人类的求知欲和希冀是无止境的，当人们生活中还存在疑点和困惑，还有未被认知的领域，鬼神观念就难以消除，这种民间信仰就有生存的空间，由此可见，民间巫术是自然和社会运行的结果，常伴随着奇异现象和偶然事件而生，当对这些认识不足时，就凭借其想象和经验，把它们置于巫术范围，通过这种形式使社会产生了种种禁忌，从而表现出苗族信仰在人们生活互动下对社会的渗透力，也表达出苗族人民重视生死、追求现实生活的平安以及对世俗愿望渴求的社会心理状态。

（二）祖先崇拜

对于去世的祖先，后人总是希望得到其保佑，每逢过年过节或者有重大事情发生时，人们会到祖先灵前祭祀，以表达对先祖的怀念和崇敬之情。南省苗族也为其祖先专设神龛，这不仅表达了祖宗后代的延续观念，其背后更是表达出对祖先的崇拜意味。由于受到灵魂观念的影响，认为其祖先灵魂从未离开，在阴间时刻关注其后代的发展，于是将家庭与家族的兴衰与祖先的是否保佑相联系。正是有了这样的观念，所以人们在日常生活中，遇到不如意的事情就会想到通过祭祀祖先来解决，如当小孩身体不健康、做噩梦等问题出现，人们就会给祖先贡香火，以求祖先的保佑。

对祖先的崇拜还表现在祭祖仪式上，在南省村，人们选择清明节去扫墓，但不在清明节当天进行，他们相信这一天是祖先的节日，不得去打扰，清明节过三天后，人们方可进行祭祖仪式。这样做的目的不仅是为了让祖先在阴间过得舒适，更是为了让活着的人获益。通过这种祭祖活动，可以增强其家族的凝聚力，以崇拜祖先为核心、为主线构成的苗文化，是苗族人民群体性历史记忆的认同与传承，还表达了对离乡的故土、离散的亲人的怀念及对幸存于今同族共祖者的关爱与珍惜。

（三）民间信仰的文化透视

对于当前的民间信仰来说，无论是否具有宗教性质，是否起作用，它都在一定程度上承担了重要的社会功能。南省苗族的信仰虽不成系统性，但却对人们的日常生活有相当的约束。从对鬼神的认识，对祖先保佑的期盼中，人们将个人命运与民间信仰结合了起来，使其具有强大的生命力，并将其向社会各个层面渗透。

在新社会时期，尽管人们将鬼神信仰视为迷信，但其背后所透视出的文化乃是社会价值的体现，也是人们寻求压力释放的一种方式。在科学发展快速的今天，人们已经逐渐摆脱了超自然力的危险、疾病以及不可认知因素的压力，然而信仰却始终在人们心中，这充分说明民间信仰与村民的生活息息相关，他们将特定的信仰对象与社会生活连接起来，使之成为一种社会表达，并通过科学与信仰的关系表现出来。

科学与信仰是人们认识世界的两种方式，两者方式是对立统一的。科学不能到达的领域便是信仰滋生的地方，信仰与科学相伴而生，这是人在探索未知领域所需要的，当无法用科学来解释时，信仰便是其最好的诉求。南省苗族的民间信仰能够在社会生活中具有强大的渗透力，有着其重要的原因。首先，信仰的存在成为人们心灵、情感、思想沟通的桥梁，人们在工作之余精神和情绪总会出现紧张与恐惧，当这些得不到释放长久郁结于心，势必会对生活造成影响，而民间信仰在一定程度上释放了压力，成为其精神支柱。其次，表现在社会功用上，它在一定程度上规范了社会伦理、缓和了社会矛盾、补救了社会漏洞等。总之，在苗族社会里，民间信仰与人的心理诉求紧密相连，如伦理道德等传统常依附于信仰从而更好地在民间产生影响，因此，我们应加以引导使之与社会主义相适应，充分发挥其积极作用。

对于民间信仰，我们更应辩证地看待，在其发挥积极作用时，我们还应看到其负面影响，尽管有时民间信仰是人们现实的需求，但其不可避免地沾上了荒谬的东西，如人们遇事不善求人而好问神，给鬼神敬献大量的物质财富，以求鬼神的庇佑。

若遇大的祭祀请愿，整个寨子的人会聚集同吃同喝，造成不必要的浪费，这偏离了人们的现实行为，使人们不堪其负担。另外，有些民间信仰还导致了人性的扭曲，在南省苗族中有着"巫蛊"和"暗鬼"的民间信仰，这两者无端将灾祸引向苗族妇女，使其丧失了"做人"的资格，被人唾弃，所谓"巫蛊""暗鬼"之类的巫术，实际是一种精神暴力。在南省苗族人民的认知里，"巫蛊"与"暗鬼"具有遗传性质，因此，凡是被归类为此类的人往往会受到歧视，使亲邻与之远离，家庭内部反目成仇，导致家庭破裂。大量事实表明，要想破除这种带有精神抨击的民间信仰，必须加强民族地区科教文卫的发展，提高广大民众的认知水平，使其认清此类信仰的真正根源。

六、总结

清水江流域是古时中原人眼中的生苗地区，自改土归流以来，新疆六厅的开辟，使汉文明不断传播进来，引起了汉苗文明的不断交融与碰撞，致使原来苗区的文明发生变化，这种变化甚至延伸到较为闭塞的乡村地区，如在南省村发现的清朝墓碑碑文的内容有着汉文化特征，另外，村寨、山寨的百年徽式建筑更是直观地表现出汉文明较早传入南省。由于受到汉文明地不断传入和冲击，苗族社会也不断地发生变化。

本篇文章主要以南省村在社会生产生活、民间信仰上的变迁研究为主，由此来看南省整个村落文化的变迁，以达到以小见大的效果。村落文化是以血缘与家庭为纽带形成的一种反映群众人文意识，反映地区性民俗习惯的农村社会文化。它是物质与精神的集合体，是集居民信仰、价值取向、风俗习惯、行为规范等为一体的农村大众性文化。它作为中国传统文化的重要组成部分，对村落的发展起着重要的推动作用。村落承载了乡村的全部内容，包括村民的生活起居、物质生产、宗族的互动与发展，而宗族性的存在，为村落的形成提供了凝聚力。从村落文化的变迁中我们可以看出村落的变迁，而村落社会的变迁始终是中国历史变迁的重要组成部分。

参考文献

[1] 陆林. 徽州村落 [M]. 合肥：安徽人民出版社，2005.

[2] 何仲仁主编. 贵州通史·清代的贵州 [M]. 贵阳：贵州人民出版社，2006.

[3] 段志洪主编. 中国地方志集成·贵州府县志辑第 16 册 [M]. 成都：巴蜀书社，2006.

[4] 苗族简史编写组编. 苗族简史 [M]. 贵阳：贵州人民出版社，1985.

[5] 台江县地方志编纂委员会编. 台江县志 [M]. 贵阳：贵州人民出版社，1994.

[6] 向轼. 族群性的承变：苗疆边缘秀山苗族的生活 [M]. 北京：人民出版社，2016.

[7] 李延贵主编. 苗族历史与文化 [M]. 北京：中央民族大学出版社，1996.

[8] 王明珂. 英雄祖先与弟兄民族：根基历史的文本与情

境 [M].北京：中华书局，2009.

[9]杨昌国.苗族服饰：符号与象征 [M].贵阳：贵州人民出版社，1997.

[10]韦茂繁.苗族文化的变迁图像：广西融水雨卜村调查研究 [M].北京：民族出版社，2007.

[11]孙秋云.核心与边缘：十八世纪汉苗文明的传播与碰撞 [M].北京：人民出版社，2007.

[12]王艺霖.魂归笙鼓地：贵州省台江县方陇丧葬仪式研究 [D].贵州大学硕士研究生论文，2016.

[13]郭俊.贵州平岩高兰村苗族服饰调查 [J].黔南民族师范学院学报,2015（3）.

[14]陆群.民间思想的村落：苗族巫文化的宗教透视 [M].贵阳：贵州民族出版社，2001.

[15]翁家烈.试述苗族的祖先崇拜 [J].贵州民族研究 2017(7).

[16]杨桐桐.村落文化的变迁 [J].商业文化（下半月）2012(5).

[17]王建设.村落文化：亟待纂修的民俗遗存 [J].中国地方志 2015(9).

新中国成立以来布依族谢寨土仪式变迁探析
——以贵阳市花溪区龙井村为例

崔桂芳

（贵州民族大学民族学与历史学学院）

摘要 谢寨土仪式曾是龙井村布依族同胞十分重视的一项实践活动，其在凝聚族群认同、调节心理焦虑方面具有积极意义。同时也是体现布依族同胞信仰、宇宙观、哲学观的最好载体。在社会发展的今天，布依族谢寨土仪式也随之变迁，那么仪式如何变迁，因何变迁，它的未来走向如何便是此文探究的关键。

关键词 谢寨土仪式；仪式变迁；社会发展

一、田野点简介

龙井村位于花溪区南部，青岩镇西北面，南邻新关村，西接燕楼乡谷蒙村，北与大坝村相伴，距青岩古镇 1.5 公里，101

省道横穿全村，松柏山水库农灌沟渠贯穿全境。村境内水资源丰富，土地肥沃，森林覆盖率达 65%，交通便利，区位优势独特，经过近年来的村寨整治工作，村内基础设施逐步得到完善。龙井村主要经济产业有种植业、酿酒、石材加工等。全村下辖 7 个村民组，354 户，1 230 人。主要民族成分为布依族、汉族、苗族，其中布依族占总人口的 98%。

龙井村属亚热带季风湿润区，冬无严寒，夏无酷暑。地势西高、中低、东部略高，大部分地势较为平缓。生计方式为农耕，主要的传统农作物有水稻、玉米、麦子、油菜、荞子、高粱、油菜、黄豆、葵花、花生等，一年多熟。但随着社会经济的发展，龙井村农耕人数大量减少，传统的生计方式发生转变。布依族传统文化底蕴深厚，旅游资源丰富，目前在政府的带领下正向发展旅游转型。

在村委班子及全村百姓的共同努力下，龙井村相继荣获了全省"文明村寨"、市级"文明村寨"、贵阳市"五好基层党组织"称号以及区"文明村寨""文明单位""民主法制示范村"等荣誉称号。

二、龙井村谢寨土仪式介绍

仪式大师特纳他从不同角度探讨仪式，更重视仪式的规范与信仰方面，将仪式描述为："用于特定场合的一套规定好了的正式行为，它们虽然没有放弃技术惯例，但却是对神秘的（或非经验的）存在或力量的信仰，这些存在或力量被看作所有结果的第一位和终极的原因。"而龙井村布依族同胞每年的谢寨土仪式即是一种信仰的体现，也是实现社会整合的途径。

龙井村由大院、上院、中院、屯脚院四部分组成，土地载万物，生养万物，又长五谷以养育百姓，村民们均信仰土地神，故各院都建有土地庙。龙井村布依族传统的生计方式为农耕，土地能生五谷，是农耕民族的衣食保障，为了祈求风调雨顺，村民们每年都举行祭祀活动。谢寨土仪式是龙井村布依族一年之中比较重要的一场祭祀活动，目的是祈求土地神、龙神保佑一年的风调雨顺、健康平安、村寨少灾。此仪式原本记录在书，但在破"四旧"时期缺失，此次受访的罗万维先生也只是小时候见过，"文革"结束后，伴随着改革开放，龙井村村民开始重修土地庙，偶尔进行谢寨土仪式，一直到80年代后，传统的谢寨土仪式才几乎灭绝。

（一）传统的谢寨土仪式

传统的谢寨土仪式主要分为两部分：谢寨土（谢大土）和谢家土（谢小土）。谢寨土（谢大土）指的是以院为单位在土地庙前完成的仪式和程序，谢家土（谢小土）指的则是在每户人家里要做的仪式。此仪式为集体仪式，每年一次，各院各户每家至少有一人参加，不分男女。

谢寨土时间为正月初二以后，正月十五以前。具体要请先生推算，必须要在土地神出宫的日子。在正月请先生看好日子后，在寨子长老的组织下，各家各户就要开始集资购买祭品，祭品主要是香蜡纸烛和公鸡、肉、豆腐、酒等。还要去青岩街上买来已经画好了的符纸，数量要够每家发一张。在这之前，要从山上采"巴茅草"，用来扎"龙船"。

由于谢寨土包括谢寨土和谢家土，所以仪式由两位先生协作完成。首先一位"师傅"在土地庙前画一个特定图案，然后用一个大簸箕盖住。在簸箕的中央要放上一个装满米的升子，升子里插上香蜡纸烛。簸箕的东南西北四个方向都要放上一套祭品：包括一块肉、一块粑粑、一块豆腐、一杯酒、一杯茶、一杯饭，统称"斋粑豆腐"，用来敬"地脉龙神"。同时东南西北每个方向点一对蜡烛、三炷香、三张纸钱。然后先生要出仪文来念谢寨土祝词，主要内容为祈求土地神保地方平安，此祝词要念一两个小时，同时另一个先生则拿着公鸡去进献土地神。

接下来要写五个牌位，放在簸箕的东南西北四个方向和中间，分别是：东方镇宫青帝龙神之位、南方离宫赤帝龙神之位、西方兑宫白帝龙神之位、北方坎宫黑帝龙神之位、中央坤宫皇帝龙神之位。先生把鸡杀掉之后，把鸡血淋在这五个牌位上，再在五个牌位上粘上一点鸡毛，就要把这五个牌位送到各院的四方边界，意思是这次仪式土地神要保佑的地方是这个地域范围。

接下来用"巴茅草"扎出一个龙舟模样，称为"龙船"，长度大致有一米五，"龙船"腹部留出较大的空间。当土地庙这里的祝词念完后，就用一根长棍或竹竿把"龙船"从头到尾穿过去，让两个人抬着。接下来先生就要带着"龙船"去"扫寨子"（清寨）了，除此之外，扫寨子的队伍还要拿着一只公鸡、一碗水，去每家每户一一清扫。

村民领到符纸回家后，碗里装满灰，再插上三炷香、三张纸钱和符纸，放在自家大门边等着。扫寨子的队伍到家门口时，要在大门边朝一碗水里念谢家土祝语，念完后，再烧符纸，随后喷一口水，表示已经扫除了家里不干净的东西，以及防火防盗之意。而这家人就要把碗里的香、纸钱、符纸拿出来放在"龙船"上，把碗放到"龙船"里面。这一家的谢家土仪式就算完成了。直到把每一家都扫完后，扫寨子的队伍就把插满香、纸、符纸和装满碗的"龙船"抬到寨子外边沟或河边，必须是有水的地方，然后在河边先杀鸡祭龙神，祈求龙神保护寨子没有火灾，再一把火烧掉"龙船"，随后把残渣灰烬都弄到河里让水冲走，表示每家每户家里的阴煞晦气都随着河水一起被冲到很远的地方去了。今年定会风调雨顺，人人平安健康。

之后参加此次仪式的人员要到土地庙跟前摆桌吃饭，将凑钱买的祭品吃完，如果祭品吃不完则交由先生带到沟或河边倒掉，让鬼神都能吃到，以此庇佑寨子平安。谢寨土仪式完成后，规定三日之内，在东南西北令牌范围内村里不得动土，以免惊扰了前来保境安民的土地神。

（二）变迁后的谢寨土仪式

谢寨土仪式变迁后，简化为谢家土仪式，时间也不再是一年一次，也不是每家每户都进行。改革开放初期，越来越多的年轻人外出务工，不再笃信这些仪式。只有个别家庭选择请先生在家中进行谢家土仪式，首先先生将公鸡放到堂屋前，再在家中堂屋前画一个八卦图案,然后用一个大簸箕盖住。在簸箕的中央放上一个装满米的升子,升子里插上香蜡纸烛。簸箕的东南西北四个方向都要放上祭品,有肉、豆腐等,同时东南西北每个方向上点上一对蜡烛、三炷香、三张纸钱。然后先生要念谢家土祝词,主要内容为祈求土地神保家人健康平安。接下来先生把鸡杀掉,把鸡血淋在这提前写好的四个令牌上,再在四个令牌上粘上一点鸡毛,就要把这四个令牌放到堂屋的四个边角上,意思是土地神会保佑范围内的地方。仪式结束后将杀死的公鸡去毛洗净,洗鸡的水和鸡毛全部倒出正门外,表示屋子已经打扫干净。随后一家人一起分吃祭品,以保来年平安。(见表1)

表1 仪式变迁对比

	传统的谢寨土仪式	变迁的谢寨土仪式
参与人员	村寨集体	家庭成员
时间	正月初二以后,正月十五之前(具体时间由占卜决定)	时间不限
地点	土地庙前	堂屋龛位前
祭品	香蜡纸烛、公鸡、猪肉、粑粑、豆腐、酒、茶、饭	香蜡纸烛、公鸡、猪肉、粑粑、豆腐、酒、茶、饭
仪式结尾	村寨集体聚餐吃祭品	家庭成员聚餐吃祭品
仪式禁忌	仪式完成三日内,村寨范围内不可动土	仪式完成三日内,家庭居所范围内不可动土

从以上对于龙井村布依族谢寨土仪式的一个纵向描述,可以发现进行谢寨土仪式的目的就是为了祈求人口平安和农畜兴旺,如由罗万维先生提供的《谢土仪文》中多次出现类似"一家人眷保安康,牛马六畜满山岗"的语句。但自新中国建国以

来，社会发展日新月异，农村也发生着巨变，直接推动了龙井村谢寨土仪式的变迁。不过谢寨土仪式虽然发生着改变，但大体上可以分为范围由大变小、参与人员由多变少、仪式环节由烦琐变简化。正如杜尔干所言，仪式重要的并不是仪式本身，而是仪式环节及其因素构成的整个程序。所以，尽管谢寨土仪式发生了变迁，但仪式的神圣性仍然由仪式中的因素及整个程序保留。正如特纳在《仪式过程》中记录并分析了恩丹布人伊瑟玛仪式举行的原因、过程、目的等，其中仪式方面的记载为，恩丹布人会斩断一块红色岩石，因为它象征着不幸，斩断了岩石就会得到治疗。仪式结束后"看得见或看不见的双方之间促成和解"可见特纳注重象征与社会的双向探讨，他用符号去解释人们的行为及背后的含义，同时也关注符号在解决社会冲突，维护社会稳定的作用。这也解释了为何在不断变迁下，谢寨土仪式中重要的要素始终存在，因为其具有体现了布依族同胞的宇宙观、世界观的象征仪式，同时具有缓解人们恐惧、焦虑情绪的功能。

以下为谢寨土仪式中具有象征意义的几个重要因素，即土地神、龙神、公鸡、水（河、沟）。土地神是龙井村村民的信仰，一个村分为四个院，每个院都有各自的土地庙。村民们都认为祭拜土地神可以保乡里平安少灾，也能使农畜兴旺。所以土地庙作为人们集中祭祀的地方，按照龙井村布依族习俗，每年正月、六月、九月等一年中较为重要的日子都要祭拜土地神，在春节时，各家各户都要先祭拜土地神后再回家祭拜祖先，可见土地神在谢寨土仪式中的重要地位。而对土地神的信仰则与布依族传统的农耕生计方式息息相关，作为农耕民族，粮食的多寡与他们的命运、发展紧紧相连。他们辛勤劳作，但农耕的特点就是对自然环境依赖大，天灾对于农民们而言就是莫大的打击，所以对于这种未知的恐惧，他们需要用其他方式来化解，那便是仪式。人类学家马林诺夫斯基在《科学的文化理论》一书中说明了这一观点，认为所有的巫术和仪式都是为了满足人的需要。这也进一步解释了为何谢寨土仪式会成为一年中最重要的祭祀的原因了。

除了土地神之外，谢寨土仪式中的另一位主角便是龙神。龙神在民间被认为是管辖水的，祭龙神可以祈求降雨，同时龙井村谢寨土仪式中祭龙神以及仪式中烧龙船必须在河边或沟边完成。这一环节的产生一是与农业相关，因为降雨有利于农作物生长；二是与布依族居住环境有关，过去的房屋建筑都是木质的，屋内的物件也主要为木质的，如遇火灾则损失巨大，因此祭龙神是为了预防火灾，在河边或沟边烧龙船则是认为龙神可以压住邪恶鬼怪，保一方平安。

谢寨土仪式中最重要的祭品就是公鸡。公鸡在龙井村的丧葬、婚礼等仪式中都占有重要位置，在谢寨土仪式中，公鸡也是贯彻在整个过程之中的。首先，寨长要提着公鸡祷念仪文，还要带着公鸡走遍寨子中各家各户，最后会在河边宰杀公鸡作为祭祀品。而公鸡作为常用的祭祀品，则与布依族民众的认知相关。他们认为世界是二元对立的，是由现实世界和虚拟世界（鬼神居住地）构成的，白天和夜晚是两个世界的分割，在凌晨时分鬼神最易出现。而公鸡是划破黑夜的报晓者，另外，鬼怪害怕鸡鸣声。加上村民认为公代表男性，男性在社会生产中占主导地位，在家庭中也占主导地位，同时男也代表阳可以镇阴。正是由于这些原因，公鸡就成了布依族民众各种仪式中必不可少的祭品。而在仪式结束之后杀掉公鸡，则是让公鸡以男性的身份去告诉神或者祖先，他们内心的愿望和祈求。

对上述谢寨土仪式中的重要因素进行分析过后，可以看到整个仪式虽然发生了变迁，但举行仪式祈福免灾的目的以及体现布依族同胞信仰的重要因素并未发生明显的变化。同时仪式是伴随社会发展而变迁的，那么追溯仪式变迁的事实便可看到文化变迁与社会发展的相互联系。

三、谢寨土仪式的功能分析

功能——结构学派关注仪式的社会作用，即关注仪式是如何推动社会发展的，仪式的功能性是什么。杜尔干在《宗教生活的初级形式》中论述了他对于宗教和仪式的看法，他将社会视为整体，而社会的整体性、统一性又由群体共同的宗教信仰来加强，仪式是神圣世界与凡俗世界的媒介，通过周期性、重复性的仪式行为，可以加强社会整合。深受杜尔干影响的拉德克利夫·布朗，在他的著作《安达曼岛人》中，用大量篇幅记述了安达曼人的仪式和习俗，阐述了他的功能观。书中载："安达曼人仪式习俗的社会功能，就在于维持安达曼社会赖以生存（并构成其本身）的情感倾向，并使这些情感倾向世代相传。"即仪式作为一种社会纽带促进社会整合。而马林诺夫斯基则不同于杜尔干与布朗，他更加侧重文化与功能的关系，且重视从个体出发研究，认为仪式的功能在于减轻紧张、恐惧、疑惑或痛苦。"需要"与"功能"是马林诺夫斯基文化观的两个核心概念。他将"需要"分为两类，即基本需要和衍生需要，即人在满足吃好穿暖的基本需求后，就为自己创造一个新的环境，即所谓文化。在他的《科学的文化理论》中也体现了这一观点，所有巫术、仪式等，都是为了满足人们的需求。文中他将巫术与仪式放在一起讨论，认为巫术的效力是通过仪式来推动的，同时认为它们都具有功能性"不但满足着个人机体的需要，而且是一种重要的文化功能，在社会中有它的价值"。显然在龙井村谢寨土仪式变迁过程中，仪式的功能发挥着重要作用。

（一）心理调节功能

在学界认为，早期宗教仪式的产生是由于先民对一些现象无法解释，从而产生焦虑和恐惧的情绪，通过宗教和仪式来化解这种恐惧感。龙井村的谢寨土仪式就反映了布依族同胞希望获得超自然力量的庇佑，通过举行仪式的手段，达到人与神之间的沟通，祈求神灵庇佑，同时通过仪式来宣泄自身的焦虑与不安，从而获得一种慰藉。龙井村布依族同胞每年都要举行谢寨土仪式，目的就是为了祈求土地神保一方平安、六畜兴旺，祈求龙神保全寨免火灾。龙井村布依族同胞们也认为每年举行仪式后确实成效明显，如果不举行则觉得很焦虑，很担心来年是否能顺利丰收，寨子是否能平安。所以此仪式具有心理调节功能，在很长一段时间内给予了整个龙井村各家各户心理慰藉。但随着社会发展，此功能明显减弱，从谢寨土仪式的变迁就可以看出，人们对超自然力量的信任减弱。

（二）族群认同功能

"认同"从心理学角度解释为"个人与他人、群体或者模仿人物在感情上心理上的趋同过程"，族群认同则是各民族的内部认同。在西方人类学家的仪式研究中，杜尔干将仪式从宗教范畴扩大到了世俗社会的范畴，他认为仪式具有社会整合的功能，将日常生活中个体的成员通过仪式集合起来，加强群体联结。龙井村谢寨土仪式包含着布依族的信仰与习俗，对于推动族群认同、凝聚群体力量都有着重要的作用。

龙井村布依族同胞通过每年定期参加谢寨土仪式来加强自己布依族的身份，同时加强同一地域的认同。首先谢寨土仪式能否完整顺利的举行都依赖与村民之间的支持、配合与认同，从仪式的准备工作开始，由寨子的长老组织，各家各户集资置办仪式所需物品。仪式开始则要求各家各户至少派出一名家庭成员代表参加，其他家庭成员在家等候先生的到来。仪式结束后要进行集体聚餐。在整个仪式过程中村内的各个成员间潜移默化地形成了一种联结和认同感。而一年一次重复的共同仪式又加强了这种认同感。

除了举行仪式的配合之外，仪式中的仪文是用布依语念的，参加仪式的人员均穿布依族服饰，这些共同的因素都加强了族群认同。更重要的是加强了龙井村布依族同胞共同的土地神信仰。信仰是一个民族的精神支柱，也使得集体拥有心理一致性。正是通过举行大型的仪式增强了信仰的神圣性，同时在潜移默化中也增强了龙井村布依族同胞的族群认同感。

但随着社会发展，仪式的功能也被弱化。

四、谢寨土仪式的变迁动因

文化的变迁动因是复杂和多样的，科技发展、生态变化、人口迁徙、文化的接触和传播等都会带来变化。笔者经过调查总结了龙井村谢寨土仪式变迁的原因主要为以下几点：

（一）国家政策的变动

（1）政治层面。国家政策的变动是推动谢寨土仪式变迁的重要推动力。1951 年贵阳农村进行了土地改革。在土地改革中，大量的庙宇田土多分给农民，仪式祭祀的场地被限制。到了 1953—1958 年，人民公社兴起，据青岩镇龙井村大事记载："1953 年，成立龙井乡，有 7 个生产队，从此龙井村就分成了 7 个村民小组。"同时"1956 年农业合作化运动中建立的高级社规定少数民族的苎麻或大麻地、蓝靛地、姑娘田、姑娘牛、祭祀牛保留不入社。对于历史上存在的信'巫婆'信'鬼神'以及敲牛祭祖等习俗，由少数民族自己改革或自动废除。"此后文化大革命席卷全国。在"破四旧"的风潮中，庙宇、祭祀及民间先生等均被认为是封建迷信，遭到严重的打击，由此龙井村的土地庙尽数被毁，主持仪式的民间先生被批斗。"文革"期间龙井村便不再进行此谢寨土仪式。

（2）经济层面。1978年，龙井村实行家庭联产的承包责任制，同时国家大力推动农业结构的改革，主要表现在农业工具的改进、种植技术的改进等方面。农业结构的转变使得粮食收成增加，土地抗灾能力也得到增强。此外国家还大力扶持企业发展，1991年，贵州黔能公司等几家企业公司投资在龙井村跑马场建成青岩黄磷厂，解决了一部分村民的就业问题，但也造成了一定的环境污染。

文化产生变迁在某种意义上来说，是在社会发展下做出的调适。龙井村谢寨土仪式便是为了适应社会发展而发生了变迁。首先，经济的发展使得仪式传承的根本——民众开始分散，越来越多的村民外出务工，让谢寨土仪式需要的全村合作运转不了，直接推动谢寨土仪式的完整规模缩小为谢家土，以寨为单位变成以家庭为单位。此外，谢寨土仪式中的祭龙神，主要是为了祈求避免火灾，以及风调雨顺。随着房屋建筑材料由木质换为混凝土，后者相较于木质更为坚固和防火，村民祈求防火灾的心理慰藉也被削弱，随着生计方式的多样性发展，龙神在仪式中的作用也随之弱化，变迁后的仪式中龙神的功能性有明显的转变。

正如施密特所说"对自身技术能力更有信心的民族逐渐降低了崇拜的重要性，减少了对巫术的依赖"。农业结构的变革带来了仪式功能及受众群体的改变，使村民们对于仪式的依赖减弱。马林诺夫斯基在《文化论》中也表明了，仪式是先民们对于自然的不确定性所延伸出来的。龙井村在政府的推动下进行了农业结构的转变，技术的革新使得粮食产量增加，农田抗旱、抗寒能力增强，农业对于自然环境的依赖减弱，仪式的功能自然也被削弱。

自 1981 年起，龙井村重新兴建土地庙。虽然现今的龙井村各院仍有土地庙，但祭拜更多只是一种族群的记忆，是一种心理慰藉，越来越多的年轻人不再相信仪式的神圣性及准确性。

（二）生计方式多样化

龙井村的谢寨土仪式与农业生产息息相关，粮食丰收与否与村民生存息息相关，因此传统的谢寨土仪式每年举办一次，非常隆重。仪式是集体性的，寨里的每家每户皆要参与，村民一同凑钱购买仪式所需物品，虔诚的祈求一年的平安丰收，整个仪式至少要五个小时才能完成，仪式完成后全寨人会聚在一起吃饭。我们都知道布依族同胞能歌善舞，在生产生活中都有各式的布依族古歌，但据罗万维先生所说，仪式后的全寨聚餐是很严肃和安静的，因为怕扰了神灵，仪式后的三天内也要遵守禁忌。由此我们可以感知村民们对于仪式的重视和虔诚。但随着经济发展，越来越多的农民离开了土地，农耕不再是村民们谋求生存的单一选择，村民们有的外出务工，有的自行创业，收入也比农耕多。就如罗万维先生所言："不种田也有饭吃""现在大家都追求经济，不信这些了。"传统生计方式的转变也促使了谢寨土仪式的功能转变，越来越少的人农耕，人们便对一年丰收与否不再十分重视了，仪式所求的农畜兴旺便也不再是人们最关心的了。但是这并不意味着仪式的断裂。因为仪式的其他功能，如祈求平安健康、驱邪仍然存在，这也是谢寨土仪式转变为谢家土仪式的主要原因。

（三）人们价值追求的变化

由以上内容我们知道龙井村谢寨土仪式非常隆重，但随着现代化浪潮的袭来，谢寨土的完整仪式不再举行，变迁后的谢家土仪式也并非一年一次家家参与，而是看某家是否需要而行，仪式的环节也缩减很多，人们对待仪式的态度也有着明显变化。在经济快速发展下，科技也随之进步，曾经解释不了的自然现象也被揭开了神秘面纱，在人们知识的不断积累下，这类祈福免灾的仪式活动的权威性在人们心中明显下降。在大众传媒的广泛传播下，不同的观念发生着碰撞，也带给人们新的思考和冲击。种种因素推动了人们价值追求的变化，大家不再那么注重仪式感，讲究"快、准、狠"，也不太注重于文化传承了。

五、谢寨土仪式现状及未来走向

谢寨土完整的传统仪式目前在龙井村已经不存在，现存的仪式则是变迁后的谢家土仪式。且谢家土仪式也并不是每年都举行，而且参加的人数也在锐减，如罗万维先生所言："有些家庭觉得最近不太安宁就要举行仪式。"仪式不再是每年强制性的要求全寨集体参与的了，而转化为需要就举行仪式，而且仪式时间没有限制，仪式向更加简化的方向发展。在社会发展的大势下，仪式的生存环境已经弱化，但谢寨土仪式到今日也未发生完全的断裂是值得我们深思的。这则与布依族同胞们传统的土地神信仰有关。布依族同胞也非常热衷建设土地庙，80年代还曾遭到地方政府部门的强行拆除，于是人们将土地庙迁往龙井村后山，2000 年以后才迁回寨角。可见信仰与仪式的联系是紧密的，信仰就如仪式中心值，而仪式的变迁则体现了仪式的动态。因此坚固的信仰则是谢寨土仪式变迁为谢家土仪式，而不是直接断裂的原因。因为布依族同胞认为，土地神具有掌管村寨不受邪风入侵、家家平安健康、谷物丰收的超自然力量，祭祀可以祈得平安，不虔诚则鸡犬不宁。这便是谢寨土仪式得以变迁延续至今的重要因素。

目前在旅游经济的发展下，龙井村正在打造布依族特色文化旅游，但经笔者调查龙井村的布依族文化旅游并非是龙井村原生的布依族文化，而是各地的布依族文化的汇总，虽然都是布依族文化但各个地区的布依族因地理环境、社会发展等原因又呈现着不同。未来的社会发展也必然对文化变迁造成新一轮的冲击，但只要龙井村布依族同胞的土地神信仰存在，谢家土仪式就不会完全断裂，而是会随着龙井村的发展越发简化。信仰是一个民族内心宇宙秩序的一个体现，这种秩序很难被轻易攻破。

六、总结

仪式作为一种历史记忆对一个特定的民族、国家、社会和传统的价值是不可言喻的。谢寨土仪式蕴含着龙井村布依族同胞的信仰、记忆、认同等，在布依族发展的历史进程中也发挥着重要的功能。

回顾过去是为了展望未来，现今在社会发展飞速的情况下，龙井村正处在向旅游区过渡阶段，这也使我们不得不思考社会发展与文化变迁之间的联系。社会发展与文化变迁是相互作用的，社会发展促进文化变迁，文化变迁反促进社会进一步发展。两者的相互作用也启示着我们要如何处理好文化传承与社会发展的关系。社会发展可以改变人们的物质生活，而文化传承则可以丰富人们的精神生活。纵观龙井村谢寨土仪式的变迁始末，我们应看到文化变迁与社会发展的相互作用，并在两者之间找到调适。社会发展是不可扭转的趋势，因此在社会发展下做好民族文化核心内容的传承与保护是现今重要的命题。

参考文献

[1]［英］阿兰·巴纳德著，王建民，刘源，许丹译.人类学历史与理论[M].北京：华夏出版社，2005.

[2]［法］杜尔干著，林宗锦，彭守义译.宗教生活的初级形式[M].北京：中央民族大学出版社，1999.

[3]［英］菲奥纳·鲍伊著，金泽，何其敏译.宗教人类学导论[M].北京：中国人民大学出版社，2004.

[4]贵阳市花溪区地方志编委会编.贵阳市花溪区志[M].贵阳：贵州人民出版社，2007.

[5]贵阳市建设局编写.贵阳建设志[M].贵阳：贵州人民出版社，2010.

[6]［英］拉德克利夫·布朗著，梁粤译.安达曼岛人[M].

桂林：广西师范大学出版社，2005.

[7] 罗柳宁.族群研究综述 [J].西南民族大学学报（人文社科版），2004（4）.

[8] [英] 马林诺夫斯基著，费孝通译.文化论 [M].北京：华夏出版社，2001.

[9] 蒙富成.布依族传统葬俗——坎牛桩仪式研究 [D].中南大学硕士学位论文，2014.

[10] 彭兆荣.人类学仪式的理论与实践 [M].北京：民族出版社，2007.

[11] 孙静.1949 年以来的乡村仪式变迁研究——以重庆市后溪村为例 [D].西南大学硕士学位论文，2016.

[12] [英] 维克多·特纳著，黄剑波，刘博赟译.仪式过程：结构与反结构 [M].北京：中国人民大学出版社，2006.

[13] 吴兆霞，杨耕.马克思的社会发展理论研究综述 [J].中国社会科学，1996（1）.

苗族生计方式变迁与发展路径探析

——以黔东南凯棠苗族为考察对象

李雪

（贵州民族大学民族学与社会学学院）

摘要 受历史原因和生存环境的影响，苗族同胞传统的生计方式为采集狩猎、农耕稻作、畜养放牧。而近四十年，受自然灾害、现代化的影响，苗族同胞的生计方式也在朝着多样化的方向逐渐转化。传统的生计方式向着四处乞讨、流动经商、在外务工再到返乡创业、苗绣产业等方向发展。本文通过探析其生计方式的变迁给凯棠苗族人民带来的影响和问题，以期为凯棠苗族人民寻求新的发展路径提出几点思考建议。

关键词 苗族；生计方式；变迁；发展路径

苗族的生计方式影响着苗族人们的生活方式、思维观念、经济发展、教育水平等。民族生计方式既根植于各民族所处的多样性的自然环境和多样性的文化土壤，又受制于不同时代彼此间发展不平衡的科学技术状况和生产力水平。通过对苗族生计方式变迁的探析，能够加深我们对苗族地区的认识，为了解苗族地区的发展路径提供重要的参考。

凯棠乡位于凯里市的东北面，东与台江县的台盘、革一两乡相邻，北与黄平县的山凯乡隔清水江相望，南与三棵树镇的板溪片区接壤，西与旁海镇相连，地跨东经 108° 04′—108° 09′，北纬 26° 42′—26° 45′，东西宽 8.2 公里，南北长 10.1 公里，总面积为 51.27 平方公里，呈"椭圆"形状。凯棠，系苗语音译，意为集会场，昔日有名扬四方的节日鼓笙场得名，凯棠乡以此得名。全乡辖芦笙、火香、梅香、凯棠、大坪、凯哨、养小、白水、龙塘、新村、南江等 11 个行政村，114 个村民小组，44 个自然寨。全乡有 5 125 户 23 755 人，全乡 99% 以上人口是苗族。凯棠乡孕育了底蕴深厚的凯棠大歌、苗族服饰、民居建筑等苗族文化。其生计方式与这片土地的人文环境、自然环境有着密不可分的联系。

一、凯棠苗族传统的生计方式

凯棠乡主要有干炸书、别单、报别炸、报别福、坡里康等山峰，以干炸书为最高，海拔 1050 米。最低点为大坪村清水江边，海拔 532 米。平均气温 16℃ 左右，年降雨量为 1130 毫升，无霜期 289 天。森林覆盖率为 36%。2003 年来实有耕地面积 13095 亩，其中田 10935 亩。人均耕地面积 0.45 亩。地势呈南北走向，而凯棠乡为贵州省一类贫困乡镇，经济基础脆弱，条件差。境内水资源、矿产资源缺乏，主要矿产资源有重晶石等。凯棠人民在这一崇山峻里间，长期过着物质匮乏，入不敷出的生活。

（一）看天吃饭：采集狩猎

采集与狩猎是中国最传统的生计方式之一，它先于稻作农耕，人们依靠着大自然的馈赠繁衍生息，延续至今。通过采集与狩猎，人们获得基本的生存物资，维持生计。而地处西南地区深处的凯棠乡，当地苗族人民则一直采用这种生计方式。一到春季，妇女们便三五成群到山上摘蕨菜、挖竹笋。受季节的影响，采集而来的蕨菜与竹笋需晒干或腌制保存，可一直食用至五六月。四月五月之后，天气越来越暖和，妇女和儿童则下田或到河沟中去捡田螺、拾蚌、捞虾和蟹。端午插秧之后，人们便相邀到山中采摘八月瓜、猕猴桃、杨梅等野果，补充食物来源。当然，在此期间，只要不伤害稻田里的鲤鱼，男人们也会用叉子到田间去砍泥鳅，黄鳝，有些人则靠砍野生泥鳅和黄鳝，拿到几十里外的城里交易，以此作为主要生计方式供孩子上学。因为物资匮乏，人们不得不捕捉山中的"打屁虫"，蝗虫等拿来食用，而其也成了现在苗族特色农家菜之一。

收割稻谷之后的入冬农闲时期，山上已不能采集到可供食用的食物，男人们不得不进行狩猎活动，寻找食物来源，为漫漫的冬季做准备。而作为冬天里最有意义的集体活动之一，狩猎成了最受男人们欢迎的集体活动。一般人们成群外出，狩猎群体多由村寨里的青壮年组成，在选定狩猎地点后，由一个领头得到人分配任务，安排狩猎细节便开始挖陷阱。虽然狩猎的工具不是很发达，但因为狩猎技术从祖辈上面一直延续下来，狩猎工具也非常实用，利用现有的工具，人们会在山林里挖掘陷阱，并设置木夹、木笼、索套等捕猎机关来捕获猎物。人们遇鸟则将网拦好，另一些人从后面把鸟赶到网中。山中有野蜂，便会用烟在蜂巢附近熏，赶走伤人的野蜂，获取蜂巢。由此可看到苗族人们在狩猎过程中形成的生存智慧。但采集狩猎受季节和天气的限制较大，难以有稳定的经济收入，若遇到大雪灾等自然灾害，人们的生活堪忧。

（二）靠地生产：稻作农耕

凯棠乡东南部为白岩组成的弱岩溶低中山，其余地属于弱溶龚状低山，其土壤四面属石灰土，中部是黄壤，色土、水稻土相间分布，以黄壤土为多。该乡的水利、农业生产、社区公共设施等基础设施受地自然条件的影响发展较为落后，至今仍是小农经济，发展的基础差，特别是农业基础设施十分薄弱，只能以种植简单的水稻、玉米为主，自给自足，抵御自然灾害能力低下，不能规模化的种植经济作物。水稻一年一产，春节之后开始农忙，当地人民一般在四月中旬犁田引水之后便培育秧苗，五月多下田栽秧。田间养有稻田鲤鱼，即可吃掉田间杂草，又能通过鱼粪作为秧苗的肥料。到九月来临，人们则开始收割稻谷，晒干、扎捆稻草给家畜过冬备用。受自然环境的影响，山间的稻田没有固定的水源灌溉，有不少的农田没有水源，在很大程度上影响粮食的产量，有的农户种一年的田最终粮食不够家人食用。旱地的菜地，人们多种蔬菜与瓜果维持生活所需。由于本地的喀斯特地貌原因，人们但凡看到稍平整或田边多余的旱地，则开垦作菜地，最大限度地使用土地资源。

（三）畜牧并重：畜养放牧

在自然资源匮乏，难以抵御较大自然灾害及生产方式的局限性下，人们不得不寻找新的出路——放牧畜养。通过畜养家畜补贴家用，但其并未形成产业化使人们致富。当地传统上畜养的家畜有：牛、猪、鸡、鸭、鹅、马等。而牛与当地人结下了不解之缘。在生产活动方面，牛作为主要的劳动工具，负责犁田农耕。在文化习俗方面，牛是苗族人重要的文化存在。每逢当地的吃新节、重阳节等，则进行斗牛比赛，水牛在这时发挥着主角的作用，为主人家赢得荣誉，而获胜者也因此载誉十里八乡。在日常生活方面，苗族人过节迎客的主要斟酒器皿为牛角，而且家中堂屋的门上都要放有牛角。但牛角得来不易，价格不菲，所以必要养有水牛。水牛由家中的老人和小孩来放牧，山中草和野菜丰富，牛易养活。放牛成了20世纪90年代以前儿童的难忘经历。

养猪是因为其较为养活，且繁殖力强，且因为在以前肉十分难得，每逢过年和喜庆日子才会有肉吃，若不养猪，到过年和节庆之日难以购到相当数量的猪肉。养猪还能将其粪便作为肥料，养活农作物。在凯棠这一民族气息浓厚的地方，无论婚庆、妇女生产、"二月二"祭桥节、祭祀、走亲戚，鸡肉与鸡蛋成了珍贵的东西。

（四）传统技艺：手工副业

凯棠乡主要的传统手工艺为竹编、木工、刺绣。"人们自己创造自己的历史，但是他们并不是随心所欲地创造，并不是在他们选定的条件下创造，而是在直接碰到的、既定的、从过去继承下来的条件下创造"。凯棠乡因其自然环境和人文环境，与自然和谐相处，取利于自然。在物质条件没有极大丰富的苗族地区，人们自己动手，丰衣足食。通过有度的取舍，充分利用当地的自然资源，修建房屋，编制生活用具。因凯棠乡不少村寨的房前屋后都种有竹子，村民们用自己勤劳的双手编织了生活所需的很多用品：竹篮、簸箕、鸟笼、虫笼、撮箕、椅子、捕鱼篓、水田口鱼栏、筛子等，涵盖生活中多数生活用品，既坚实耐用，又充满了劳动智慧。一些竹条编织手艺人将竹制品到赶场时拿去卖，补贴家用。而现在，这些手艺人多为六十岁以上的老人，传承这些手艺的人少之又少。

作为苗族聚居区，苗族的传统民居都是木房。这就要求不少的木匠去承担房屋的建造、家具的打制、工艺品的制作等任务。苗族地区木材多，离家近，房前屋后尽是树木。从前，山上砍伐树木、脱树皮晒干、伸展绳墨，刨平树材、制柱制板皆是由木工完成。由于纯手工修建、科学技术不发达、晒干耗时等原因，木匠在主人家建屋多包吃包住。因为木匠建房过程神圣，一般建完后还要送礼和给工钱，所以木工是主要的传统生计方式之一。此外，苗族妇女还通过刺绣赚取少许生活费，但因其未形成规模，所以收益甚微。

二、凯棠苗族生计方式变迁及原因

（一）旱灾严重：外出乞讨

凯棠人民世代与外界相阻，形成了特有的"孤岛文化"。在传统仅能勉强养家糊口的生计方式，苗族人民世代与土地无法分割，靠地吃饭的情况下，处于苗疆腹地的凯棠人民却无奈地踏上了乞讨之路。屋漏偏逢连夜雨，20世纪70年代，旱灾严重，长时间无雨，导致颗粒无收。人们吃树皮、野菜、挖蕨菜根都食不果腹，更别说有些家庭还要养活四五个孩子。村民们成群结队的外出乞讨，这是与外界阻隔的凯棠人民外出谋求生存的流动人口雏形。残酷的自然灾害带来的几乎是毁灭性的打击，人们认清了土地难以维持生计的事实，开始了颠沛流离的乞讨生涯。从凯里县志中获悉，当时的凯棠乡还隶属于旁海区。1972年8月，全县旱灾，旁海区外流乞讨达1 300余人。1973年7月11日，县委派工作组到旁海、凯棠两公社对乞讨情况进行实地调查。从3月份以来，猴场、大堡、凯棠、大坪、龙塘、凯哨6个大队外流1 024户，1 140人，占总劳力的38.8%。凯棠人乞讨的足迹遍布大江南北，成为名副其实的灾民。当时凯棠家中平均每户8口人，老人两个，父母亲，孩子四五个人，生存压力大。家人要生存，孩子要念书，当地人不得不拖家带口一起外出乞讨，小孩也不例外。这些人成了"流动的候鸟"，有家难以归。乞讨成了那个年代主要的生计方式，因此，凯棠乡成了远近闻名的"乞讨之乡"。也正是因为经历生活的艰辛，明白活下去不易，凯棠的孩子才更努力读书。

（二）流动经商

通过乞讨的生涯，人们走出了大山，也看到了祖国改革开放不断发展的新风貌。凯棠人民看到了生活的希望，迎来了新生计方式的转变节点。20 世纪 70 年代末 80 年代初，人们离开了赖以生存的土地，转向经商的生计方式。关于第一个经商的源头难以追溯，但可以看到的是，通过与外界的交往交流，人们学习新的技能，转变生计观念，拥有经商的意识。凯棠人经商最早的活动区域是江浙一带。苗族自古的社会结构，社会联系都受地缘、血缘、宗族的影响。"先富带后富"的思想在凯棠人身上表现得淋漓尽致。凯棠人外出经商一般都是三五成群，小聚居，形成了固定有效的共享的社区商业资源。而外流人员的不断增加，也形成了外流生计氛围，外出经商的人不断增加。

外流人员的主要经商类型多样。做小商品生意的人数占比是最多的，且这些经商主力军是妇女（老年妇女）为主。她们一般从商品批发市场批发小饰品、儿童玩具等，到沿海各地、旅游区、经济较发达地区售卖，收入可观。其次是擦皮鞋行当，擦皮鞋的主要是男人，当然也有部分女人，这些人经商的地域多在云南昆明、曲靖一带。此外还有少许人做民族服装、民族饰品等生意。从农民转向半农，从耕地走向经商、从山区走向城市，这些人外出生计的地域逐渐从流动到固定，从难以言表的乞讨向自食其力的经商生计方式的跨越，涌出了大批的商业精英，为将来发展攒下了一定的资本。

（三）脚踏四方，外出务工

到了20世纪80年代至90年代左右，国家通过改革开放，进行经济建设，人民生活不断提高，这也影响着凯棠人民的生计方式。在国家大建设、大开发的背景下，凯棠人民抓住这一发展契机，从简单的经商方式转向进场、进工地等方面。而此时，生计的主力军从之前的老人、妇女、男人趋向年轻化。

建设热潮下壮劳力到工地当建筑工，慢慢地行业渗透到家装、建材交易等行业。这些工地建筑工人是当下经济的主要支柱，其生计方式多为半工半农，农忙时回家，农闲又出来务工。且为了照顾家中的老人与子女，妇女与男人交替外出务工。年轻的男女进厂务工，多在电子厂、机械厂、家私厂等进行体力劳动。而在这些厂中习得的制作劳动经验、管理经验、销售经验，使得一批人在获得资本的原始积累后，开始单干，自己创业建厂找销路，刚开始规模小，之后规模不断扩大，将亲戚朋友带进自己的厂中，解决了部分就业问题。而这些人主要遍布在沿海地区。

（四）山地养殖

在外务工虽解了一时的生活燃眉之急，也能养家糊口，但身无一技之长使得不少人出现了回乡难以发展，与传统的生计方式出现断层现象，难以融入当地生活。在可持续发展，发挥本土优势致富意识的催生下，不少在外务工的人返乡创业，不断带起了后面创业的人们。凯棠乡的养蜂业投资小见效快。

养蜂不仅环保无污染，而且从生态环境的角度来看，其不用浪费良田，也不与牲畜争饲料，充分发挥植被优势，让创业者尝上了"甜蜜"生活。此外还有养牛，通过几年的外出打工资本积累以及在外学习到的养殖技术，加上来自政府的创业帮扶，大坪村一村民回乡承包田土，搭建牛棚养牛。在 2018 年初便很快获得了第一桶金，如今规模不断扩大，雇佣村民帮忙料理，传授养牛技术。此外，本地黑毛猪的养殖也远近闻名。

（五）刺绣脱贫

苗族地区的苗绣受到多种因素的影响，本地的苗绣特色化发展受限。不论是苗绣制作还是销售渠道都还停留在自给自足，或是个体小规模售卖的发展阶段，造成苗族青壮年多外出务工忽视苗绣特色化发展。而通过近几年国家对民族文化遗产的保护，外界的人们对苗族刺绣的广泛关注，苗绣逐渐走到世界的舞台。梅香村支书顾兰花带领梅香村发展苗绣产业，组织村中中年、老年妇女制作苗族绣品，为年轻的苗族妇女免费培训刺绣技术，通过海外上学的女儿寻找销路，绣品远销西方，梅香村率先实现脱贫。

（六）水果种植

随着打工潮的兴起，不断有壮劳力外出务工，且因为本身水利基础不完善，人们纷纷荒地外出。刚开始开展小型的葡萄种植，葡萄架下种植西瓜，收益低下。凯棠乡的葡萄种植基地在政府领导的关怀下，建成提水灌溉工程，解决了灌溉问题。灌溉水利建成，葡萄每亩年生产增加了一倍多。而今，以"公司＋合作社＋农户"的新模式，通过种植大户带头示范，建成了掌甘农业园区。凯棠乡掌甘西瓜，掌甘葡萄逐渐打造成品牌，销往黔东南州各地，也解决了当地很多村民的就业问题。

三、凯棠苗族生计方式的变迁后的影响及存在的问题

（一）变迁后的影响

美国历史学家派博厄斯强调每个民族的历史和文化的特殊性，而这种特殊性一方面取决于内部的发展，而另一方面也取决于外部的影响。科技是第一生产力，科学技术的发展水平很大程度上推动着社会的变迁。生计变迁是社会变迁的一个部分，影响着生产方式、生活方式、思想观念。

1. 生产方式现代化

在市场化与现代化的不断冲击之下，传统的生计规模不断缩小，从事传统农耕劳作的人越来越少，年轻人不愿进行事倍功半仅供养家糊口的小农经济生产方式，能进行完整系统的弄耕劳作的人很少。即使是有务农基础的在外务工中年人回来也脱离了这一生计环境，不再以农耕为主要生计方式。传统的生计工具价值不断的转换和消亡，逐渐被新的生产工具所替代。传统的犁耙、耕牛、稻方、碾槽被多功能松土犁田机、柴油打米机等替代。传统的引水灌溉的水车被抽水机等替代。不断的新型生产元素的融入，增加了苗族人民的生产方式选择性，使得生产方式更趋于现代化。

2. 生活方式多元化

传统的采集狩猎、稻作农耕的生计方式渐渐淡出了人们的

视线。单一的生计方式在国家政策、与外界交流、互联网经济等的驱动下，逐渐步入多元化。在成功的创业精英的带头下，人们不断从体力劳动转向智力劳动，自主创业，学习新技术，告别以往辛苦的体力劳动。从建筑风格上来看，上一辈的人们因为长期在建筑工地劳动，受到现代城市建筑文化的熏陶，回乡建起了新型的民居。从以前传统的纯木楼，与家畜未进行有效分离的民居转向现代的，砖木混合型建筑，实现了有效人畜分离，卫生环境得到改善。出现了从纯木材质到砖木混合结构，甚至到如今的钢筋混凝土结构，形成了乡村别墅型建筑。当下凯棠人民的生活从以前的只为生存到温饱再到追求有品质的生活转变。

3.思想观念理性化

随着不断与外界的交往交融，凯棠人民打破了以前传统的以地缘、血缘、宗族为主交往方式的局限性，人们的视野越来越开阔，思想观念在教育、风险、投资等方面走向理性化。其中最令人欣喜的是凯棠乡的教育发展。即使是在食不果腹、生存困难的情况下，凯棠的家长从未放弃孩子的教育，反而，因为亲自体验或跟随父母外出寻求生存的艰辛凯棠的孩子们更加刻苦学习，父母将毕生的额积蓄都拿来供孩子上学。据不完全统计，自改革开放以来，凯棠共走出了 10 个博士生，33 个硕士研究生、1366 个本科生、大专生 1150 人，毕业后在行政事业单位工作的也有上千人，知识改变命运在这里得到了诠释，凯棠也因此被誉为"文化之乡"。在投资理财方面，人们以一种理性的思维去衡量利弊，将客观条件进行比较，也在这样的思维活动下，降低可避免的风险，提高了生活的质量。

（二）存在的问题

1. 政府介入有限，社会力量融入不够

政府力量作为一种助推外力的存在，仅能进行短时间的帮扶改善。无论是果园还是蜂场，都需要实践主体借力助推。但因为资金积累有限，难以实现长期的资金周转。凯棠是一个在经济、文化、科技等方面的发展都相对滞后的民族乡镇，其现代化进程也相对滞后。因为长期依靠血缘、宗族等固定、狭窄的关系支持外，没有来自社会的支持。凯棠乡创业的支持机制主要是政府帮扶，机制单一。而一旦国家的支持外力逐渐减弱，长期的发展停滞，就会导致人们停止当下的生计方式，寻求新的生计方式，而之前长期的努力也会付诸东流，陷入创业失败，继续外出务工的非持续性发展的恶性循环中。

2. 实践主体无一技之长，金融资本薄弱

对于自主创业以外在外务工的人员而言，自身无一技之长，即使回乡也难以生存下去。对于务工人员而言，在城市当中，无论多久都是异乡人，融入社会困难，而生计能力有限，仅能从事艰辛的体力劳动。他们在异乡在一定程度上受到当地人的排斥，居住条件差，交往圈子受限，依旧在很大程度上停留在原有的宗族、血缘基础之上。在时常换工作地点的情况下，小孩的教育也得不到保障。即使是在落叶归根的思想或找寻出路回乡创业的思想影响下，实践主体回乡的生活也难以得到保障。

回乡仅仅只能靠种地维持生计，没有一定的金融资本做支持，创业困难。并且因为人们在外从事的多为经商、建筑工等工作，自身无一技之长，不敢轻易创业，承担着创业失败返贫的风险。

3. 科技资源缺乏，现代信息闭塞

没有新兴科技的支撑，凯棠乡本地特色产品只能在狭小的、流通速度慢的传统苗族集市中流动销售，无法拓宽市场带动实践主体创业致富，帮助更多的人创业，提高其创业的积极性，又陷入"靠山吃山，靠水吃水，山水恶劣，就看天吃饭，止步不前"的恶性循环中，在很大程度上限制本地特色产品的发展。从供给的角度来看，当地的特色产品需要一种好的渠道将产品销售到沿海地区，使东部地区客户更好地了解地方特色产品，引进更优质的产品，将东部的经济资源引入西部民族聚居区。

4. 民族文化挖掘欠缺，保护与传承意识不够

凯棠拥有深厚的民族文化底蕴。在现代性介入下，给实践主体的生活方式和文化传承也带来了利弊不一的冲击，表现出文化自我认同感低的状况，没有对民族文化进行有效的挖掘。"创意与创新对特色产业的发展有着无限的推动作用。"文化的创新对特色产业的发展有着举足轻重的作用，推动特色产业的发展。民族文化的流失更多与经济发展有关，传承的民族技艺得不到实质性的发挥，无法满足人们日益增长的物质文化需求，实践主体则看不到民族技艺的潜在价值，便不再重视民族文化传承，而是到沿海地区打工挣钱，造成劳动力流失。在外务工的实践主体又不能将在外所学技能带回家乡发展，带领家

乡脱贫致富，苗族文化产业的发展则难以得到实现。

四、凯棠苗族生计方式的发展对策

（一）政府转换角色，从包办转向指导

政府需要从一个全盘操控型的角色转换过来，作为一个调控者，平台提供者的角度存在，将市场机制与社会资源进行有机地结合，挖掘一些民间资源与实际主体参与开发的潜力，最大化的进行村民创业帮扶工作，提高参与创业者的热情，调动创业主体参与创业的主观能动性，从根本上进行创业，提高政府调节机制的活性。不忽视苗族地区的自我造血能力，给农户一个平台，让创业工作推动创业者造血能力的发展，让民间资本与创业户对接，推动地方特色产业经济的发展与销售模式的创新。

（二）身有一技之长，不愁家中无粮

在对在外务工人员和创业者以及返乡待业的人员进行访谈的过程中了解到，人们普遍认为，没有一技之长以及热门的技术支撑，都难以使自身得到长久有效的发展。对于这样一个本身就发展滞后的苗族乡镇而言，新技能的习得，先进技术的支撑才能如同一剂良药，保证民族地区得到可持续性的发展。因此，这就需要通过政府的主导，对乡镇的实践主体进行合理的规划，既遵循实践主体的意愿，又对其进行有效的就业规划。在了解本地区苗绣特色的条件下，组织刺绣技术人员对当地的苗族妇女进行定时有效的苗绣培训，使文化得到传承，拥有自身技艺。其次，采取高校帮扶农户的模式，在农闲时期给农民

上专业技能培训课，如：对于规模较大的养殖户给予技术支持，修建养殖场必要的基础设施等。让农民拥有一技之长，出门是技术人员，下地农耕是好手。通过合理有效的技能培训，让实践主体拥有一技之长，消除其后顾之忧，才能实现生计方式的有效发展。

（三）拥抱互联网经济，拓宽销售渠道

"互联网+"提高了本地特色产业的发展以及市场化的水平。"互联网+"搭建起了少数民族聚居区与经济发达地区东部信息沟通的桥梁，从供求两个方面为实践主体拓宽销售渠道创造了无限的可能。在客户的需求下，大批量的苗族特色产品可以迅速地运送到东部沿海地区。对于东部沿海地区而言，"互联网+"解决了其难以得到优质特色的产品货源的问题。二者各取所需，相互促进，东部地区为西部注入资金源，让"好钢用在刀刃上"，拓宽销售渠道，也让更多的商家关注西部特色的民族刺绣，不断地将商家引进来。使得凯棠乡人民的生计方式得到更好的发展。

（四）发展民族产业，向多元生计方式发展

苗族特色产业化发展的背后还带动着体验式旅游的产业链经济发展。作为苗族优质产品的产出地，在经济发展的同时，苗族文化产品的制作到产出也形成了一道靓丽的风景线，吸引着商家、同行、少数民族文化爱好者。目前的旅游模式多为观光旅游，拍拍照，吃吃饭等单一的观光模式早已不能满足消费者的需求，旅游产业结构需要合理的进行调整。基于苗族体验式的产品制作旅游更受大众的喜爱，人们参与其中，乐在其中。在潜移默化中寓苗族文化保护与传承教育于参与的乐趣里，成为当代旅游提升的一个新探索。

五、结语

民族地区的生计方式是在历史的进程中不断发展演变的，它需要我们适应时代的变化和历史的要求，与时俱进，符合时代需求。费孝通先生曾说："文化的发展和变化，一方面是受其所处的环境的制约，要不断地和周围的环境相互调适而生存，另一方面还要受到外来文化的影响、促进及交流。"实践主体要立足于本民族的文化之上，拥有文化自信，利用好内生力，才能在时代更迭的沃土中深扎根，最终实现生计方式的可持续性、长久性的发展。

参考文献

[1]杨军昌.侗族传统生计的当代变迁与目标走向[J].中央民族大学学报（哲学社会科学版），2013(5).

[2]李俊杰，申雯清.清水江流域民族村寨生计变迁及可持续路径探析——以侗寨洞脚为例[J].中央民族大学学报（哲学社会科学版），2019(2).

[3]李志恒."互联网＋特色产业"模式在少数民族地区精准扶贫中的可行性探讨[J].经营管理者，2017(4).

[4]方李莉.费孝通晚年思想录——文化的传统与创造[M].长沙：岳麓书社，2005.

[5] 王伯承. 贵州省民族村寨保护与发展的现状问题及对策 [J]. 贵州民族研究，2011（5）.

浅析侗族寨老制度的发展与变迁
——以从江增冲侗寨为例

周承鑫

（贵州民族大学民族学与社会学学院）

摘要　寨老制度是侗族优秀的民族传统文化，是随着侗族社会历史发展形成的一种村民自我管理制度，在生产生活中起着重要作用。随着社会历史的发展，寨老制度的社会功能、运行模式、组织结构等都随着社会的发展而产生了一系列的发展与变化，不断发展、创新和趋于完善。

关键词　侗族；寨老制度；发展；增冲侗寨

侗族是我国的少数民族之一，历史悠久，文化底蕴深厚，寨老制度即是其优秀民族文化传统之一。寨老制度是侗族社会特有的产物，在侗族传统社会制度当中具有非常重要的地位，作为一种自治制度，传统寨老制度维护了侗族地区的社会和谐与稳定。

一、侗族传统寨老制度

"寨老"是汉称，在侗语中称为"宁老地方"，意思是寨子里管事和有威望的老人家，它是寨民共同选举或者自然产生。寨老是寨老制度运行的关键和执行者，过去，每一个侗寨均有一个或多个年满 60 岁、德高望重、公平公正、具有办事能力和懂得侗族寨规风俗的男性中老年人为领袖组成的社会管理组织，维持和管理村寨和谐运行，此即为寨老制度。侗族寨老制度经历了上千年的发展历程，以新中国成立为界，大致可以分为传统寨老制度与当代寨老制度两个发展阶段，我们今天所指的侗族寨老制度实际上往往指的是以款文化为代表的侗族传统寨老制度，其产生背景、运行模式以及社区功能均有别于改革开放以来的寨老制度。

（一）侗族传统寨老制度的产生背景

由于侗家人大都居住在比较偏远的边缘山区，侗族村寨山高林密，与世隔绝，侗族人善于种植水稻，圈养牲畜，能够自给自足。所以国家的法律条文很难深入到侗族村寨，侗族人民就发挥自己的聪明才智创造出一套自我管理的社会组织来管理村寨。增冲地处贵州、湖南、广西三省交界的九洞地区，距离从江县城大约 50 千米，"增冲"是汉语地名，侗语叫"通便棉"，由于这里土壤肥沃，农作物增产增收，人民生活相对富裕，后人便将该地取名为"增通"，后来又改为"增冲"。增冲是一个鱼米之乡，每家基本上都有多亩良田，主要农作物是稻谷，他们也会圈养猪和马，养鱼、鸡、鸭、鹅等，生活基本上能够自给自足。

（二）侗族传统寨老制度的运行方式

和侗族源远流长的发展历程一样，侗族寨老的前身组织——款组织也经历了上千年的发展历程。侗族社会在历史的发展长河中，一直处于"没有国王的王国"的款组织社会状态。侗族在历史上没有形成政权组织和统治阶层，但其仍具有良好的社会秩序和组织能力，这与当地少数民族实行的自治制度有关。

在侗族历史上，没有建立过任何国家政权。据史料记载，侗族地区至少在唐宋时期就被封建中央王朝纳入统治范围，但由于封建统治阶级的权力无法深入到西南边缘地区，也就没有正式形成对侗族的社会管理。唐宋时期实行的羁縻制度和元清时期实行的土司制度，仅仅是实行间接或名义上对侗族的统治，侗族地区的管理核心仍然是本民族的款。在清代苗疆六厅开辟之前，侗族地区一直处于自我管理状态，在这样的社会环境之下，款组织得以蓬勃发展。

对于村寨自身来说，侗族人往往聚族而居，房屋鳞次栉比，所以对于公共秩序的维护和防火防灾的要求比较多，这也导致邻里之间细小的矛盾纠纷时有发生，这些纠纷是难以迅速处理周全的，这时候就需要一个在寨中有威望、说得上话的长辈来解决这些矛盾纠纷，久而久之便形成了一种自我管理制度。

对于村寨之外的交往活动或封建专制主义的压迫剥削，村寨往往需要一位领头人来应对。在村民看来，寨老就是一个村寨的代表，对内对外的问题都需要寨老的出面才能解决，于是在没有明确的国家规章制度管理的历史时期，侗族地区的侗寨村民们自发地形成了一套村寨自我管理模式。

寨老组织是家族自治和村寨自治相结合的村寨自我管理组织，寨老也是寨内具有传统权威而受群众拥护的自然领袖。寨老基于血缘与地缘产生，几个家庭组合成家族，家族之间又组成了村寨，村寨产生寨老，小寨寨老中又产生联合寨老，即款首，最终形成超越血缘的地域管理模式。

款是侗族传统社会组织，侗款制度是侗族社会中存在时间最长、最重要的社会制度，至今还在侗族地区发挥着功能和作用。"款"是侗族语言中固有的词，一般读 Kuan，它在汉族语言中没有一个完全对等的词，"款"最初有"一片""一带""一起""连片的""联盟的"等含义，后来发展成了"讲话""讲演"的含义。侗款又有小款、中款、大款或者联合大款之分，款组织的层次呈现出一种金字塔型的下大上小的结构。

款组织在宋朝就已有明确记载，并且广泛存在于侗族社会中，到明代的时候逐渐发展完善。款组织的权力增大，管辖疆界逐渐明确，款约条例越发完善和严密，并且逐渐被统治者利用来维护地区的治安。到了清代这种情况更加明显，款组织进一步被统治阶级所认识和利用。近代时期，款组织仍然是维护侗族社会稳定，维持村民自治、反抗封建剥削的组织形式。民国时期，侗族广大农村地区普遍建立了区、乡政权，实行保甲制度，寨老的权力一定程度上受到了制约，但在解决村民矛盾纠纷和开展地方公益性事业时，侗族还是离不开寨老的管理。这个时期，保长和寨老的职责是相互分开的，保长直接由上级政权来委任，负责执行乡长指派的命令，维护社会治安。而寨老主要是负责当地民俗习惯，解决村民之间的矛盾纠纷，举办公益事业以及组织群众的娱乐活动等。

家族内的人大多共同聚居在村寨的一个角落之内。村寨的领头人有的是一个小款，属于款组织的一个部分或者细胞。小款下又包括各家族组织，村寨从属于款组织，村寨下面又是寨内具体的家族，家族又包括了家户，家户中是具体的人。相同的血缘群体联合成一个区域性的小款组织，再由更多区域性的小款组织组成更大的款组织，正是这种息息相关的组织关系，才使得款组织在起款时能够一呼百应。

随着社会的发展，国家力量地深入和干预，款组织的地位和权力受到了冲击和影响。在这一时期，寨老组织处于最动荡的发展阶段。款的概念逐渐弱化，款首的力量分散，更多的是基于一村一寨的管理，由于国家政权的介入，款组织虽然依然有所保留和体现，但从总体的生产生活中来看，款组织的功能和影响不复从前，侗族人民也逐渐习惯将寨中有威望、办实事的领头人称为寨老。

侗族寨老的产生是一个无意识的过程，在长期的社会生活与实践中形成，随着寨老个人的威望以及岁月的增长自然而然地产生，又为村民大众所公认。以前，寨老的人数比较少，通常是一个或者两个。过去寨老通常由那些在村寨中懂得本寨侗乡条例和历史发展、品格高尚、乐于助人、有一定办事能力、辈分较高而年龄较大的男性老人担当。当村寨中发生矛盾纠纷时，就会请人出面来解决这些问题与矛盾，如果他处理这些矛盾纠纷的方式方法非常合情合理，基本上都能兼顾到大家的利益，那么他就能得到寨民们的肯定，于是人们就不由自主地把他推举为寨老，希望他能够为村寨的发展做出自己的贡献，于是寨老就这样自然而然地产生了。

寨老在村寨中的地位很高，寨老在村寨中有比较大的话语权是有原因的。首先，寨老通常是辈分较高的人，属于长辈。其次，寨老善于生活劳动，最重要的是寨老必须具备良好的品格，能够做到公正无私。当然，寨老也没有拥有其他特权或强权，其不能独断专行，在地位上与一般平民是平等的。寨老的权威在生产生活的过程中树立之后，人们就会发自内心地认同他。最后，寨老身为寨子中的一员，代表的是村民的利益，所以村民们对寨老是比较信服的，甚至还会产生一些依赖心理。

寨老管理村寨必然离不开血缘家族的支持。侗族大多是以一个或多个家族姓氏聚族而居的民族，寨是侗族社会的组成单位，一个侗寨内大多是以一个大姓为主的多姓杂居状况，而一寨之中的同姓人，又自认为来自同一个祖先，具有相同的血缘关系。但更加让人有认同感的是叫作"兜"的家族组织，兜是汉称，有两种意思，一是具有血缘关系的一伙人，二是聚居在一起的一群人。兜是侗族社会组织的基本单位,其下"基""公""然"是更为详细的家庭分支。

寨老管理村寨也是其个人能力与人格魅力的体现。从寨老的产生方式上看,寨老必定是具有一定办事能力、社会地位较高、品德高尚的人。在处理村寨事务的过程中,寨老的威望也与日俱增,为村民大众所公认,久而久之,人们对寨老就会产生一种认同心理。

寨老管理村寨依靠的是款约。在侗族看来款约就是法律,寨内制定的款约已然具有法律般的强制效应,根据犯罪情节的轻重,侗族设有不同的处罚方式。在血缘联系和地缘联系的基础上,款约能够顺利执行,故而寨民们都十分服从寨老的管理。过去的寨老管理村寨中的一切大小事务,大到能够掌握生杀大权,带领寨民抗敌,指挥作战,参加合款联防,小到处理寨内的民事纠纷,如婚姻、偷盗、房产、地界、山界等。寨老具有非常崇高的权威性,寨老有对内对外两种社区职能。

对外的职能是:

第一,在地区间商议起款时,寨老代表寨子参加起款会议。在款组织中,又分为小款、中款、大款等,在起款或参加联款会议时,寨老作为本寨代表参加小款会议,如果寨老被选为小款款首,大款会议召开时,其也要代表小款参加会议。第二,受到外来侵略时,寨老组织寨民反抗侵略。在动荡的年代,这种军事性的行动比较多,寨老负责指挥作战,保护村民的生命和财产安全。据增冲石寨老所说,在民国时期,局势动荡,有很多外人到寨子里偷抢，寨老就带领寨民合力将这些坏人赶跑。第三，组织寨子之间的交往活动。例如在增冲侗寨，就有"吃相思"、斗牛等习俗，通过村寨联谊的方式，增强两个寨子之间的友好往来，由于过去治安差，有时会受到外来人的侵略，要联合周边的寨子一起抵抗侵略，所以这种交往是非常有必要的。

对内职能是：

第一，召开村民大会，寨老是村规民约的制定者和执行者。许多重大决策需要由寨老主持，村规民约也由寨老事先拟定，在鼓楼召开大会通过以后，便成为有效的法规。第二，寨老掌握文化祭祀的核心，组织举行祭祀、娱乐活动等。过去对火的使用非常频繁的，木结构的侗寨容易发生火灾，寨老就会组织全寨人祭祀祖先，以求平安。第三，寨老维护公共秩序，调解寨内的各种矛盾纠纷。比如寨子里的婚丧嫁娶、偷盗、山界、地界纠纷等，都归寨老管。例如在 20 世纪 80 年代时期，增冲村就发生过一些盗窃事件：增冲村被外来盗牛者半夜入村，盗走了一头牛，幸好第二天早上村民及时发现，并发动村民及周边的兄弟村寨，一同进行追踪、围堵，最终在黎平县境内抓住了盗牛者。当时，村子的村规民约对于盗牛者的处罚是退还失主牛和罚 1200 元人民币，并且还要在寨老的组织下在鼓楼里接受村民们的批评。第四，寨老还需组织寨民进行公共基础设施的建设。例如康熙年间增冲修建鼓楼，寨老带头捐献银子，带领全寨人修建鼓楼，只要是村寨中人，都要参与进来，有钱的捐钱，没钱的就义务劳动。第五，寨老还掌握寨民的生杀大权。例如据增冲石寨老所说，在康熙年间，对于犯错误屡教不改，屡教屡犯的作奸犯科之人，寨老就会根据村规民约下令将他杀掉。当然杀人不是由寨老亲自动手，寨老只是下令给这个人从属的家族族长来执行，而家族族长一般都会听从寨老的安排，很少有违抗寨老命令的。例如石寨老从他爷爷那里听到的一个事例，当时寨子里有一个人经常偷别人家的东西，偷了这家偷那家，屡教不改，这个家族不用寨老来指示，自觉地把这个人杀了。那时候人们对于寨老既敬畏又信服，寨老拥有崇高的社会地位。

二、当代侗族寨老制度

侗族寨老制度在"文革"时期曾一度销声匿迹，寨老一词也几乎无人提及，直到 20 世纪 80 年代，随着国家对少数民族文化价值的肯定以及寨老管寨传统的确认，寨老制度逐步重新登上村民自我管理的舞台，并在改革开放以来得到长足发展。

（一）当代侗族寨老制度的产生背景

随着社会经济文化的发展，科学技术和先进的现代化设备给侗族人民的生活带来质的改变，人们的思想观念、生产生活方式都发生了巨大变化，交通条件的便利，使得侗族村寨四通八达，侗族社区逐渐与外交往，国家政权得以深入侗族地区。

在新中国成立后，广大侗族农村地区实行了土地改革，国家逐渐重视文化教育，各民族的经济文化得以发展，农村面貌发生了根本性的变化。由于国家实行民族地区自治政策的需要，还是寨老管理村寨，这样既维护了村寨和谐又能使政府顺利开展工作，寨老组织也逐渐受到政府的重视。如今的增冲，寨老协助村委共同管理村寨事务，一般的民风民俗活动，村寨公益事业活动以及村寨的邻里矛盾纠纷，可以直接由寨老来组织和调解。

虽然寨老制度作为一种制度已经退出历史舞台，但是在一些侗族地区，由村寨中有威望的老人家来管理村寨中各项公共事务的风气依然存在，遇到重大活动时，寨老都会将事情安排得井井有条，在侗族村寨中，几乎每个寨子都有这样一个管事的寨老。

（二）当代侗族寨老制度的运作方式

20 世纪 80 年代初，随着"村民自治"乡村治理模式在中国农村的推行，侗族地区逐渐恢复了过去的民风。一方面，唱侗歌、"吃相思"、走寨等活动，需要懂民族风俗文化的人来组织；另一方面，为响应国家政策，在实行土地联产承包责任制的时候需要"分田到户"，在"分田到户"的过程中就会因为水、地界的划分而产生矛盾纠纷，这时候就需要一些有威望的老人家出来主持公道。

20 世纪 80 年代，政府将寨老组织改为老人组，老人组由两个寨老组成。老人组由上一任寨老指定，下一任的继任标准是谈吐大方、德高望重、群众信服、公正无私、为村民服务、男性老人，如果村委会不同意，觉得寨老的选择有偏私的话就直接由村委会提名做寨老的人选，大家共同商议决定下一任人选。笔者根据增冲侗寨的调查得知，该寨的老人协会成员多达100人，从这100个老人家中选出最为符合条件的人选——老人协会的头人也就是寨老。在村委组织下，全寨老人带着户口簿到鼓楼集合开会，拥有投票表决权的是村寨中全部年满60岁的老人家。他们在鼓楼中采用不记名投票的方式选出寨老，现也称老年协会，按照票数的高低选出3—5个寨老，剩下的则是老年协会的成员，成员多达100人。而当代寨老能够管理村寨有以下几个方面的原因。

一是依靠国家赋予的权力管理村寨。由于管理的需要，在国家权利的支持下，政府开始重视寨老的作用，一方面，他们能够监督村干部的工作；另一方面，他们能够更好地落实政府下达的政策，寨老也成为政府和村民关系建设的纽带。

二是村委工作需要。由于村寨事务繁杂，村委会还要用寨老来为他们开展在村寨进行不下去的工作。例如2017年5月，没有经过别人的同意，增冲的石某河、石某义两兄弟从小河边接水到自家水塘里养鱼而影响了别人家的田地，所以两家吵起架来，村长去劝劝不了，所以派了寨老去管，寨老最后调解好了。

三是人民群众的认同；一方面，寨老制度一直存在于侗家人的心中，可以说其在村民的心中已经形成了一种文化认同，并且在村委开展工作的过程中，村民们需要这样一个"代言人"为自己发言，而寨老本身属于村寨中的一员，一切会以村寨利益为前提；另一方面，寨老明了村寨的山界、地界分布，懂得侗乡条例，熟悉民族风俗，民族文化的传承和发展，由寨老负责最好不过。

由于社会经济文化的发展，许多寨老职能已经消失。现在寨老更多地转向民风民俗的管理。寨老主要负责维护和组织当地风俗习惯等活动，解决村民纠纷，兴办公益事业及组织群众等活动，具体如下：

一是组织村寨间的交往、文娱活动。例如增冲侗寨有"吃相思"的习俗，这一般要通过双方寨老事先进行协商来组织。如果要举行"吃相思"活动，本寨寨老先派一人送帖子给对方寨老，对方若同意，就收下帖子并贴在鼓楼上进行公示，双方约定好日子，告示全寨准备接待。例如在增冲投朝家族，一位石姓37岁的妇女认为"有寨老挺好的，比如在2016年10月28日，从江县举办大歌节，村里有歌队参加，寨老就会帮我们申请经费，帮我们做饭，寨老要组织我们唱歌，交代我们不要随便出去玩，还有歌队要出发的时候，寨老还组织人到桥头杀鸡敬贡，求祖宗保佑，平时有事找村委解决，村委是第一位的，但是也要寨老的参与，像纠纷、民俗活动这些事情就必须找寨老解决"。

二是维护和建设公共设施。寨老负责组织修建修缮鼓楼、风雨桥等公共设施。风雨桥是侗族的标志性建筑之一，寨头寨尾都需要风雨桥，这两座风雨桥对于村寨来说是不可或缺的，侗族人认为缺失这两座桥村寨就会不吉利，所以侗族人非常重视风雨桥的建造，而寨老在这类问题上有相当大的决定权。寨老组织全村人筹钱，找好风水先生，看好修桥的地方，就立刻动工，可能没有寨老的组织这个项目就不会那么迅速地完成。现在虽然是由村委会上报政府，政府批钱下来修建风雨桥，但是这个过程也少不了寨老的组织，在修建或者修缮受损的鼓楼时，寨老带头组织村民捐钱捐物、出工出力。

三是组织举行文化祭祀等仪式。寨老负责组织举行祭祀活动，例如在增冲侗寨每个月一小祭，一年一大祭的祭萨活动就由寨老组织安排。

四是调解因山界、地界等引起的邻里矛盾等。对于山林分界、水库分界、房屋地基等方面的纠纷，由寨老来管理。例如有人偷牛被抓进派出所以后，寨老依然还要另外罚他1000元。由此可见寨老的影响力依然很大。

三、当代寨老制度对传统寨老制度的发展

结合前文的分析，我们可以看出，侗族寨老制度在新的时代背景下已经呈现出时代特征，与传统寨老制度相比，其性质、在现代背景下表现出来的矛盾与融合以及对寨老人选素质的要求、寨老制度的组织结构、规约等都发生了极其巨大的变迁，当代寨老制度更加符合时代要求，更加契合村寨实际，并与国家相关制度日益交融。现从如下三个方面分述：

（一）复苏与重构：当代寨老制度的两种本质

寨老制度的复苏指的是对传统寨老制度的延续，当前学术界有些学者认为，当代侗族寨老制度是对传统寨老制度的延续，当代寨老制度是在传统寨老制度基础上发展的。随着社会经济的发展，村寨民俗活动的组织离不开寨老，村寨间的交流也离

不开寨老，寨老跟过去一样，由寨子里德高望重的老人家担任，继续负责村寨事务的管理，于是寨老渐渐从幕后走到了台前，积极参与到村寨的管理活动中来。

寨老制度的重构指的是传统断裂后重新建构出来的新事物。文化大革命时期，寨老的权力受到很大的打击，在这种情况下，原来的寨老制度及其社会职能，受到了剧烈的冲击和削弱，寨老组织几乎停滞消失。在改革开放以后出现的寨老仅仅继承了这一称呼，寨老的组织结构、村寨管理职能和规约已经发生了巨大变化。

笔者结合增冲侗寨的调查认为，当代寨老制度是在文化大革命时期停滞消失后的重新建构，而非复苏。新中国成立以来，国家政权的干预，许多民间组织都受到了不同程度上的影响，在文化大革命时期，虽然有些侗寨寨老制度依然艰难延续下来，但在今天看来，这种寨老制度并不是真正对寨老传统制度的延续。

寨老组织结构的改变。当代寨老制度不是自然而然地延续，而是在国家政权领导下的一种村寨自治制度。改革开放后，国家开始重视对民族村寨文化的保护，寨老也就应运而生。例如增冲以前当过农协会主席的石某与评协主席的丁某这个时候因为在这个过程中公正处理问题，加上以前当过干部，慢慢积累了很高的威望，所以村民就称他们为"老人家"。有什么矛盾纠纷就会请"老人家"去调解，而且"老人家"对于村子里面的风俗习惯了解得比较详细，很多事情离不开"老人家"的管理，"老人家"在村寨中慢慢建立起威望，笔者认为"老人家"就是人民公社后寨老制度的重构。

寨老职能的改变。随着时代的变迁，寨老不再带领寨民进行军事作战，其军事职能消失。在处理山界、地界纠纷的问题上，林业局、土地资源管理局开始起作用。在祭祀活动中，主要由村寨鬼师进行组织，寨老仅仅起引导作用，寨老能够管理的范围少之又少。寨老的人员组成上，由从前的一两个变成五人规模的寨老组织，寨老权力分散，地位被削弱。

规约的改变。在过去，针对各种不同的犯错情况寨老制定了不同的处罚方式，非常详尽，但如今只制定了三种处罚方式。最高等级的处罚，如吸毒、拐骗等需要上缴三个"120"，即120斤猪肉、大米、米酒。一般处罚，如引发森林火灾、在他人田地炸鱼等上缴三个"33"，即33斤猪肉、大米、米酒。情节较轻的处罚如乱砍滥伐、酗酒闹事等需上缴三个"12"，即12斤猪肉、大米、米酒。新制定的村规民约与过去的款约相比，约束力大不如前，在执行力度上也差强人意。当代侗族寨老制度与传统寨老制度存在着许多不同，融入了许多现代化元素，所以在笔者看来，当代寨老制度是在传统寨老制度发展基础上的重构。

（二）传统与现代：寨老制度与村民自治的矛盾与冲突

村民自治制度是国家实行的一种基层群众自治制度，指城乡居民以相关法律规定为依据，在民族聚居的地方实行自我管理、自我服务、自我教育、自我监督的制度，1987年全国人大通过试行。村民自治制度的主要内容是：民主选举、民主决策、民主管理、民主监督。

新中国成立后，由于国家力量的干预，一种新的管理机制出现在侗族地区，这本身就是对村寨原先运行模式的一种挑战。那么这种新的社会组织——村委会的出现实质上对寨老制度形成了一种对抗，他们之间的关系必然会出现一个演变的过程。

实际上，寨老们与村委的矛盾本质上就是观念上的冲突。村民自治制度与寨老制度在村寨的管理中都起着重要的作用，他们之间有合作，也有无法避免的矛盾冲突。村民自治制度作为一种新的管理模式，与传统寨老管理制度有一定的区别，寨老制度在一定程度上已经根深蒂固，所以村委会在执行国家政策的某些过程中会得到寨老的支持也会受到寨老的阻碍。

而村民自治与寨老制度产生矛盾的原因在于他们都想主导村寨事务，没有形成合理的分工，但两者也是在冲突中走向合作。

一是寨老得到了政府的支持，被国家赋予了权力。寨老除了协助村委的工作以外，也会监督村委会的工作，这使得寨老的地位得以巩固。现在大多数侗寨里，几乎都有寨老，寨老作为比较自由的村民自治社会组织，在国家以及法律许可的范围之内拥有一定的自治权力。例如根据老人协会的石姓老人说，在 2006 年，石寨老发现村长雷某和村支书石某没有经过村民的同意，私下将村里的 2 000 多亩林木卖了，石寨老便带了群众去乡政府反映，乡政府解决不了，又上报到县政府，县委后来把村委开除了。

二是由于寨老的传统权威，形成了一种文化认同，得到了人民群众的支持。老人协会代表的是人民大众的利益，因此寨老不能参加村委选举，当了寨老就不能同时兼任村长等职位，这是政治廉洁的需要，群众也不同意寨老同时兼任村委，担心寨老会以权谋私。所以，在村民的眼中，寨老与村民是具有共同利益的一方，当村委与人民群众的意见产生冲突时，就由老人协会与村委会进行协商，如果政府决策损害了村寨的利益，寨老则联合起来反对，直到达到目的。比如在2017年五六月间，政府打算在增冲村寨修建下水道，由于寨中是不轻易动土的，不然视为不吉利，需要请"鬼师"来算好日子和做一些祭祀活动才能动土，于是寨老把村民们的意见向政府有关部门反映，要求政府在"鬼师"选好吉日后，拿出120斤猪肉、120斤酒、120斤米来给"鬼师"做法事方可动土，出于对村民的尊重，政府同意了村民们的请求。

三是由于村寨事务繁杂，村委有时候管理不了那么多事情，寨老平时协助村委工作的实施，村委不便出面解决的事，他们就会向寨老寻求帮助。例如据增冲侗寨的石寨老所说，他自己就处理过这样的事。大概在前几年，因为国家加快对社会主义新农村的建设，大批的资金项目也落实到村寨，在增冲国家也修建水库和修建公路，但是修建公路和修建水库的地方都有村寨里的祖坟。那是村寨一些姓氏老祖宗的坟墓之地和安息之地，不容侵犯，但乡村公路和水库的修建必须要经过那个地方，而且赔偿非常低，一块坟地才几百块的补贴，这是村民们不能接受的。但村委又要响应上级政策，非常头疼，在村寨里的工作无法开展下去。于是村委会就想到寨老，让寨老利用以前的威望与脸面来给村民做思想工作，让这项计划执行下去，当时石老人就是村寨的寨老，这件事就是他处理的。他通过自己作为寨老的名声名望来给这些村民做思想工作。村民碍于寨老的面子，不好意思推托，寨老也会给他们灌输修建水库和公路的益处，要致富，先修路，这是一个发展的必然过程，修建水库也能发展电力和蓄水，对于村寨的发展有很大的作用，通过这些理由才说服了村民拆迁祖坟。

通过对增冲侗寨村支书的访谈也验证了上面的设想。在前几年因为村干部与寨老间缺乏交流与沟通，村委也不把村寨的账目清单公布于众。这导致彼此间关系紧张，最后村委直接被举报，村长自动辞职。这只是一个小的方面，从大的方面来说，这种关系的表现形式为相互间的融合。从此以后，村委在商量村中大小事务的时候，一般都会与寨老讨论，然后聚集大家到村中的鼓楼进行群体商议决定，这种公开处理问题的方式得到了大部分村民的认可，所以村民与村委的关系大大改善。村干部还从村里每组中选举出一个人来担任财务委员会的成员共同对村子财务进行监督，由寨老担任调解委员会的成员并对全村的各种纠纷进行调解，如果遇到寨老解决不了的纠纷就会让村委会做决定。对于村规民约现在的村干部也进行了修改，添加了对村干部的管理，对村干部的活动进行了约束，加上村中老人协会的监督，村中的监督机制变得更加完善，村民与村干部的关系日益得到改善。

（三）传承与创新：寨老人选、组织结构、规约的变迁

1.寨老人选的变迁

选举条件的变化。在过去，寨老是由那些地位较高的人担任的，有世袭的，也有上一届寨老指定的，并没有硬性规定。而如今，对于寨老的人选都有明确的要求。寨老的换届选举同村委换届选举的时间一致，通常来说是三年举行一次换届选举，但实际情况是：品行良好，能够为人民办实事的寨老通常都会继续连任，直到身体垮了干不动了或者自己不想继任为止，若是寨老品行不端，群众则有权将这个寨老换掉，另选品德高尚的老人担当。

选举方法的变化。过去通常是人们默认寨子里地位崇高、比较管事的大家族头人担任。在当今社会，寨老的选举方式较为烦琐。例如增冲侗寨，2017 年 2 月，村委会正式将老年组改为老年人协会，将 60 岁以上的老人全部划归老年人协会，老年协会主任与副主任由老年人协会成员采取不记名投票的方式选出，老年协会下又包括妇女协会和寨老协会，妇女协会平时不参与议事，选举寨老的时候，由寨老协会的人代理投票进行选举按照票数的高低选出寨老。

寨老人数的变化。过去寨老人数较少，仅一到两人。而如今，寨老人数越来越多，寨老权力分散。据笔者调查得知，增冲目前的寨老组织由 5 个成员组成，有主任、副主任、3 个委员。

平时活动期间，由寨老协会做出决定，妇女协会跟着做事。但是并不是限定妇女协会不能参加寨老协会与村委会议事，而是妇女协会的人因为前人没有参加过议事的先例，所以不愿意参加。

2. 组织结构的变迁

寨老作为独立管理机构的丧失。以前寨老在对寨内事务的管理和在寨民之间纠纷的处理上有绝对的权威。与传统侗族社会的寨老相比，当今寨老的管理范围缩小。从其性质上来看，当今寨老是在村委领导之下的民间组织，寨老会是村委的辅助机构，并不像过去的寨老那样作为一个独立的权威机构存在，且没有实权，没有报酬。当前寨老更侧重于民俗生活层面的管理，对公共政策性的事务少有干预，现在寨老与村民委员会有一定的分工。据增冲侗寨的寨老所说，寨老只负责一些小案件，而村委会则负责较大的案件。例如增冲侗寨中三公家族的王先生（33 岁）介绍说：在村里，村委跟寨老是分不开的，同等重要。寨老调解过寨子中一户人家的闹离婚事件。两夫妻因感情问题而吵架，事情严重到了要离婚的地步，寨老便来跟他们两夫妻调解，缓和他们的紧张气氛，也顺利地让他们和解了。现在他们一般有事情的时候都会去找村委会，找寨老来处理事情的现象越来越少，但村民们还是认可寨老的能力的，毕竟寨老比较了解村里的情况，所以寨老依然有一定的存在意义。

3. 规约的变迁

村规民约的内容也发生了很大的改变。现在的村规民约不再是寨老组织制定,而是在村委的参与过程中负责制定和执行,且政府仅允许寨老在不触犯国家法律的规定下合理行使寨老权力,制定和执行村规民约。

当今的侗寨寨规一般先由寨老与村委拟订,然后再到村民大会上公布,村民也有提出建议和反对的权力,不合理之处继续修改,一旦通过,便成为有效的村规民约。从此以后全寨人对制定的村规民约都要绝对服从,违规者将依据村规民约进行处罚。在侗族传统社会中,寨老管理着村寨内的各项大小事务,使村寨秩序井然有序,新中国成立后,寨老制度逐渐退出历史舞台,以老人协会的形式存在着,随着社会经济的发展,一些职能例如军事作战、联合议款等逐渐消失了。

由于国家法律的介入,一些不符合法律法规的村规民约也被废除或者做了修改。例如在 2014 年的时候,增冲一个叫杨勾的村民偷了何立普家的一捆柴,被发现后寨老罚杨勾赔偿何立普 400 元,杨勾对于这个处罚结果不服气,便告到了乡政府,乡政府就派人来跟寨老说:你们的这个处罚方式是没有错的,但是罚得有点重了,不符合国家法律的规定,要改一下,于是寨老就把钱退给了杨勾。

在偷盗案件的管理方面,寨老负责处理偷鸡、偷鸭、偷菜、偷鱼、偷柴等小偷小摸的案件,而偷牛盗马、翻墙入室等较大的案件则由村民委员会来处理,或报乡镇派出所办理。

在婚姻家庭纠纷的调解方面,寨老能够调解的范围越来越小。在过去,青年男女的恋爱结婚,以及夫妻家庭之间的矛盾纠纷甚至离婚等纠纷都由寨老来处理。现在，由于国家颁布的婚姻法律已经走进村寨并且为人们所认可接受，青年人结婚、离婚都要依国家法律来办理，因此近年婚姻方面的事情寨老基本不管了。在社会公共秩序的管理方面，寨老管理的范围越来越小。一般村寨里的吵闹、争执等由寨老来解决，但真正涉及打架斗殴导致伤残等类似案件则由村委会或派出所管，按照国家法律的规定来执行。

四、结语

综上所述，我们得知，寨老在很多方面已经没有实质性的村寨管理功能了，但在文化教育传承方面，寨老依然起着很大的作用，寨老制度依然存在巨大的生存空间。例如在头贡家族中，一位 30 岁左右姓石的青年人认为，现在的寨老还是有一定作用的，但是不像过去的寨老说一是一，说二是二。在新中国成立后，寨老在村里说话比不上村长了，寨老现在主要负责民俗节日活动这方面。像山界纠纷等寨老是解决不了的，要找林业局。涉及自身利益的问题要去找村委，寨老解决不了，但是寨老比较年长，就像一个家里的大家长一样，能说上话，寨老能说会道，邻里不和、家庭纠纷等都要寨老去解决。

寨老村寨文化传承功能的强化。在增冲侗寨，虽然传统的寨老制度已然不复存在，但寨老的传统自然权威仍然具有一定影响力。即使是在经济文化快速发展的今天，寨老更侧重于对民族文化风俗的教育与传承。与传统的寨老制度相比，当今增冲的寨老职能基本上是围绕着村民之间的矛盾纠纷，维护寨子内部秩序、村寨环境卫生、村寨民俗活动以及寨子之间的交往等方面展开的。

寨老村寨管理功能的弱化。当今寨老的职能相对于以前来说，已经大大削弱了，军事方面的管理职能已基本消失，当今寨老的职能主要集中在对村寨民风民俗的管理方面。寨老对村寨里的山界、地界分布熟悉明了，由寨老出面解决邻里矛盾纠纷非常有效率，而寨老解决纠纷的原则一般是大事化小，小事化无，在解决双方的矛盾之后，当事人不再有意见，日后不得再重提，否则将受到处罚。可以说，寨老出面解决问题构筑了一个良好的生产生活秩序。

当今的侗族社会中，寨老虽然仍具有一定的社会地位和群众公信力，但是其影响力已经逐渐衰落，不复从前，村寨中制定的村规民约对村民的约束力也已经大不如前了，而且随着国家权力的干预和渗入，寨老职能进一步弱化，寨老的管理重心更加偏向民风民俗和家庭矛盾方面。但寨老在村寨中仍然具有一定的影响力，当政府决策与村民意愿相悖时，仍需要寨老进行调和，寨老在一定程度上代表的是村民的利益，当村寨利益与政府决策相冲突时，双方也会协商调解，力求能够做到双方都能接受。寨老权力相比过去大大削弱，但是寨老依然有不可磨灭的影响力和作用，政府应该将寨老权威和村寨管理结合起来，以更好地建设侗族村寨。

参考文献

[1] 李杰.黔东南从江增冲村侗族村落 [J].艺术理论，2010(10).

[2] 吴浩.中国侗族村寨文化 [M].北京：民族出版社，2004.

[3] 郭宇宽.寨老制度独特的农村基层组织——黔东南侗乡寨老制度复苏考察 [J].中国乡村发现，2007(1).

[4] 石开忠.侗族款组织及其变迁研究 [M].北京：民族出版社，2009.

[5] 石开忠.鉴村侗族计划生育的社会机制及方法 [M].北京：华夏文化艺术出版社，2001.

[6] 粟周榕.六洞、九洞侗族村寨 [M].贵阳：贵州民族出版社，2011.

[7] 钟涛.中国侗族 [M].贵阳：贵阳民族出版社，2007.

土地·权益·情感：西南乡村的地权变迁
——基于贵州G村、重庆H村口述史调查

沈雪莉

（贵州民族大学民族学与社会学学院）

摘要 土改是中国共产党领导广大农民废除封建土地所有制，实现土地农民所有制的革命运动。土地改革的开展引发了乡村社会阶级意识的嬗变，重塑了乡村社会的政治关系。本文围绕农民与土地的关系，通过对贵州省G村、重庆市H村部分村民进行土改口述史调查，以农民个体为访谈对象，从其历史亲历者、见证者的角度，了解土改前后农民的生产生活状况，探查土改过程中，农民与农民眼中的土地制度变革，并在纵向上形成土改前后的对比与横向不同农民间的对比，试通过"政治动员－社会矛盾"模型，解释土地改革中阶级意识存在差异的原因。

关键词 土地改革；阶级意识；社会矛盾；地权变迁

通过对土改研究学术史的简单梳理，可以发现学者们较常采用自上而下的研究路线，重点关注土地政策的执行效果及国家对于乡村社会的影响。以农民为主体的研究成果近几年有增加的趋势，但多着眼于农民政治心理在整个土地改革运动中的变化过程，忽略了同一时期阶级意识在农民个体上呈现出的差异。本文正是以农民为主体，采用个案调查、深度访谈的研究方法，以贵州省 G 村、重庆市 H 村农民在土地改革运动中呈现出的积极主动参与和消极被动参与的差异表现为突破口，从政治动员与乡村传统社会矛盾切入，探究同样的社会大环境下农民阶级意识差异的原因，以此充实土地改革政策施行的全貌。

一、G 村、H 村土地改革概况

1. 贵州省 G 村土地改革

贵州土地改革从 1950 年 6 月开始，至 1953 年春耕前全面结束，分四个阶段进行。

G 村的土地改革属于贵州省的第四阶段，第四期土地改革于 1952 年 6 月开始至 9 月底结束。

为了贯彻党的民族政策，完成少数民族地区的新民主主义改革任务，根据中共贵州省委的决定，在第四期土地改革中，各地在执行统一政策的同时，坚决贯彻执行党的民族政策。一是树立榜样，优先培养一批具有一定规模的优秀少数民族干部和土改积极分子，他们是能够开展各项具体工作的突破口和中坚力量。二是努力争取少数民族中具有威望的话事人的信任和对土改工作的支持，对于少数民族中的地主财阀予以区别对待。

三是除了土地改革中要求县、区级召开的各界代表会议、农代会和贫雇农会议外，民族聚居的乡村，都召开各界代表会议。四是反对操之过急和消极等待情绪，坚持在运动中逐步提高少数民族群众的政治思想觉悟，坚定地依靠贫农、雇农，团结中农，中立富农。把对受地主压迫最深的阶层的发动情况，作为检验土地改革运动深度的标尺，把团结中农的程度作为运动广度的标尺。五是在分配土地时，对少数民族的特殊用地，如赛马场、芦笙场、斗牛场、踩歌坪、游方坡、鼓楼地、风雨桥地、风水林等都不予征收和分配，对姑娘田、麻园地、蓝靛土等都给予照顾。由于正确贯彻执行了少数民族地区土地改革的方针、政策，因此这期土改按预期目标胜利结束。

2. 重庆市 H 村土地改革

当时的重庆市还没有从四川省划分出去，因此下文统称为四川。四川的土地改革始于 1950 年 11 月，到 1952 年 5 月结束，历时一年半，四川土地改革分三期进行，H 村土改在第三期开始进行，第三期土改从 1951 年 11 月开始至 1952 年 5 月胜利结束。四川的三期土地改革相对于贵州的四阶段土地改革来说，是进行得比较顺利的，没有经历太多的坎坷。这次土地革命，废除了绵延了两千多年的地主阶级封建剥削的土地所有制，真正改变了农村生产关系，为农村生产力的发展创造了根本性的条件。

1951 年工作队第一次进村，开展土改工作。每村分配一个工作队队员。1951 年上半年，工作队在永川市开展宣传会议，土地改革工作全面展开。政策宣讲后，召集村里贫雇农串联，成立贫农团，鼓励村民积极参与土地改革。紧接着贫农团、工作队开展会议，为村民各家各户划分阶级，根据划分结果开始挖苦根，斗地主，没收地主土地、财产，并把土地、财产分配给贫下中农。1952 年 H 村的土地改革宣告结束，并在 1952 年的下半年进行土地复查。1964 年 4 月起，西南局和省、地委在 H 村煤矿搞亦工亦农劳动制度试点。1966 年 1 月，确定 H 村煤矿以厂带社，实行厂社结合，工农并举，划大安公社 3 个大队，隆济公社、双河公社各 1 个大队组成工农公社，直属县领导，公社驻地设在 H 村。2014 年 6 月 11 日，村级建制调整时，将周边相邻的 3 个村子合并为 H 村。

二、G 村、H 村农民在土地改革中阶级意识的表现

1. 民族地区与非民族地区

杨正龙，1936 年出生于 G 村高坡，9 岁入学堂，成年前帮忙家里务农。1951 年土改时家里被划分为中农，杨正龙，1957 年担任村里记工员，1962 年担任大队会计，从事村里记账等会计工作，1965—1972 年进入信用社工作，1963 年担任乡秘书，1975—1978 年担任书记一职，于 1991 年光荣退休，杨公一生都在与土地打交道，并且他是村中受教育程度较高，担任过村中管理职务的老人。对于中国土地改革政策在 G 村的发展他再熟悉不过。作为本次土地改革制度发展口述史的访谈对象，他也描述了一幅 G 村农民角度的土地改革史。

在对土改前受访者当时所处的人际关系环境，包括与佃主

的关系、农户间关系的访谈中杨公提到"土改前村民关系都不错,有几家困难的租我们家田,实在困难的租金有时就算了,平时贫苦农民租种我家田地也没跟他们算利息,实在贫困的我们有时还要救济一下。那时候我的好朋友没有田土没有粮食,我家也会救济随便你什么时候还,别人不还我也不逼他。我家跟村长、保长没听父母说有什么矛盾,当时也没有觉得自己的地位比没有田的农民地位高,我们一般中农地位也不算高"。土改前杨公家庭条件在村中属于中等,但对于贫、富的村民无区别对待,对于比自己家更加贫困的家庭无歧视,愿意伸出援助之手。从社会交往情况的访谈中可以看到在 G 村这个苗族、侗族等少数民族的聚集地上,人们淳朴、善良,相互团结、相互帮助,在土改前并无阶级之分。

在考察受访者在土改初期的参与情况与行为表现时,杨公谈道"听说要土改了,我们中农也不怕,因为我们也不是地主。家里没有转移或是隐藏财产,都是如实上报。共产党进村搞土地改革,使得村民过上了好的生活,因此我对共产党是满意的,之前国民党还在的时候要交款,税务繁重家庭负担重,共产党组织土改后生活逐渐好起来了"。当杨公听说村里开始土改时他并无较大反应,因为自身家庭情况不属于土改帮扶或者批斗的对象,所以其态度中立。但是由于土改宣扬政策是对成分划分的观念灌输,他开始意识到自己的成分属于中农,并逐渐疏远地主阶级。

"土改后家庭生活变得更好了,家里生活压力不大,因为没有地主剥削了。我家跟村里的农民、贫雇农、村里干部的关系都好，我家还是少跟地主打交道。"由于土改时阶级观念的灌输，这时的杨公开始意识到要远离地主，亲近贫下中农，逐渐建立了由成分划分结果而形成的阶级观念，阶级意识增强。

位于重庆市 H 村的邓永堂，土地改革时成分划分为中农，家庭情况与杨公相似。但在土地改革中表现出的阶级意识与杨公却不同。邓永堂，1928 出生于璧山县丁家区三何镇，现居重庆市大安镇花果山村。他 8 岁时进入学堂，在大地主家的房子读白甲文、四书五经、孔孟的书籍，总共接受过 6 年教育。年幼时，帮忙煤炭厂挖煤炭。16 岁时随着供销社的经理刘高富去了贵州做生意，在贵州贵阳、贵定等地赶场卖些百货。他在贵州认识了一个叫孙宪文的大地主，留他做女婿，家里老人不愿意，后来就回到了家乡。之后他当过村里的伙食团团长、村会计，村里的养鸡事业也是他优先发展起来的。邓公与杨公的家庭背景相似，都是村中受教育程度较高，并曾参与过村中管理事务，为村发展做出贡献的老人。但由于不同的生活地区、社会环境等方面的影响，对于土地改革政策的理解又呈现出另一番模样。

在土改前社会交往情况的问题上，邓公说："土改前，村民关系都不错，都是互相帮助、互相照顾。大家还要跟富农、佃主搞好关系，关系不好借不到东西。你如果跟他关系不好，他有谷子也不愿意借给你，当时我对那些地多的富农、佃主很羡慕。我家平常也没喊佃主来家吃饭，他家里要是办酒也要去。"

从上文邓公的回答中不难看出，村中在土改前已有一定的阶级意识观念的存在，不同阶层的人们的交往存在以利益为前提的情况，土改前，邓永堂已经形成了一定的阶级意识，并按照贫富差距将自己与地主富农们区分开来。

"土改工作队是 1950 年到村里的，当时宣传会议在丁家开，我去开会见到了区长，他说话很文明，把枪别在腰间走路大摇大摆的，我是不怕事的当时都被吓怕了。大会上我也没发言，都是开会的时候大家跟着带头领导一起起哄，你没权也插不上话。当时开会讲党的政策，地主、富农坦白从宽抗拒从严。看谁争先把土地拿出来分给大家，那你就是好的地主、富农，如果他不拿出来就要受惩罚""当时还有漏查的，我记得漏查的是很知名的一个人，他跟贫协的有关系就没查他。漏查的我不能说，这些是要得罪人的。"在对老人的访谈中，我们了解到老人对于当时的土改存在疑惑以及恐惧，被动参与到土改中，认为土地改革无法帮助改变贫富差距导致的阶级差距。

"原来跟地主家关系还行，划分成分之后就不好了。但见面还是要打招呼，只是说说话，做事的时候就要注意了，他要是跟我打招呼还是要答应，办事公事公办，也有极少数疏远地主、富农。""我印象最深的是土改之前地主拿着剥削来的钱一个人富裕其他人喝粥，但这是不对的，土改后地主的钱应该分给贫下中农的，所以土地改革是正确的，大家共同富裕才好。"土改之后，开始认识到土地改革带来的好处，并认可土改的阶级划分结果，撼动了他根深蒂固的贫富不相容的观念，阶级意识逐步形成。

2. 斗争的主力与斗争的看客

谭朝万，1931 年生，祖籍重庆市向家坪磨子岩陶瓷镇，现居住在重庆市大安镇花果山村。由于早年间家庭贫困，其年少未曾读过书，家里无田地，一直靠被雇佣谋生。早年外公被地主打死，家里租种地主田地，一直处于被剥削状态。在土地改革期间，谭朝万被工作队看中，于 1950 年开始承担武装队队长一职。土改期间，谭朝万帮助贫协做一些杂事，一直到土改结束进入合作社，在此期间承担了生产队队长一职，为村里农民生活水平提升尽职尽责。

"开诉苦大会我记得那时候一共打了十八九个地主恶霸，大家算剥削账贫下中农在大队诉苦。我家也诉苦了，主要说我外公当时在种庄稼被地主打了，后来因病逝世。那时候地主很恶劣没有谁敢拯救你，你是农民被打就该被打，因此我家很痛恨地主。"从访谈中可以了解，谭朝万对当时剥削贫苦农民的地主十分痛恨，土改前迫于地主的权势在土改时积极协助贫协打倒地主，成了"斗地主"的主力军。

同村的邓永堂老人对于土地改革中的挖苦根、斗地主却是截然不同的态度。

"我没去参加斗地主只是看到这些事，我这一辈子不去搞这些批斗人的事。因为当时被批斗的这些人还有后代的，现在的地主富农又翻身起来了，有些人的子女还在县里工作，那个时候的情况不同，现在是现在原来是原来。打地主还是打不倒的，因为地主有文化，他的子女都在读书，现在阶级斗争没有了，他的子女又都爬起来了。"即便土改前邓永堂家中也曾受到地主的迫害，但是他还是选择不参与斗争之事。一部分是不愿招惹事端，另一部分是不相信土改能够真正地打倒地主，认为地主家还有东山再起之日。

三、土地改革中阶级意识差异的理论分析

土地改革运动中农民的阶级意识是指在改革施行的一系列政策、措施中，农民群体所产生的身份观念的变化，他们开始对自己的社会地位、阶级成分有了一定的认知，并逐渐根深蒂固。通过上述 G 村、H 村农民对土地改革运动所产生的反应及表现可以得出，处在不同阶级的农民对改革的到来会产生大相径庭的反应及表现，总结大致有两种情况，分为积极主动配合型和消极被动抵触型。那么，在相似的社会背景下为什么会出现大不相同的反应及表现呢？下文试图对此进行差异原因分析。

1. 政治动员是阶级意识形成的核心动力

在发动土地改革运动中，政策条例中把"成分划分""阶级意识"摊开来说，在农民间进行普及宣传直接输入乡村社会。为了让"阶级意识"能够被广大农民群体所接受并让这种观念逐渐成立成形，首先是扎根串连和政策宣传，并号召发动群众参与到土改中来，特别是团结贫下中农全体；紧接着全面开展清匪反霸、镇压反革命、清偿废债等运动；接下来召开多次诉苦大会，然后根据诉苦情况和前期调查掌握的资料，划定阶级

成分；成分划定后开始分田地；最后查田定产，并对成分划分进行了复查。通过划分成分重新定义了农民的政治身份，帮助农民划清敌友界限，培养阶级观念，形成阶级意识，明确阶级关系，使农民站对、站稳自己的阶级立场，形成农村政治等级新序列，因此政治动员是农民阶级意识形成的核心动力。

2. 社会关系是阶级意识形成的主要阻力

费孝通的《乡土中国》中提到，中国的乡村社会是一个熟人社会，因此中国人在社会交往中往往看重的是两人生活的地域远近、血缘宗族的深厚等因素来判断对方是否值得信任，以及从"远亲不如近邻""是亲必顾，是邻必护"等中国流传至今的俗语中，不难发现中国乡村社会是十分注重群体的血缘关系、宗族关系、邻里关系的，这样根深蒂固的思想难以动摇。即便是社会矛盾颇深的情况下，依旧顾及村里乡里乡亲的关系。因此"帮亲不帮理"等思维模式会被土地改革中被打击对象所利用，对实际被剥削的民众进行道德绑架，从而阻碍土改的推行。传统乡村社会在长期的发展中所传承下来的固有属性，在受到全新观念的冲击下，必然会产生抵触、排外的情绪，从而表现出阻碍土改的行为。

想要推动乡村的发展，必然要打破这样的恶性循环，让阶级意识深入这片广阔的区域。

3. "政治动员－社会矛盾"模型构建

在土地改革中，支持改革派自上而下的政治动员在推动阶级意识形成的同时，由传统社会关系所产生矛盾又在自下而上的阻碍着土地改革运动的开展。

当社会矛盾缓和，政治动员程度较低，农民形成的阶级意识程度就弱。当社会矛盾加剧，政治动员程度较高，农民形成的阶级意识就较强。因此，政治动员与社会矛盾二者呈正相关。阶级意识的强弱程度受政治动员和社会矛盾作用力的影响，在土地改革运动中因为政治动员的推动以及农民在乡村中社会矛盾深浅的差异，同一阶级成分的农民群体也会存在积极主动配合型和消极被动抵触型两种不同的反应，进一步影响农民群体做出不同的行为选择。

参考文献

[1] 费孝通 . 乡土中国 [M] 北京：北京出版社，2005.

[2] 张刚 . 建国初期贵州土地改革研究 [D]. 贵州：贵州财经大学论文，2013.

盘瓠传说的历史流变与群体解读

廖孟迪

（贵州民族大学民族学与社会学学院）

摘要　盘瓠传说是典型的祖源神话，其产生与发展有着深刻的社会历史原因。随着时代发展，其文本与叙述也在不断发生变化。不同时代的盘瓠传说有着不同的内涵，各群体对它的解读亦不同。本文对盘瓠传说的历史流变进行简单梳理，并对其发展变化以及存在不同解读的原因进行初步探讨。盘瓠传说的历史发展演变过程，深刻展现了中国历史上的民族交流与融合，而这正是中华民族多元一体格局得以形成的历史基础。

关键词　盘瓠传说；历史流变；民族交流

在历史上，人们总是乐于将自己的祖源神化，塑造一个又一个英雄祖先。而这一神化了的祖源往往成为大到一个民族、小到一个家族的强大历史记忆，使得具有同样历史记忆的群体具有强大的凝聚力与向心力。盘瓠传说作为一个典型祖源记忆广泛流传于苗瑶等民族中，是族源神化的典型代表，其历史流变与群体解读也有着深刻的社会历史内涵。盘瓠信仰的建构过程中，不同民族相互交流、交融，呈现出一个复杂的互动网络。

一、盘瓠传说：文本的构建过程

盘瓠信仰的产生与发展有着深刻的社会历史原因。其来源是有依据的，它来源于生活，取材于有"神犬"信仰的群体。被汉族文人加以想象、加工、讹误，以汉文献为载体流传于世，随着时间的推移及越来越广的流传性，它又再回到起源地，并使得当地的民众受到强大汉文献历史记忆的影响。从文献记载来看，许多少数民族最初并没有盘瓠信仰，也没有将其上升到祖源的层次，其产生是少数民族文化与汉文化的嫁接与融合的产物。而随着时代发展，其文本与叙述也在不断发生变化，逐渐被丰富、具体、完善起来。

学术界一般认为盘瓠传说最早在文献中出现，应当是东汉应劭所撰写的《风俗通》。但是《风俗通》中关于盘瓠的记载已佚，相关记载多为转引，如南朝宋范晔《后汉书·南蛮西南夷列传》、宋罗泌《路史》等。除此之外，年代较早的还有三国时期鱼豢的《魏略》。《三国志》中转引有《魏略·西戎传》的一段记载："魏略西戎传曰：'氐人有王，所从来久矣。自汉开益州，置武都郡，排其种人，分窜山谷间，或在福禄，或在汧、陇左右'"。这一记载认为，在汉代，盘瓠后人居住在武都郡，即今甘肃省舟曲、岷县、宕昌一带。自汉代在此地设武都郡后，排斥驱赶当地的氐人，氐人于是分散逃窜至各山谷间。有的逃到福禄，即今甘肃酒泉、高台县一带；有的逃到沔、陇左右，即今陕西、甘肃交界一带。总的说来，《魏略》认为当时所谓的"盘瓠种"分布在西北地区。除此之外，在《魏略》中还记载了盘瓠的诞生过程及名称由来。在高辛氏时，王宫有中一个身患耳疾的老妇人，一天她在掏耳朵的时候，从耳朵里掏出了一个大茧，老妇人将大茧放在用葫芦做的"瓠盆"中，又以盘覆盖其上，而后大茧化为一只带有五彩毛色的犬，故名为盘瓠。

东晋干宝的《搜神记》对盘瓠的由来描写得更加生动具体，也更加详细。《后汉书》中有关盘瓠的传说便是在《风俗通》《搜神记》等著述的基础上继承发展的，《风俗通》《搜神记》本就是记载猎奇荒诞之事的文记，范晔在撰写《后汉书》之时旁征博引，在写蛮夷传与方术篇之时，将盘瓠、廪君、左慈等收录其中，其言唯诞妄不经，其历史真实性有待商榷。但随着《后汉书》正史地位的确立，其记载的盘瓠传说更加广为流传。而后世众多史籍多征引《后汉书》的记载，使得"盘瓠之后"的涵盖范围越来越广，不仅跨越了地域，更跨越了族群界限。例如《魏书》中便认为"蛮之种类，盖盘瓠之后，其来自久，习俗叛服，前史具之。在江淮之间……"便将江淮之间的所有"蛮族"，都归为盘瓠的后代。《隋书》更是丰富了这一记载，认为"南郡、夷陵、竟陵、沔阳、沅陵、清江、襄阳、春陵、汉东、安陆、永安、义阳、九江、江夏诸郡，多杂蛮左……诸蛮本其所出。承盘瓠之后，故服章多以班布为饰"。将夷陵、南郡、竟陵等地居住在山谷、语言不通的蛮族都看作盘瓠之后，将这一广大地域中的少数民族统统归结为盘瓠之后，显然是不符合历史事实的。所以在这一时期便有许多反对之声，例如《宋书》中便有明确阐述，豫州蛮应当是廪君的后代，而不是盘瓠的后代。

从对相关记载的梳理来看，在《后汉书》之后，不同时期的传述者都只是在范晔的基础上加以发挥的，大多改变的只是盘瓠后人的分布地区。如在《魏书》中便认为盘瓠后代遍于数州，在江淮一带皆有之，于安徽、陕西、河南一带出没，至晋末后，其族群逐渐发展昌盛，故向北迁徙。《南史》中记载"荆、雍州蛮，盘瓠之后也，种落布在诸郡县"。《元和郡县志》中描述"辰州……开元九年改为辰州，取辰溪为名，谨按辰州蛮戎所居也，其人皆盘瓠子孙，或曰巴子兄弟入为五溪之长，今酉溪在州西南次南，或溪次南，沅溪次南，辰溪次东南，熊溪次东南，朗溪其熊朗二溪与郦道元水经注虽不同，推其次第相当，则五溪尽在今辰州界也"。总之，文献中盘瓠后代的分布地区有逐渐向南扩散的趋势，特别是唐代的史学家，对于盘瓠后人在南方的这一说法异口一言。关于为何有逐渐向南扩散的趋势，笔者认为有三种可能性。第一，确有一部分被称为盘瓠之后的族群开始向南迁移。第二，是朝廷或者是汉族文人将"盘瓠之后"的概念加诸在南方一些少数民族之上，特别是苗瑶语族民族先民。第三，则是一些原本并非盘瓠之后的南方少数民族群体，逐渐因为某些影响开始自称为盘瓠之后。从文本本身看，虽然对盘瓠的记载越来越多，但是关于盘瓠的传说并没有很大的突破，这种情况直到唐代以后才得以改变。

随着中央王朝对少数民族群体的统治逐渐深入，一些文人士大夫对少数民族的了解越来越深，许多文献开始跳出自《后汉书》以来关于"盘瓠之后"的简单记载，相较之前的记述更加得深入细致。宋代朱辅所撰《溪蛮丛笑》载"五溪之蛮皆盘瓠种也，聚落区分，名亦随异，沅其故壤，环四封而居者有五，曰猫、曰猺、曰獠、曰㺢、曰仡佬"。朱辅认为五溪之蛮是盘瓠之后，又将盘瓠之后细分为"猫""猺""獠""㺢""仡佬"，相较之前有了进一步的区分和认识。又有南宋范成大因故出知静江府，任广西经略安抚司，到达今广西桂林，后著《桂海虞衡志》，所写内容大都为作者亲自之见闻。他认为"猺本盘瓠之后，其地山溪高深，介于巴蜀湖广间，绵亘数千里。猺本五溪盘瓠之后，其壤接广右者静江之兴安、义宁、古田、融州之融水，怀远县界皆有之。生深山重溪中，椎髻跣足，不供征役，各以其远近为伍"。从此段记载可以看出，作者范成大对盘瓠之后的描写具体到了"猺"这个群体，并简单地记载了"猺"的生活状况，比较贴近历史事实。

随着时代的发展，中原王朝越来越重视对边疆的开拓，大量的汉人开始深入边疆地区，与当地的少数民族接触越来越多，对少数民族的描写也越来越深入，渐渐改变了一些根深蒂固的观念，特别是明清时期这种例子越来越多。如明代学者田汝成所作《炎徼纪闻》说，"猺人古八蛮之种也，五溪以南穷极岭海迤连巴蜀皆有之，椎结斑衣……其中详细记载了"猺"的风俗习惯，例如"猺"将发椎结，穿斑斓的衣服，妇人将花卉、蜻蜓、蝴蝶等黥在面部，以及其出生习俗，嫁娶习俗等都进行了描写。再者，田汝成对盘瓠这一传说结合实际有了自己的理解。他认为历史上的盘瓠传说虽然恍幻难稽，但是大多"猺人"为盘姓，有的则是被误认为盘姓。

清屈大均《广东新语》介绍了盘姓"瑶"人的类别，即高山、花肚、平地。在每年的七月十四祭祖，将盘古视为始祖，盘瓠为大宗。并将现有的瑶人习俗与古时盘瓠传说结合在一起，作者认为连山的"瑶"人女子出嫁之时要垂一绣袋，这是因为昔高辛氏之女嫁与盘瓠之时"以囊盛盘瓠之足与合"。"诸瑶率盘姓，有三种：曰高山、曰花肚、曰平地，平地者良。岁七月十四拜年，以盘古为始祖，盘瓠为大宗……连山有八摇女初嫁，垂一绣袋，以祖妣高辛氏女初配盘瓠，著独力衣，以囊盛盘瓠之足与合，故至今仍其制云"。

在这一时期有部分学者认识到，即使同为"盘瓠之后"的群体，其中也有很大区别，"粤西猺人，服化最早……狼人之戎，自明弘治始也。有板猺者，妇人黄蜡泥发，木板为髻，形似今之扇面，平置顶上，狼人者，亦古盘瓠之苗裔，粤西诸郡处处有之，浔州诸狼，自明弘治间，因大藤诸峡乱，从黔中调来征剿，峡平遂戎焉"。作者认为"狼人"群体同样为盘瓠后人，但与其先世不同，在明代就与官府有了广泛接触，他们不仅归服了朝廷统治，甚至因为其英勇善战，故而成了朝廷镇压少数民族起义的重要依靠力量之一。"粤西瑶人"同样属于传统认识中的"盘瓠之后"，但也不妨碍双方敌对。这也能够从侧面反映出，即使在官方认识中属于同一民族的群体，其内部还有着很大区别。特别是明清时期这些少数民族群体不断迁徙分化以及随着官方对这些群体的深入了解，"盘瓠之后"这一历史记忆的力量，不论是官方还是这些群体中，都被削弱到了极其微弱的地步。

地方志中有载"又按郡为古槃瓠国，确为可证信。而后汉书谓槃瓠为狗，谓帝喾以其得吴将军头配以女，则其说诞妄不足信，乃通志信其说而详载之""考后汉书之说谓槃瓠为狗，实误会《山海经》之语而臆撰。考《山海经》云：'卞明生白犬'，乃人名，即可知槃瓠是人非狗。此正如后世司马相如小名犬子尔，非真犬也"。文中分析《后汉书》载盘瓠为狗，实为作者对《山海经》等记载的臆测，实际盘瓠应为人名，而非犬名。"刘祖宪槃瓠辨云：'无论高辛之世有无将军之名号，以女购人头后世孱弱之主不为，而谓高辛为之乎？谓槃瓠有国则可信，谓槃瓠为狗则不可信。谓槃瓠为苗蛮之祖则可信，谓槃瓠得吴将军头而高辛配以女则不可信。'又考干宝《晋记》云：'槃瓠之后，赤脚横裙，今即郡苗犹然，可证实槃瓠裔也。'"陆次云在《峒溪纤志》中有分析，认为帝喾高辛氏因为槃瓠歼灭敌蛮有功，故封地奖赏，认为盘瓠是诸苗之祖，其后多存于夜郎境内。

清代的学者，对盘瓠传说不再只是简单传抄，他们对故事本身产生了质疑并加以分析，形成了自己的看法与观点，很重要的原因便是跟少数民族的交往交流越来越频繁，了解越来越多。

二、盘瓠信仰中体现的民族交流与融合

上文提及众多关于盘瓠传说的历史记载，使我们对其源流及演变有了一定的认识。不同的记载在不同年代广泛流传，使得盘瓠传说逐渐深入人心。盘瓠这一神话传说看似光怪陆离，但确有其事实依据。盘瓠传说被建构与发展的过程中，各民族的互动不断加强，汉民族、信仰盘瓠的少数民族、其他没有盘瓠信仰的少数民族，都在进行着文化的输出与输入，群体互动十分活跃。

（一）"犬崇拜"与汉文化的嫁接与融合

事实上在民间，的确有不少民族存在对犬的崇拜，例如一些以游猎为生计方式的民族，由于在此生计方式下，狗有着非常重要的作用，所以大家对狗十分尊重，也逐渐产生了不吃狗肉的习俗。笔者在做田野时，曾发现在贵州省贵安新区马场镇新寨村就有一部分苗族不吃狗肉，如当地刘氏。而这一群体之所以不吃狗肉是有原因的。传说在一个战乱的年代，刘家其他人都死了，只剩下一个小孩，这个小孩无亲无故，后来是靠喝狗奶长大的。所以其对狗有一种特殊的感情，不吃狗肉的这种习俗便一代代地传承下来了。

除此之外，还产生了一些关于犬的神话传说。最初这些传

说里的犬并不是以盘瓠为名，也不是某个群体的祖先，其故事情节也并非与盘瓠传说一致，"犬崇拜"与"犬为祖源"更不相同。这些神话传说是一些汉人在与这些少数民族交往获悉之后，在少数民族固有传说的基础之上自行加工改编而成的。随着盘瓠传说的不断加工改编，流传越来越广，盘瓠传说又再流传回有"犬崇拜"地区，从而造成传说的有机融合，盘瓠传说传播的过程也是各民族相互交流、影响的过程。

（二）情感互动与不同解读

不同的群体对盘瓠传说有着不同的解读，亦有着复杂的情感，我们应该从不同的辩证角度看待。从有盘瓠信仰的群体来看，对盘瓠传说的看法有两个方面。一方面，此群体原本就有对犬的崇拜，或是有以犬作为祖源的传说，有祭祀神犬之礼。在传说中，盘瓠是中原的有功之臣，替高辛氏解决了心腹大患，守护了一方平安。"有功之臣"后裔的说法容易让他们接受及承认。再加上其后的盘瓠妻子为高辛氏之女，又因盘瓠有功于社稷，于是若为盘瓠后人，便可免去赋税与徭役，出入关隘也不用符节。在古代，免除赋税与徭役，出入关隘不用符节，对普通民众有着极大的吸引力，此群体便十分乐意承认自身为盘瓠之后。另一方面，随着时间的推移，人们对盘瓠为自身祖源的这一说法开始产生抗拒，特别是近代以来，这种情况越来越明显。究其原因，笔者认为有以下几点：

首先，随着中央王朝对西南边疆的开拓，许多汉人逐渐南迁，与西南各少数民族接触越来越多，也将汉文化带到这些少数民族之中。在汉文化中，狗有卑微、奴性之含义，加之汉文献当中对盘瓠之后的少数民族本就有贬低之意。"其相呼以蛮，则为深忌"。他们十分忌讳外人称呼其为蛮，更何况定其祖先为犬。不仅是汉人，周边的其他少数民族对此也存在偏见，这种偏见使得信仰盘瓠的人们开始逐渐改变自己的观点。

其次，一些信仰盘瓠的群体，之前没有盘瓠崇拜，因为种种原因，把自己附会成盘瓠后人。如"湖南州县多邻溪峒，省民往往交通徭人，擅自易田，豪猾大姓或诈匿其产徭人，以避科差"。当作为盘瓠后人的便利之处没有之后，这种记忆便会被选择性遗忘。

最后，随着时间的流逝，关于盘瓠的记忆包括相关盘瓠仪式、盘瓠传说等逐渐从人们生活中淡出。

当然具体问题要具体分析。例如，贵州榕江县塔石乡怎东大寨的瑶族，在20世纪80年代当地还流传有盘瓠的传说，在传说中，怎东瑶族同胞将盘瓠称为槃古大王，槃瓠是古时评王的一只御犬，因为杀死评王的敌人霸王，评王将女儿嫁与它。白天，槃瓠是犬的形态，到了晚上便脱去毛皮变成美男子。后评王将其皮毛偷走使其只能以人的形态生活，待评王死后将王位传于盘瓠，盘瓠的后代就是现在的瑶族。这段记载说明当时在怎东瑶族内部还有关于盘瓠的传说了，他们并且承认其祖源为盘瓠，但是现今在怎东村已经没有关于盘瓠的传说，甚至认为盘瓠传说是屈辱的。据怎东瑶族还愿中使用的《斟写书》中的记载："盘王分有十二面手印，分下瑶人十二姓子孙承领为计。交过洪武年间，反了年间，反了天下，改换洪武开枝，瑶人退朝。十二姓瑶人子孙分天下广东道朝南海岸八万千里，随山耕种，直开田塘也。交过寅卯二年，天下大旱，官仓无米，深塘无鱼，灌木出火，格木出烟，荒乱吃尽，青草木根吃尽。无计，瑶人子孙漂洋过海，行过一千路头……后行到广东韶州府罗昌县山场居住，后又搬到广西平乐府朝平和县山场居住。"这里描述了为躲避当地的天灾，瑶人子孙们漂洋过海之事。

现在怎东瑶人依旧不吃狗肉，但是据当地民众解释说，之所以不吃狗肉不是因为有盘瓠崇拜，是跟上文所述瑶人子孙漂洋过海有关。为了生存，瑶族子孙只有漂洋过海去寻找新的栖身之所，有一天，在渡海过程中，天气突变，开始狂风大作，下起瓢泼大雨。这时保管盘王大印的人不小心将其掉进海里，盘王大印对于瑶族人民十分重要，但是由于疾风暴雨，人们连站都站不稳，更别说下海捞大印。正当人们着急时，一只狗跳入水中将大印叼上了船，因此他们认为狗是极有灵性的动物，是他们的恩人，自此之后便不再吃狗肉。据现在的怎东瑶族鬼师描述，故事中的盘王不是指盘瓠，而是指盘古，现今怎东村所有关于盘王的祭祀，或是盘王歌，都指的是盘古而非盘瓠。不吃狗肉也只是因为在渡海传说中狗发挥了关键性的帮助作用。怎东民众在不同年代对"犬崇拜"的不同解释，说明人们对于盘瓠传说的解读发生了改变，出现这种变化的原因可能有二，其一可能是怎东瑶族将盘瓠与盘古混为一谈。在某些瑶族，本就有同时祭祀盘古与盘瓠的习俗。20 世纪 80 年代的传说中怎东瑶族将盘瓠称为槃古大王，随着时间的流逝，将盘瓠与盘古弄混也并无不可能。其二是自我选择的结果，在盘古与盘瓠之间，选择了盘古作为其祖源。以犬作为其祖源让其觉得荒诞且屈辱，而以开辟创世之巨人盘古为族源，这是怎东瑶族对祖源做出的重述。

从朝廷或汉人情感的角度来看，亦要从两方面进行分析。一方面，朝廷以及汉人对"盘瓠之后"是有歧视的。从"盘瓠传说"这个文本来看，将狗书写为人之祖源本身就带有轻视之意。另一方面，一部分汉人"其非盘姓者。初本汉人，以避赋役潜窜其中。习与性成，遂为真徭"。南朝宋时，在荆州之地置南蛮，在雍州置宁蛮校尉统领此地，到了孝武初年，废置南蛮，而宁蛮一如往常。归顺内附朝廷的少数民族即盘瓠的后人，除了每户需缴纳谷数斛之外，并无其余杂调。相反汉人则深受赋税劳役之苦，尤其贫者，更加不堪重负，于是便逃入少数民族地区。少数民族并无徭役，其中势力强大者更不用缴纳官税。往往数百千人结党连郡，当时州郡实力较弱，多数人变为盗贼。一些汉人因为长期与有盘瓠崇拜的少数民族居住生活在一起，互相交流、学习。汉人受祭祀盘瓠习俗的影响，从而成为祭祀盘瓠的一员，逐渐与盘瓠后人融合。一些汉人则是因为深受朝廷赋税及徭役之苦，贫困不堪，因盘瓠之后不受朝廷控制，无须赋税与徭役，便逃亡到这些少数民族所居住的地区，与当地人融合。由于信仰盘瓠之外的少数民族情况跟朝廷或者汉人的情况相差无几，在此便不赘述。

各民族针对盘瓠传说有着不同的情感与解读，反映出来的是复杂的群体关系及互动网络。无论是汉民族与少数民族间的互动，还是少数民族与少数民族之间互动，都能让我们得以窥探当时各民族文化的交流、融合之情景，或和谐相处，或存在歧视与隔阂。各民族的往来互动，正是中华民族多元一体格局得以形成的重要条件之一。中华民族本身就是一个命运共同体，各民族相互碰撞、交流、融合，其文化脉络既各具特色又相互影响。这种影响体现在方方面面，信仰便是其中之一。在民族互动中，在一个共同的精神家园之下、各自的信仰空间相互交流，互相发展。

三、结语

每个年代都有用汉文献记载的盘瓠传说，盘瓠传说及其信仰本身便是汉文化与少数民族文化嫁接融合的产物。盘瓠传说从有记载之际到《后汉书》井喷似的流传再到唐代之后更细化的记载，是一个复杂发展的过程。在范晔的《后汉书》之后，很多盘瓠传说的记载都只是在其基础之上的改编，并没有什么突破，这种现象直到唐代之后才有了改观，盘瓠传说的记载也更加细致具体起来，到明清之际众多文人开始对盘瓠传说产生质疑，开始对其进行深入的分析。这是一个变化的过程，所以我们在对待有关盘瓠传说的文献记载时要辩证地看待，注意区分。不同的民族在不同的时期对盘瓠传说的态度与情感是不同的。无论哪个民族，哪个阶层，对盘瓠传说的情感不是一成不变的，而是因时因地而变。我们要从不同角度去分析。

可以看到，其文本、解读及情感的变化过程正是各民族交往交融的一个过程，记载的逐渐细化与写实，也正是民族关系逐渐加深的一个过程。中华民族多元一体格局的形成是长期发展与积淀的结果，中国有56个民族，每个民族都有自身的特色，各民族文化具有多样性，有着各自的个性。除此之外，各民族在相互交往交流中，相互影响、融合，从而产生了共性。各民族在多元一体格局之下既各自发展绽放光芒，又同为命运共同体相互依存。

各民族的神话传说与信仰本来就是民族文化的一部分，是中华民族文化的重要组成部分，它是有其来源的，既有个性又有共性，都是中华民族多元一体格局之下的产物。我们在探讨这一类传说时，需要关注的不仅是文字本身，更要注意对其所反映出来的深意进行理解与分析。荒诞不经的神话传说，虽然其涉及的人物、故事情节或为虚构，但是其反映的依旧是人们的生产、生活、情感态度。它能够被民众广泛接受，其肯定有存在的意义与价值。

参考文献

[1] [东汉]应劭著，王利器校注.风俗通义佚文[M].北京：中华书局，2010.

[2] [晋]干宝著，汪绍楹校注.搜神记[M].北京：中华书局，1979.

[3] [晋]陈寿.三国志[M].北京：中华书局，1976.

[4]［南朝］范晔.后汉书［M］.北京：中华书局，1965.

[5]［唐］李吉甫.元和郡县志［M］.北京：中华书局，1976.

[6]［宋］朱辅.溪蛮丛笑［M］.长沙：岳麓书社，2012.

[7]［宋］范成大.桂海虞衡志［M］.北京：中华书局，1991.

[8]［宋］罗泌.路史［M］.北京：中华书局，1985.

[9]［元］马端临.文献通考［M］.北京：中华书局，2006.

[10]［元］脱脱.宋史［M］.北京：中华书局，1977.

[11]［明］田汝成.炎徼纪闻［M］.北京：中华书局，1985.

[12]［清］屈大均.广东新语［M］.北京：中华书局，1985.

[13]柏果成，史继忠，石海波.贵州瑶族［M］.贵阳：贵州民族出版社，1990.

文化变迁视角下的"斗牛"探析

杨刚

（贵州民族大学民族学与历史学学院）

摘要 "斗牛"文化是人类学值得探讨的重要课题。笔者通过文献资料和逻辑推理结合田野考察，站在文化变迁视域对"中国式斗牛"这一典型的文化特质（元素）进行分层描述与透析。从器物层面、制度层面、行为层面、观念层面四个方面展开对"斗牛"文化的探析。

关键词 斗牛；变迁；人类学

国内关于"斗牛"的研究，多从文化人类学民俗学视域进行分析与描述。文化人类学对描述和解释事实感兴趣，试探性地解释观察到的现象。宣炳善提出"中国的两大斗牛系统"的概念，并在1997年从民俗学研究视域进行了分类；沈立新、王新明对"斗牛"运动起源进行了"野史"性叙述；摩罗对"斗牛"运动进行了批判性"思想点击"；张洪安从古代游艺竞技视角对斗牛渊源进行了简略的叙述和斗法的描述；刘礼国，徐烨则从文化分层的"制度层面"对黔东南苗族、侗族传统体育与习惯法依附性特征进行了探讨，其内容涉及"斗牛"文化特质（元素）。以上研究从文化的历时性和共时性上对"斗牛"这一文化现象进行了不同视角的探讨与描述，具有一定的参考和借鉴价值。鉴于"文化"是人类学阐释的核心概念，文章进一步对"中国式斗牛"这一文化现象进行分层剖析，力求对其有个深入的研究。

一、引入文化分层研究"中国式斗牛"是对文化人类学的丰富

《现代汉语词典》《中国大百科全书·简明版》《中华文化大辞海》《不列颠百科全书》《新世界美语词典》《日本国语大辞典》对"文化"（Culture）词条均做了或简明或细致的阐释。但这些阐释都是在泰勒爵士《原始文化》经典定义基础上进行修改或补充的，因此，泰勒在《原始文化》的经典文化定义在文化人类学研究中扮演着无可替代的作用："文化，或文明，就其广泛的民族学意义来说，是包括全部的知识、信仰、艺术、道德、法律、习俗以及作为社会成员的人所掌握和接受的任何其他才能和习惯的复合体。"自泰勒之后的不同历史时期，不同文化人类学者鉴于自身不同的研究视域，产生了历史学派复数概念、功能主义者实体文化概念、象征学派符号文化

概念、行为方式文化概念、实践文化概念。这些具有"经典""流派"和"流行话语"的文化人类学文化概念和阐释脉络和谱系中，均存在对文化内涵和外延难以权衡取舍的问题，故只能在"经典定义"中不断增补和修正。从功能学派来看，文化分层具有促进文化功能价值不断儒化、涵化和播化的功能，并能迎合文化的特征（共享性与习得性、实践性与功能性、符号性、整合性、普遍性与特殊性、适应性与变迁性）不断地提炼和升华工具需求，为利于文化作为阐释一切社会现象的"语言符号"工具，文化分层便成为人类学对感兴趣的社会现象的重要分析方法和研究路径。

二、对"中国式斗牛"文化分层透视的意义

人类学（Anthropology）研究的范围包括"人"本身及其所创造的文化，亦即从生物性与文化性角度对人类进行全面系统研究的学科群。文化不仅是人类学的核心概念之一，而且也是人类学阐释视角的核心概念。将"斗牛"这一现象上升到文化分层进行阐释：其一，"斗牛"这一文化现象是人所创造出来的；其二，这一文化现象折射出人们对其认识的共同心理需求；其三，斗牛现象在不同时代演绎着同其他文化现象千丝万缕的关系。对其进行文化分层的梳理和提炼具有重要的工具价值和意义。以下颇具有代表性的文化分层探析的脉络和谱系可以看出其功能价值和意义。

英国文化人类学家、功能学派创始人马林诺夫斯基（B.K.Malinowski）根据文化的功能，将文化分为四个方面；

①物质层面；②精神方面的文化；③语言；④社会组织。马林诺夫斯基的弟子、中国社会学家人类学家费孝通把这种划分称作"人文世界的四分法"。他指出："人文世界是一个不可分割的整体，如泰勒所说的文化是个'复合的整体'。"费孝通进而在马林诺夫斯基的文化框架中分列出三类不同层次的需要：基本（生物）、派生（社会）、整合（精神）三个层次。自然派生出文化具有共享性、习得性、符号性、整合性的特征。文化丛是同类性质的文化要素（或特质）的聚合，亦可看作是"文化特质丛"（即文化丛）。对文化丛的建构和解构主要有如下说法：美籍华人余英时文化四层次系统（物质层次、制度层次、风俗习惯层次、思想与价值层次）；台湾学者李亦园提出了文化三层次系统（物质文化或技术文化，社群文化或伦理文化、精神文化或表达文化）；中国大陆学者冯天瑜构建的文化四层面系统（物质文化、制度文化、行为文化、精神文化）。露丝·本尼迪克特在《文化模式》中写道，"文化就是在一个庞大银幕上反映出来的映像十分均称、时间及其长久的个体心理"。无论从何种视角对"中国式斗牛"进行文化分析与剖析，及"中国式斗牛"衍生、嬗变、发展所映射出的文化内涵的功能价值可从冯天瑜先生的文化四层面系统来进行文化人类学阐释。在文化大发展、大繁荣时代背景下，对这一具有典型性的文化符号从文化分层进行阐释，探析其折射出的相关文化事理，对人类文化学学科的发展具有重要意义，对文化的共享和文化特质精髓的挖掘，对人类文化的丰富和文化人类学研究视域的

拓展和深入也具有重要的价值和意义。

三、对"中国式斗牛"文化人类学分层透视

文化的本质内涵是自然的人化，是人的价值观念在社会实践中对象化的过程与结果，包括外在文化产品的创造和内在心智的塑造。按冯天瑜先生的文化四层面系统说法，"中国式斗牛"文化可以细分为器物层面（物质文化）、制度层面（制度文化）、行为层面（行为文化）和观念层面（精神文化）。

（一）器物层面

器物层面（物质文化），是人类物质生产方式和产品的总和，构成文化大厦的物质基石。他可以直接投射于人们的视域，给予人们最直接的映像。就"中国式斗牛"而言，斗牛俗称"牛打架"，以文化地域类分为"北方斗牛系统"（黄牛）和"南方斗牛系统"（以水牛为主，黄牛为辅）；以民俗文化类分为"纯休闲娱乐斗牛系统"和"巫术宗教交融斗牛系统"；以可观察体来看，分为"人与牛斗"和"牛与牛斗"两大系统。从中华历史的发展和进程来看，其表现出典型的"官民二重性"特征。其考证资料主要有甘肃黑山岩画黄牛图案、青铜铸成的卧黄牛，浙江余姚河姆渡遗址水牛骨骼，福建闽侯的新石器时代遗址水牛头骨，广西桂林白莲洞水牛化石、广西柳州大龙潭水牛遗骨，广东阳春独石仔新石器时代遗址水牛器座；河北平山县出土了战国时期青铜铸成的水牛器座，北京周口店发掘了大量水牛肢骨，河南安阳殷墟中发现玉牛，河南郑州出土的汉画像砖中有两幅人与牛斗图。从形式演变来看，北方斗牛起源于

战国时期，汉代风靡一时。《帝王世纪》云："秦武王好多力之人，齐孟贲之徒并归焉。孟贲生拔牛角，是谓之勇士也。"现存南方斗牛最具特色的是浙江金华斗牛（水牛）、贵州黔东南苗族斗牛（水牛）、四川凉山彝族斗牛（黄牛）。

（二）制度层面

制度层面（制度文化）指人类在社会实践中建构的各种社会规范、典章制度。波普诺认为，"制度是满足社会基本需要而组织起来的一种稳定的社会结构"。所有的社会活动都是在一定的制度中进行的，制度是社会活动进行的基本保证。从运动竞赛学视域来看，运动竞赛制度包括运动竞赛规则和运动竞赛规程。运动竞赛规则具有制约功能、协调功能、促进功能。运动竞赛规则发展的趋势包括缩短比赛时间，加快比赛节奏，以适应竞赛的商业化；更加注重比赛的商业性；追求比赛技术运用的稳定性和对抗的激烈性；注重评判的规范性和准确性；加大反兴奋剂的力度。运动竞赛规程的内容包括：运动会名称、目的、任务，竞赛时间、地点，参加单位及组别，竞赛项目，参加办法，竞赛方法和采用的竞赛规则，计分奖励办法，参加单位的注意事项等。从斗牛这一传统社会文化现象来看，其与现代体育活动走出了一条"和而不同"的轨迹和路径，对传承、挖掘、加工、改造、提炼、升华斗牛运动具有强制性效力的是民族"习惯法"。习惯法是依据某种社会权威和社会组织，具有一定强制性的行为规范的总和，具有良好的社会控制和社会舆论作用。近年来，对于黔东南苗族斗牛，刘礼国、徐烨（黔东南苗族、侗族传统体育习惯法研究）、徐晓光（"圣牯"与"牛籍"——侗族斗牛活动中的仪式与习惯法规则）研究深入透彻，具有代表性。

（三）行为层面

行为层面（行为文化）指人类在社会交往中约定习俗的风气、礼俗等行为模式。斗牛开始之前，各村寨牛主之间奔走相告，了解牛的长度、高度、年龄、体重、角门长势等。斗牛结束后，人们纷纷给胜者披红挂彩，并向其主人敬酒祝贺。他们把牛视为健康、力量、勤劳、搏击、英雄的象征。斗胜的牛被称为牛王、牛神、牛圣，为村寨和家庭带来荣耀，受到人们的爱戴和崇拜。"金华斗牛"于每年重阳节举行，黔东南苗族斗牛鼓藏节最为隆重，彝族斗牛在火把节期间最为壮观。金华斗牛在民俗仪式及其行为上具有四次转变：第一次是山神树神崇拜仪式向武将崇拜仪式转变；第二次是武将崇拜向农业神崇拜仪式转变；第三次是农业神崇拜仪式向宗族势力攀比夸耀及娱神转变；第四次是宗族势力攀比夸耀兼娱神向商业性、娱乐性转变。苗族斗牛具有枫木崇拜的祭祖内容，具有原始神秘性，是山地狩猎经济浓缩的结果。彝族斗牛却是一种选择优良牛种的形式，对畜牧业和农业有着积极的意义。无论何种斗牛，在行为上都具有节日休闲娱乐的集聚和辐射效应。

（四）观念层面

观念文化是指人类在社会实践和意识活动中形成的价值取向、审美情趣、思维方式，凝聚为文化的精神内涵。宋代高承

《事物纪原·博弈嬉戏·斗牛》记载："《成都记》曰：'李冰为蜀郡守，有蛟暴，入水戮之。已为牛形。约曰：江神亦必牛形，白带者我也。须臾有二牛斗，武士射其神，毙。蜀不复病水。'"该叙述从观念层面上表达了人民对济善憎恶的英雄的崇拜，对自然灾害的痛斥和胜诉。亦有学者认为只有道德和心理上有缺陷的人才会在这一运动下产生共鸣。那种自以为是勇敢和潇洒，那种万众欢腾的庆典气氛，不但体现了人性的残忍，也体现了斗牛士和观众共同的精神缺陷。在观念上对人们的触动，是现今这一运动得不到繁荣昌盛的重要原因。斗牛在观念层面折射出人们的价值取向和价值判断。明沈德符《万历野获编·技艺·斗物》记："闻斗牛最为奇观，然未之见。"斗牛活动在明以后淡出人们视野是畜牧文化对农耕文化疾风骤雨的结果，还是农耕文化对畜牧文化浸润的结果，是一个有待人类学解决的重要课题。

四、对"中国式斗牛"文化人类学阐释的前瞻性意义

文化是共享和进化的，文化具有自身调适的功能和价值。"中国式斗牛"具有自身的脉络和谱系，探析斗牛文化现象和内涵富有时代特性。斗牛在中国文化史上富含自身文化特质、浓缩和折射出图腾崇拜、树神崇拜和娱神休闲文化功能，梳理出农耕文化与畜牧文化交融碰撞的文化事理。在和谐民族关系的构建时代（金炳镐提出社会主义民族关系本质上是和谐民族关系），在《国务院关于进一步繁荣发展少数民族文化事业的若干意见》《中共中央关于深化文化体制改革推动社会主义文

化大发展大繁荣若干重大问题的决定》政策指导下，在文化强国的大背景下，分层透视和剖析斗牛文化内涵，探讨斗牛有机融入旅游文化资源开发，斗牛与"习惯法"社会调控机制，研究斗牛对促进民族地区经济发展新增长点，民族地区人力资源开发，改变民生等问题具有重要的理论及实践意义。

参考文献

[1]方亚丽.榕江牛产业有点"牛"[J].当代贵州，2019(11).

[2]王晓辉，董强.我国西南民族地区传统斗牛文化面临的挑战与发展思路[J].贵州民族研究，2019(7).

[3]李涛.贵州斗牛文化起源辨析[J].体育世界（学术版），2018(3).

[4]马卫红，李卫鹏，杨雪贞，刘济丹，姚红艳，欧德渊.黔东南州斗牛的传统养殖技术[J].现代畜牧科技，2018(10).

[5]李开文，张琼，聂鹏.文山苗族斗牛文化的内源性发展探究[J].文山学院学报，2018(5).

[6]陈奇.民族传统体育的文化人类学研究案例[D].华中师范大学论文，2013.

[7]果元文.石林彝族斗牛变迁及其市场化现状分析[D].云南大学论文，2013.

[8]胡旭.苗族传统体育发展现状调查[D].西南大学论文，2013.

[9] 李志勇 . 黔东南苗族斗牛文化研究 [D]. 贵州民族学院论文，2011.

[10] 李开文 , 聂鹏 . 苗族斗牛竞技的文化审视 [J]. 体育研究与教育，2016(6).

[11] 陶坤 . 侗族斗牛运动的文化生态环境适应与发展研究 [J]. 山东体育科技，2016(4).

贵州仫佬族传统文化保护与发展的路径选择

王敏

（贵州民族大学民族学与历史学学院）

摘要 民族传统特色文化是民族生存和发展的重要力量，是民族特征的重要标志之一，是中国特色社会主义文化的重要组成部分。随着经济的快速发展，少数民族的生产生活方式发生了巨大变革，全球化、信息化与现代化的扩张使得少数民族传统文化的保护与发展面临严峻挑战。在新形势下，贵州仫佬族传统文化的保护与发展是民族工作的重点与难点。基于此，笔者试图探索新时代背景下贵州省仫佬族传统文化保护与发展的可行性路径，以期给民族工作提供参考意见。

关键词 仫佬族；传统文化；保护与发展

仫佬族是人口较少的民族之一，贵州省仫佬族主要分布在麻江、黄平、凯里、福泉、都匀等县，由古代"僚人"发展而来，在一定历史、自然、社会等环境下形成了丰富多彩、特色鲜明的文化内涵。贵州省仫佬族精神层面传统文化主要包括民族语言、民族艺术、民族礼仪、民族风俗、民族节日（包括宗教节日）等，其中民族节日内涵丰富，有仫佬年、牛寿节、动土节、撵社节、大小保家（包括祭社）等。由于各种因素的影响，延续至今的仅有仫佬年。麻江县仫佬族物质层面传统文化主要包括民族服饰、民族建筑、民族饮食、民族医药等。

乡村振兴战略提出要弘扬中华民族优秀传统文化、保护与发展少数民族特色文化。面对新形势下国家对建设文化软实力的重视、繁荣社会主义文化的要求、建设社会主义文化强国的目标，贵州省仫佬族传统特色文化的保护与发展迫在眉睫。在新时代背景下，贵州省仫佬族传统文化的传承保护与繁荣发展要探索新路径，笔者根据实地调研情况分析提出贵州省仫佬族传统文化保护和发展的优化路径选择，包括要努力适应现代化，增强民族自身文化认同、积极适应社会信息化，与时俱进弘扬优秀传统文化、以内部动力因素为主，挖掘文化保护外部动力、坚持文化推陈出新，实现文化可持续发展。

一、努力适应社会现代化，增强民族自身文化认同

一方面，各民族的交往交流交融日益加强，一定程度上导致民族文化特色逐渐丧失。贵州省仫佬族聚居区混杂居住着汉族、苗族、布依族等其他少数民族，其生活习惯、语言、风俗、

文化等慢慢侵入仫佬族传统文化，仫佬族传统特色文化传播主体势单力薄，无法阻挡只好接受其熏陶。譬如，传统的仫佬族"婚、丧、嫁、娶"习俗"随波逐流"的过分简便化而逐渐失去传统特色；还表现为仫佬民族饮汉食、着汉服、言汉语等方面。另一方面，现代化建设过程中忽视了对传统文化的保护与发展。乡村振兴战略提出人居环境改善以及"三农"建设，对农村进行"现代化革命"，农村现代化的打造存在对传统村落保护不力、对民族建筑保护不周，"拆真古迹、建假古董"的现象，使得贵州省仫佬民族建筑的传统风格一去不复返。贵州省仫佬族现居建筑大多为汉族建筑样式，民族特色建筑风格无法彰显。

自改革开放以来，我国社会结构发生巨大变革，主要表现为社会化分工与专业化组织对生产效率的促进作用。新中国成立 70 年来，我国政治、经济、文化、社会、生态等发生翻天覆地的变化，形成"五位一体"的发展格局。经济的快速发展与文化的保护与传承是辩证统一的，如何把握两者之间的辩证关系是关键，但人们往往过度追求经济效益而忽视对传统文化的保护，弱视文化对经济发展的反作用。以贵州省麻江县仫佬族传统文化保护与发展为个案调查为例，麻江县打造传统村寨以吸引外地游客旅游观光增加经济收入，但是由于过渡"商业化"，使得传统特色文化在人来人往、商贸泛滥的环境中失去踪影，一些民族特色饰品和手工艺品在制作过程中过分追求数量而失去彰显民族特色的质量特征，千篇一律。究其原因，首先，社会结构的变革使得人们对经济物质的需求远远大于对精神文化的需求；其次，随着现代化信息时代的到来，人们更倾向于接受现代文化的熏陶；最后，随着现代化建设的"流行"，贵州省仫佬族文化在与现代文化的融合过程中逐渐失去具有民族特征的标志，表现为服饰现代化、语言现代化、节日现代化，甚至有人认为穿仫佬族服饰是标新立异、说仫佬族语言是落后。人们对本民族的传统文化持否定的态度，逐渐丧失了对本民族文化的认同。文化认同感的丧失给麻江县仫佬族特色文化的保护与发展带来了巨大的挑战，因此重拾民族文化认同感是新时代民族工作的目标要求。

社会现代化是当今社会发展的必然趋势，现代科学技术正在全面改造人们生存的物质条件和精神条件。在经济快速发展的同时，传统文化也在迅猛变迁，传统文化要努力适应社会现代化的步伐，提高竞争力和生命力。贵州省仫佬族特色文化的保护与发展，首先，要充分利用现代科技带来的便利，注重对民族传统文化的挖掘、保护与创新。在传承中不断丰富自身文化内涵，发挥教育文化传承的功能，增强民族自身的文化认同，正确引导民众文化认同取向，提倡文化自强、文化自尊、文化自觉、文化自立、文化自新精神。其次，积极贯彻落实乡村振兴战略，大力发展特色文化产业，加大营造民族文化氛围和文化旅游的宣传力度，在乡村现代化建设过程中，打造具有传统文化特色的工艺建筑等，将现代文化与传统文化有机结合，创新本民族传统文化内涵，增强民族文化生命力。最后，在加强各民族文化交往交流和交融的同时，重视对本民族传统文化的保护，取其精华、去其糟粕，兼收并蓄、开拓创新，各民族文化交融要引进和培植新的文化要素和文化精神，赋予仫佬族特色文化以时代精神和旺盛活力，在保护中促进文化和谐以及文化的繁荣发展，使仫佬族特色文化得以延续。

二、积极适应社会信息化，与时俱进弘扬优秀传统文化

贵州省仫佬族传统文化受信息化浪潮影响较为突出，主要表现为汉、苗等民族文化在信息化背景下影响仫佬族传统文化。随着信息技术的进步和新时代的高速发展，汉文化始终是文化传播的主流，其传播主体之广、传播速度之快、传播载体之丰富，使得仫佬民族潜移默化地接受其他民族文化的熏陶，无形中导致仫佬民族自身文化逐渐被取代，譬如仫佬族普遍使用汉族语言交谈、过汉族节日、穿汉族服饰、饮汉族美食等。另外，信息化使得文化传播内容良莠不齐，有的仫佬族群体辨别优秀或腐朽文化的能力不足，一些仫佬民族认为其他民族文化优于本民族文化，进而放弃对本民族文化的传承。譬如，仫佬族传统特色民族节日延续至今的仅有"仫佬年"；仫佬民族有的认为汉族服饰就是"流行"，而本民族服饰就是"土"；口言汉话就是"有文化"，而说本民族语言就是"落后"。

信息化是当今时代发展的大趋势，是先进生产力进步与现代科技迅猛发展的表现，现代社会已全面进入信息化融媒体时代。在信息化时代浪潮下，各民族文化交流愈加密切，文化通过网络信息工具不断地流入与流出，实时更新。在网络信息时

代，文化传播的内容、速度和范围难以控制，人们通过信息传输工具即可了解其他民族文化，各种文化良莠不齐，缺乏辨别能力的人容易受腐朽文化的侵染，认为外来文化优于本民族文化，漠视对本民族优秀文化和优良传统继承和发扬的责任，导致民族文化认同感的丧失，进而影响本民族传统文化的传承。另外，信息化浪潮加速主流汉文化的传播，使得民族传统特色文化被汉化，丧失民族特色；除此之外，信息化快速发展，加强了各民族之间的交流交往交融，助推各民族文化融合与同化，使得传统文化特色要素随之消失。

改革开放以来，我国数字技术、互联网及通信技术迅猛发展，社会进入信息化融媒体时代，使信息的发布、传播与获取途径呈现多元化，也使文化的传播与交流有了更大的发挥空间。社会信息化给民族传统特色文化的保护与发展带来机遇与挑战，贵州省仫佬族特色文化的保护与发展要积极适应社会信息化，抓住时代发展的机遇，与时俱进弘扬优秀传统文化。首先，从仫佬族个体来看，信息化使信息传播内容泛滥，优秀文化与腐朽文化并驾齐驱，贵州省仫佬族要增强辨别优秀文化与腐朽文化的能力，自觉接受优秀文化的熏陶，杜绝外来腐朽文化的影响。信息化使得各民族交往、交流更加密切，在接受其他民族文化传播的同时，坚持民族文化认同，坚定民族文化自信，坚守民族文化保护与发展的责任。其次，从民族工作者来看，在信息化融媒体环境下，积极采取应对措施，弘扬本民族优秀文化。充分发挥教育对文化继承与发展的功能，将传统文化要素融入课堂教学内容进行讲授，使学生潜移默化地传承本民族文化。大力发展彰显民族传统特色的旅游文化产业，加大民族文化氛围的营造和增强文化旅游的宣传推广力度，利用信息工具，加强优秀传统文化的新闻传播。此外，要采取应对措施抵御社会信息化对民族文化的保护与发展带来的挑战，将社会信息化的消极力量转化为积极动力，严格把关，及时将信息中的腐朽文化扼杀在摇篮中。

三、以内部动力因素为主，挖掘文化保护外部动力

贵州省仫佬族传统文化缺失外部动力表现为民族工作尚未完善特色文化的保护机制，对传统特色文化的发展没有采取相应的具体措施，对国家文化保护政策实施力度不够，文化"申遗"保护积极性不高，组织能力不强，本民族传统特色文化被其他民族文化冲击，本民族的文化对经济发展的促进作用不明显。贵州省仫佬族特色文化的保护与发展缺失内部动力表现为文化自信的缺乏。文化自信是自己对传统文化、传统思想价值体系的认同与尊崇。古人讲，"万物有所生，而独知守其根"。贵州省仫佬民族整体缺乏对本民族文化的自信，就是没有"守文化根"的意识，尚处于文化自觉阶段，认为本民族文化就是"土"，落后于其他文化或过分追崇"时尚"文化，从而主动接受其他文化的影响，忽视了对本民族文化的继承。

贵州省仫佬族特色文化的保护与发展内外部动力缺失主要表现为民族内部自身的不自信与外部政策的不自觉。首先，麻江县仫佬族对本民族特色文化缺乏文化自信，使得其保护与发

展本民族文化的积极性主动性不高。麻江县仫佬族特色文化在长期的历史发展过程中丢失了一些精髓。譬如，随着时间的推移与其他民族文化的影响，仫佬族婚、丧、嫁、娶习俗文化已渐进汉化，舍弃了体现仫佬族传统特色文化的部分，将过程简便化、内容随意化，导致丰富的传统文化内涵逐渐消失。其次，国家政策对少数民族特色文化保护与发展没有自觉性，支持力度不够，地区政府对民族特色文化的保护与发展的思想意识弱，缺乏主动性，使民族特色文化的保护与发展尚未建立良性机制。政府保护与发展民族特色文化机制不够完善，宣传力度不足，使得贵州省仫佬族对本民族文化的保护自觉意识不强，未能充分发挥仫佬族自身的主体性与能动性。总的来看，贵州省仫佬族特色文化的保护与发展整体缺乏内外部激发动力，未能形成内外部协调合作的良性机制，使得仫佬族特色文化的保护与发展工作难度较大，成效较低。

少数民族传统文化的保护与发展需内外部动力协同合发力，缺一不可。

（1）丰富的文化内涵是贵州省仫佬族文化保护与发展的内部动力。因此，贵州省仫佬族文化的保护与发展要追溯文化精髓、恢复文化特色、保留文化内涵、增强文化内生动力。一方面，要深入挖掘民族传统文化内容，整理、保护本民族物质与非物质文化遗产资料，守护文化根源；另一方面，要与时俱进，赋予本民族传统文化新的时代内涵，创新文化要素，增强自身文化自信，与其他民族文化兼收并蓄，增强其生命力。

（2）国家政策是麻江县仫佬族文化保护与发展的外部动力。国家的支持是民族工作开展文化保护与发展的动力来源，包括政策支持、资金支持以及人才支持。一方面，政府要出台相应政策，鼓励对民族文化保护与发展，拓宽与畅通非物质文化遗产保护申请渠道，鼓励民间开展特色文化活动，完善公共服务设施，建立文化休闲活动场所等；另一方面，贵州省政府要加大仫佬族文化保护与发展的资金支持力度，修建文物收藏博物馆、设立特色文化研究中心等。

（3）政府部门要根据人才需要，引进相关优质人力资源，带领贵州省仫佬族形成保护与发展本民族文化的自觉性与积极性，号召继承弘扬本民族优秀传统文化的主动性与创造性。

（4）麻江县仫佬族文化的保护与发展要重视内外部动力的辩证统一关系。民族文化内生动力激发国家政策的外部动力，增强文化内生动力的同时改善外部动力，内部动力优化外部动力，外部动力反作用于内部动力，形成内外部相互作用的良性循环的文化保护与发展机制。

四、坚持文化保护推陈出新，以实现文化可持续发展

文化创新是文化继承与发展的动力来源。贵州省仫佬族特色文化内容创新力度不够，保护与发展缺乏动力，主要表现为原有特色文化内涵在新时代发展背景下未能丰富自身内涵，很难随着时代发展而发展。新时代发展趋势要求文化实时更新，以适应时代发展潮流，而贵州省仫佬族特色文化内涵除历史上继承下来的部分之外，基本没有增添新的内涵，有的甚至在历

史发展过程中消失殆尽，譬如仫佬族众多特色节中仅有"仫佬年"延续至今。随着时代的发展，人们对文化的需求越来越高，以往历史中发展较好的文化已经不适应当前的发展趋势，在不同文化激烈的竞争中，适者生存，不适者则需被赋予新的时代内涵，创新文化要素才能立足于世界文化之林。仫佬族普遍认为仫佬服装已经跟不上时代发展的步伐，设计未能体现现代化要素。贵州省仫佬族特色文化的保护机制创新力度不够，主要表现为民族工作不能适应时代发展潮流。一方面，缺乏对特色文化保护机制的监督与管理，一般采取"生锈后再打磨"的方式，遇到问题不能及时解决，任其发展；另一方面，民族政策未能适应时代的快速发展，政策灵活性不到位，执行不佳，监督不严。

贵州省仫佬族特色文化内容及其保护机制的创新力度不够，是多方面原因所致。首先，仫佬族特色文化内容创新力度不够。政府在文化的保护与发展中职能越位和缺位现象并存，没有建立明确的政府管理机制，政府对仫佬族特色文化内容的创新没有起到引领作用，譬如开展文化创新建设活动较少以及对民族文化的宣传重视力度不够。其次，仫佬族特色文化保护机制创新力度不够。保护机制缺乏良好的创新平台，包括人才、资金等投入不足，尚未建立灵活的保护机制，遇到问题时按部就班、循规蹈矩。

综上所述，在新形势下，贵州省仫佬族传统文化的保护与发展是挑战与机遇并存的，民族工作要探索新路径，抓住新机遇，采取措施应对挑战，增强民族传统文化生命力和创造力，使其在信息化与现代化浪潮中永葆生机与活力。少数民族文化作为中华文化的重要组成部分，在繁荣社会主义文化和建设社会主义文化强国中发挥着重要作用，为实现中华民族伟大复兴奠定精神基石。民族工作者在民族文化的保护与发展工作中，要发挥民族主体的作用，汇集各方力量，顺应新时代民族文化事业发展要求，与时俱进、开拓创新，不断总结经验完善民族工作方式方法，做到久久为功、绵绵用力，将本民族文化的保护与发展推向高潮。

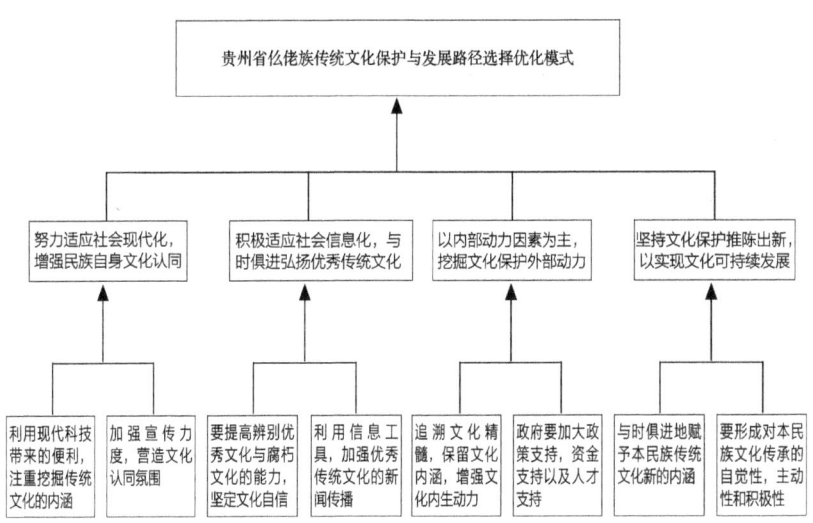

图 1 贵州仫佬族传统文化保护与发展路径选择思维导图

五、结语

习近平总书记在十九大报告中强调："坚定推动社会主义文化繁荣兴盛是支撑中国特色社会主义发展，建设社会主义文化强国的强大精神力量。"文化是民族的血液，是生命力、凝聚力和创造力的重要源泉，民族是构成国家的细胞，是国家得以健康发展的重要支撑。民族文化作为中华文化的重要组成部分，在建设社会主义文化强国中发挥巨大作用，因此，保护与发展少数民族传统特色文化意义深远。少数民族传统文化的保护与发展是过去时、进行时和将来时的动态过程，具有共时性与历时性的特征。笔者认为少数民族地区民族工作者在保护与发展民族文化过程中要与时俱进、开拓创新，久久为功、绵绵用力，努力适应社会现代化和社会信息化、内外部动力协同合作，创新文化要素以打造民族文化独特性与民族性、增强民族文化感染力、丰富民族文化新内涵、谱写民族文化新篇章，最终实现民族文化的新时代价值。

参考文献

[1] 张玉华. 仫佬族特色文化资源的内涵、特征及类型 [J]. 大众文艺，2016(24).

[2] 唐志龙. 文化自信价值引领的三重维度 [J]. 文化软实力研究，2017(4).

[3] 杨康贤. 论文化强国战略下推动少数民族文化传承的重要意义 [J]. 价值工程，2014(4).

[4] 谢艳娟. 罗城仫佬族文化保护内生机制探析 [J]. 广西民族大学学报（哲学社会科学版），2015(5).

[5] 刘春艳，范琳琳. 增强民族文化认同感的意义及途径研究 [J]. 现代交际，2015(3).

协商与延续：契约文书反映的清水江上游苗民日常生活

黎弘毅 李梅

（贵州民族大学民族学与历史学学院）

摘要 2019 年 8 月，笔者跟随贵州民族大学历史系师生前往台江县施洞镇参与了为期 24 天的传统村落村寨志编修，于施洞镇小河村收获了大量契约文书的一手资料。当地契约文书数量众多，保存完好，具有丰富的史料价值。本文试图从当地契约文书所建构的日常社会生活进行分析，呈现清水江上游苗族社会生活的状态，并对相关问题做出讨论。

关键词 清水江文书；苗族；社会生活

清水江文书是清水江流域流传至今的清至民国的契约、碑刻、账簿、乡规民约、纠纷调解协议等文书，这些文书涉及土地买卖、分家协议、山林经营等各个领域，较为系统地反映了明清以来清水江流域少数民族生产生活的各个方面。明清以来，地方志书关于清水江流域苗民生活的描述，反映出了当地民族的交往与融合，甚至产生了专门研究此类现象与历史的"清水江学派"，提出少数民族地区的"汉化""王化""内地化进程""内地的边缘"等概念。但若是仅仅关注于这一层面，那必然不能真正地理解苗族社会生活，如《方舆纪要简览》里的描写，处处充满歧视："按贵州自元以来草昧渐辟，而山箐峭深，地脊寡利，蛮夷盘绕，迄今犹然……至于水西、普安、凯里诸酋，旧以富甲他夷，奸萌日稔……夫中原制驭蛮夷，贵图之于豫，逮其乱作而草薙禽狝之，亦岂善策也哉！"所以，对当地民众的生活状态梳理，就显得十分必要了。本文试图从当地契约文书所建构的日常社会生活进行分析，呈现清水江上游苗族社会生活的状态，改变长期以来人们对清至民国时期这一地区的少数民族的偏见。

一、断绝与重续：邦豆田的四次转卖

田地买卖文书是此次收集文书中数量最多的一种，其多为农民赖以维生的土地或是房屋地契。一般而言，卖主是因"家下无银应用"而卖地，卖主联系凭中与买主，在亲房四邻的见证下签订文书即可完成买卖，这种买卖关系多以卖主和买主"一手交钱，一手交文书"的形式完成，在这一买一卖之后，交易双方即不再有任何关系，家族亲友也不得以任何理由与借口找寻买主麻烦，所以立断卖契约在文书末尾一般会有"任凭买主子孙管业，卖主若有理落不清，卖主自行出头理落，不与买主相干"等字眼，因此田地买卖文书实质上是买主土地持有和保护自身权益的有效凭证。

古代契约文书中有"契约"与"合同"的区分，张传玺、周绍泉、贺卫方以及俞江等学者对这两者之间的区别均有一定的研究，较为一致的看法是："契约"是一种单契，一方立契，单方押署，对方持契。而"合同"则是多方立书，多方押署，采用"半书"形式，各方都持有合同。卖田契约一般多为单契。所谓单契，类似于今日的单务合同。一般说来，单契均是单方面承担义务一方所立，并交享有权利一方收执的契约，典型的单契如借贷契约。正因一方出具，他方收执，验证时才不会发生合券问题，这一点正是古代"单契"与"合同"最大的不同之处。因此，从这个意义上说，订立断卖契约相对合适的立契人当是买主一方，这也是为什么清水江流域契约文书大多是单契的原因。

笔者在整理该村地契文书时发现，其中一块名为邦豆的田地，在光绪十七年至光绪二十四年短短 7 年内，经历了 4 次转卖。此文书是在清水江文书中并不多见的立断退卖田契，一般田契为交易性质，并且在交易后交由买主子孙永远管业，此田虽然曾经为潘计学名下公田，但却于光绪十七年退卖。

（一）光绪十七年（1891 年）三月十五日潘计学退卖田契

立甘心退賣田契字人，五岔寨第三甲潘計學，今因家下無银使用，今将平敏絶田（此田后继无人）出買賣，坐落地名邦豆田半坵，出谷四挑，上抵計冬、下抵铺里之田，左抵東夭、右抵大路之田，四抵分明，此田楊铺坐絶，業業田自光緒四年二月廿一日口（席）廳主賞給五岔潘計學名下以為公田，迫至光緒十七年三月十五日，潘計學親自請憑中上門出賣與

楊福王名下承買為業，當日三面議定，時值賣價九八銀五兩陸錢整，即日銀兩交清楚，並無短少分厘，自賣之後，任從買主楊福王照字耕種管業，此系賣主潘計學甘心退賣，並物壓逼等情，今歡有憑，特立退賣一紙為據

憑中潘報弟、楊剛林、潘得良

代筆楊昌隆押

光緒十七年三月十五日立賣潘計學

其中可以看到，第一张是由外姓人退卖田契，其地由于绝户无人继承，所以转让给了一位潘姓外寨人，五岔寨现为剑河县五岔村，位于清水江下游，与小河村平敏寨相距约 30 千米。由于未能获得潘计学的信息，不得知是什么原因让这位外村人前往平敏落户，还得到了当地厅主的赏赐。虽然文书中说是因家下无银使用才出卖此田，但对于当时的公田来说，这个理由有些站不住脚，具体不知是何原因，让其退卖了此田。在阅读契约文书时发现，很多卖主皆因为"家下无银应用"而出卖田地，这种笼统的说法是真实而又虚假的，真实在于，土地买卖确实是由经济问题引起，有钱的买地，无钱的卖地。在小农经

济的当时，这种买卖现象实质上有助于资本主义的萌发；虚假之处在于，这种说法往往只是其他原因的说辞而已，无银可能是由卖主大病或是其劳动力死亡，又或者是由赌博抽大烟所致。假使是符合当时价值观的原因，那么将会写得十分明了，如有一篇契约中写道："平敏寨熊报福为父母亡故，无银安葬棺椁，无从得出"而卖地，这种符合当时孝悌思想的卖地原因，代笔则不吝于笔墨，往往多写两字。同时，卖主卖田都是"先问亲房人等，不能承受"才会"请售中上门"或"主上门"问买主，这种表述所隐含的二者关系似乎是卖方有求于买方，但民众通过买卖契约的签署，可以解除这种隐含的关系，因为在契约文书的程序中包含了协商的基础，一般均有"当日三面议定"的设计，所谓"三面议定"，即是参与买卖的卖方、凭中与买方三者在协商的基础上而做出的交易决定。

（二）光绪十七年（1891 年）十月六日杨福王、杨姝岔断卖田契

　　立甘心斷賣田契字人，兄弟楊福王、楊姝岔二人今將祖田出賣，坐落地名邦豆田一坵，出谷柒挑，上抵艾東、下抵鋪裡之田，左抵東天、右抵大路之田，四抵分明，請憑中新問房均無力買，上門賣與。

　　楊姝東名下承買為業，當日三面議定，時值賣價九八銀三拾三兩柒錢整，即日賣主楊福王親手領銀拾三兩五钱正、姝岔親手領銀式拾兩式钱正，是日銀契兩交清楚並無短少分厘，自

賣之後，任從買主照字耕種管業，此系楊福王、楊姝岔二人甘心斷賣，並物逼等情，今敷有憑，特立斷賣一紙永遠存為據。

憑中楊天有、楊剛信、楊貴我、楊剛林、楊計九、楊保等

代筆楊昌隆押

　　　　　光緒十七年十月六日立賣楊福王、楊姝岔

土地买卖文书一般使用单契的形式，以出卖人的名义订立，交由买受人收执。无论是何种类型的土地买卖文书，其文书程式并无二致，都须载明以下内容：

其一，出卖人及买受人，如果出卖人或买受人有多人，则应一一罗列。

其二，出卖人出卖田地的主要原因，大多笼统说明"家中无银应用"或"缺银无从得出"，亦有详细说明原因的。

其三，买卖土地的具体情况，包括其来历、卖地原因、坐落地的名称、出谷数量、四抵位置等。如果土地是由多人合伙购买的，或者是合伙出售的，还需注明其收银详细。

其四，一般买主名字要超出顶部文字水平两字左右，以凸显买主，在买主后写明银钱数额，双方交易清楚并无逼迫等情况。

其五，出卖人及凭中的署名。如果出卖人请他人代为书写契约的，还要注明代书人姓名，并由出卖人画押。

画押完成后，一张"白契"就诞生了。但值得一提的是，这种白契往往只具备道德约束，不具备法律保障，若是想要长

久持有，还得前往官府盖印，缴纳赋税，成为"红契"。同时，无论亲房，土地交易皆以契约为据，这不仅是当地人对契约公信力的认可，也体现民众将契约看作传家宝、土地神像一样具备信仰力的物件。

（三）光绪二十一年（1895 年）后五月二十七杨老往断卖田契

　　立甘心斷賣田契字人，楊老往今因家下微急要銀應用，無從得處，自願將到祖遺之業，坐落地名邦豆田壹坵，出谷五挑，上抵貴吾、下抵福王之田，左抵滿強之田，右抵大路，四抵分明，先問親房人等，不能承受，請憑中證上門出賣與

　　楊姝東名下承買為業，憑中言定九八紋銀三拾捌兩正，其銀親手領明，並不分厘短少，自賣之後，恁從買主子孫受業，賣主親房內外人等，不得阻擋生端異説，此係兩願並不壓逼等情，今恐人心難古，特立甘心斷賣田契一紙，永遠為據

　　憑中楊保蕩、貴我、講尚、（內添二字）仰金

　　代筆宋紹寶押

　　　　　　　　光緒二十一年後五月二十七楊老往親立

　　在光绪十七年三月十五日、光绪十七年十月六日这两篇文书中，可以看到四抵皆同："上抵计（"艾"音同计）东、下抵铺里之田，左抵东夭，右抵大路。"但是在四年之后，上、下、左三面界邻田地归属开始变化："上抵贵吾、下抵福王之

田，左抵满强之田，右抵大路。"短短四年内，接邻三块田地归属主人变动，我们可以猜测，也许是由于当时小河村遭受了资本不稳定冲击导致土地的频繁变动交易，也许是天灾人祸，也许是一位新兴的地主正在崛起，以上虽为猜测却不无道理，但很大概率这并不是正常的分家或传后。并且从下文中可以看到，上下界邻开始变化为买主（杨发东）之田，这见证了一位新兴的地主的扩张步伐，他正在将周围的所属土地连成一块，以便于管业耕种。

（四）光绪二十四年（1898 年）六月十六日杨福王断卖田契

立甘心断賣田契字人，本寨楊福王，今因家下無銀使用，自願將到祖遺之業，坐落地名邦豆田壹坵，出谷肆挑，上下抵買主之田，左抵今東、右抵大路，四抵分明，又菜園一塴山一塊，上抵領下抵路，左抵汪今，右抵報皆赦保，四抵為界，请凭中证，新问房亲，后问四鄰，無人承受，主上門出賣與

楊发東名下承買為業，當日三面議定，时值賣價足色紋銀伍拾叁兩整，即日銀契兩相交清楚，並物貨債準折，自賣之後，恁從買主子孫永遠受業，賣主親族內外人等不得異言，若有異言翻悔之说，以及來曆不清，賣主至行出頭理落，不幹買主之事，今恐人心不古，特立斷賣一紙，永遠存為據

憑中楊計九、楊艾易、楊報榮、楊剛信、楊隴銀、杨裳九、楊妹岔、楊报今

代筆楊保當

光绪二十四年六月十六日立断賣楊福王

在这种变动与延续的过程中，位于清水江上游的巴拉河，在清水江木材贸易体系里受到一定的冲击与变化，汉字的文书、外人的进入、土地的流转、地主的形成，无一不体现着当地小河村对国家法律体系的认同与融合。

二、分家与合卖：分关文书与合卖祖田现象

中国传统社会中，常有数代同居之事例，甚至也有把分居说成"事亲不孝，玷污风俗"的。在清水江流域，尽管也有几代人同居共财的大家庭，如文斗苗寨的"三老家"，然而，民谚所谓"树大分丫，儿大分家"，显然分居在民间日常生活中是一种常态。不过，清水江流域的民众有长期使用契约文书的习惯，在分家之时，都要订立析产文书，这种文书多称为"分关字"或"分关合同"。通过阅读这些文书可知，分家实际上是由兄弟协商而分父母财产的过程，兹举一纸分关文书如下：

立分關文約，母長兄勝舉，次勝高，三弟勝寬，所應分之田園等場，均各立分關一紙，今將祖父遺留之田園、坡坎、房屋、地基、山場、土塊、家物，并自己新置業產及一切什物均分，各徵數定，自分之後，不得以大壓小、强欺弱，若有設計生端者，即鳴內憑分關人等照書劈斷，今恐人心不古，特立一紙各執爲據。

計開田名并谷數列後：

養兩下邊田一坵拾肆挑老屋貳間連厢房貳間

皆想呆田一坵柒挑老地基一壹塊貳

南倍田下邊貳坵捌挑南連即情地基一間半

河邊大陸田一坵柒挑與絞尾買南連流報地基一間半與故在買

秧池溝邊小田二坵叁挑此貳坵爲長兄換得橋頭田，谷叁挑，應輔紗送絞銀貳拾肆兩正，谷叁挑，二共陸挑邦豆上土一塊

塘田馬蹄田二坵肆挑爽南土一塊

皆巴田二坵肆挑河邊沙土半塊

格色沙田上邊一坵谷拾貳挑沙田一坵谷叁挑與熊當昌買

大田上邊二坵谷伍挑後買老洋炮一莭

大田下邊一坵谷叁挑

後分母親之田老秧地一坵伍挑買流抱田一坵谷拾貳挑地名抱□相呆

又買二兄田一坵谷陸挑地名同告惡

邦豆田二坵谷拾貳挑

又邦豆田一坵谷捌挑此田系母親留走溪口舅弟

憑中代筆楊勝元

民國十一年壬戌歲正月

兄弟三人将祖父遗留之田园、坡坎、房屋、地基、山场、土块、家物，及自己新置业产及一切什物均分，像这种将自己的一切事物均分的情况很少见，事实上，清水江流域很多分家

文书中并未提及将自己的新置办产业一起加入。还有一个细节就是，"此田系母亲留走溪口舅弟"，显然，从这份分关文书中，也可以看出母亲家族一方对分家也有参与，舅方作为协商的社会基础参与其中，甚至参与"品打均分"的协商，以保证分家的公平。而舅父，很可能就是分家的主持人，按清水江下游地区的俗规，主持人应由分家兄弟们的母舅充当，民谚所谓"母舅看外甥，个个一样亲"就说明有舅父身份之人是分家公平与否的主持人。实际上，费孝通先生曾指出"分家通常是在某次家庭摩擦之后发生的，那时，舅父便出来当调解人，并代表年轻一代提出分家的建议，他将同老一代协商决定分给儿子的那份财产"。所以，在清水江下游地区其他类型的契约文书签订母舅不参与，但分关文书，通常都有舅父在场。

立分関清白字人，本寨熊报福，年皆以長，俱以成人婚配完娶，难以督理，只得受請地方甲牌家族叔伯弟兄並親戚友等，將祖父遺留下亡田，□到汪友地名田壹垅出谷肆挑，又地名洋元田一垅出谷六挑，又有二哥熊老講亡故，棄有田產，分得羊元田壹垅谷肆挑。又有熊貴農在古洲未亡，不能成人，分得地名白洞田一垅谷四挑。二人弟兄同心合意，以分二股。分得地基一幅，坐落地名寨腳邊，貴農（分得）名下之田，以分二股。熊老報福（熊报福）承任生退死藝貴農，亡田只准吃花，不准賣與，倘有賣與將老福基圍作抵。有地方牌甲挡住一切，家產好醜才品答平分均紉，先書自號，後拈阄以徵数定，坐落地名乌信土大小三块，各自知将当思創業之維艱，愈知守成之不易，克勤克儉，庶几家道榮昌，勿怠勿荒，往後祖基丕振，內合姐姬，各宜合合守分，之後不得以大壓小，以強欺弱，若弟兄后来或有或無俱系安命，亦不得包藏禍胎，若有計設生端、因循濫騙，即請家族弟兄叔伯地方甲牌凴鄉關人等，照閱書剖斷，不得混爭，今將□等受分之業総開在內，恐後無凴，立以分闗文約，腾寫一樣，各挑一紙，永遠為據

　　凴中家族熊長香、熊当报；甲長楊心富；隊長楊昌農；楊未銀

　　請代筆楊洪興

中華民國拾三年九（月）廿九立

　　此份分关文书为平敏寨熊家所有，可以看出与上一份分关文书有着明显不同，此文书是一份关于遗嘱继承的清白字。立约人熊报福熊老讲熊贵农，因年皆以长，俱以成人婚配完娶，在一家之内难以督理，故开始分家。因二哥熊老讲亡故，所以将其家产分由两兄弟继承。该文书全面地反映了当地遗嘱继承的方式和程序：首先，指出分家原因，表明三人俱结婚，理应分家。其次，"受请地方甲牌家族叔伯弟兄并亲戚友"等见证下开始分家，将其受分的祖业及亡兄的土地分由两兄弟继承。再次，"先书自号，后拈阄以澂数定"将所有土地以抓阄的方式划分。同时，继承人"各自知将当思创业之维艰，愈知守成之不易，克勤克俭，庶几家道荣昌，勿怠勿荒，往后祖基丕振，

内合妯娌，各宜合合守分，之后不得以大压小，以强欺弱，若弟兄后来或亦不得包藏祸胎，若有计设生端、因循滥骗"，充满对兄弟二人今后的劝勉，甚至连妯娌都要和和美美、恪守其分。最后，为防止该遗产引起家族成员的争夺，请"家族弟兄叔伯地方甲牌凭乡关人等，照关书剖断"，从今往后兄弟二人"不得混争"。

此两份文书有着较大不同，但都详细写明了土地位置与出谷数量，第一份没有写明分家原因，但又含有母亲舅弟的参与。第二份由于二哥亡故，所以文中充满了对两兄弟"同心合意"的劝勉与维系祖宗之业的劝告。在中国古代，继承制度乃是"宗法制度"的重要组成部分，它关乎一个家族（或家庭）的延续，其不仅涉及财产的分割，更涉及整个家族宗姚和血脉的传承，可见继承制度更多的是与家族之"身份"关系相联系的。对于继承权，《大清民律草案》云"人死而继承之事以生，此古今东西所同也。考继承之历史，继承人所得权利，或宗祀权或身分权或财产权，事实虽不同而其为继承一也"。因此，继承制度作为"人死而继承之事以生"的大事，不管在中国传统法律及实践中，还是在清水江地区的习惯法及文书中，均有一套完整而细致的程序予以规范，须加以详细考察之。

立甘心断卖田契，字人平洋寨张铺绞、张老求弟兄二人，今因家下无银使用，自愿将到祖遗之业，坐落地名松荡田壹坵，出谷贰挑，上抵毛屯尾清之田，下抵买主之田，左抵保清之田，右抵路，四抵分明，请凭中证，先问亲房，后问四邻，均无力买，上门出卖与平敏寨杨姝东承买为业，当日三面议定，银拾两零三钱整，是日银契两相交清楚，不得短少分厘，并物私收扣折，自卖出之后，任从买主照定挑数，拨册上纳，其有卖主亲族内外人等不得异言，若有异言翻悔代补之说，以及来历不清，卖主自行出头理落，不以不干买主之是，今恐人心不古，特立甘心断卖一纸，永远存为据

凭中张榜乜、张九汪、张艾里、张七三、杨永付、杨报今

依口代笔杨盛元

光绪贰拾叁年九月初三日立断卖张铺绞、张老求立

此文书是一份关于土地买卖的契约，特点在于由处于平敏寨河对岸的平洋寨张铺绞、张老求弟兄两人合立，将其所有权的松荡田壹坵卖与平敏寨杨姝东，为有凭据，立下契约。虽然两地只相隔一河，但是对于以前没有大桥或吊桥的两寨来说，交通只有依靠船只渡河，耕种管业定然有所不便，但即便如此，杨姝东依旧购置土地，证明当时其财力之雄厚。

另外，两兄弟合卖的文书在调查中还发现很多，未知是否已经分家，笔者猜测未分家卖地的可能性较大：

立甘心断賣田契字人本寨熊报一当昌二人今因家下無銀應用自願将到祖遺之田坐落寨腳沙壩田一坵出谷壹挑上下抵降九貴乜之田為界右左抵土冬張艮胜之田為界四抵分明先問親房後

问是鄰俱各不願請憑中上門問到出賣與

本寨楊興順承買為業當日三面議定時足銀給壹兩六錢捌分整其銀契即日兩相交付明白自賣之後任從買主子孫永遠管業賣生家族內外人等不得阻擋生端異說此系兩家情願並不壓逼等今恐人不古特立甘心斷賣田契一紙永遠存為據

親房熊老里

憑中楊格講

代筆熊開科

中華民國六年十月十九執照熊報一當昌二人立

三、契约与社会：清水江文书所透射出的现实意义

土地是农民的命根，农民对于土地的热爱是农耕文明与生俱来的本能，农耕社会土地就是神灵，土地就是人类最为原始的信仰，从土地流转的这些地契中我们可以发现，如今展现在我们面前数量众多或质朴或精美、历经几百年时光后的清水江文书，是当时民众"日常生活中极其普通的事物，但正由于其普普通通、无意造作的性质，反而能够给研究者带来关于当时生活现实的实际感受"。因此，我们应该重视这些"烂纸头"之于古人日常生活的意义，是什么促使他们要签署这么一份契约，在社会生活中他们是如何运用这些契约文书所设计的各种内容的。实际上，中国传统社会中，凡社会生活中发生的种种物权和债权行为，需要用文书的形式肯定下来，表示昭守信用，保证当事人权利和义务的履行。因为民众认为，"如果没有这

样一份契约文书，他们对某一块或许在他们的家族中已经承继了数代的土地的所有权就会受到挑战，甚至丧失或被取消。拥有这样一份文书。土地所有者就可以最大限度地保证他支配生产资料的权利"。离开契约文书，人的经济生活将是无序和混乱的，其中的不稳定性和不可预见性将极大地增加，只有人们从内心深处愿意服从契约内在的确定性规范了，这种契约关系才在社会里生根。因此，古代中国社会存在着稳定的契约秩序，契约本身是中国人的一种生活方式。

清水江下游地区，契约文书尤其是白契的大量存在，使得这种生活方式存在于日常生活中的事实得到印证，契约文书不但关系个人的所有重大人生事件、家族变故，也关乎日常的生产经营、卖田置产，没有契约文书，这些活动将难有秩序可言，而且也缺乏必要的安全性和稳定性，可以说，契约文书是其生活的重要组成部分，无论对于田连阡陌的富家大户还是贫无立锥的小民百姓均如此。因此，可以说清水江下游是一个凭借协商来维系秩序的乡村社会，因为在契约文书中，我们显然很容易发现"协商"的理念，只有在协商达成一致的情况下，才可能出现立字为据的契约。而族谱中的各种规章制度，也是族人协商的结果，因为族谱作为族众之间的一种宪章，正是在协商的情况才可能出现的。另外，修路、架桥、舟渡等事，在碑刻的铭文中，亦体现了这种协商精神的存在，于何处修路、架桥？民众相互之间需要协商定夺后才尽可能地参与进来，捐钱出力，做这些"功德无量"的善事。所以，明清以来的清水江下游，民众通过契约文书，建立了一个以协商为基础的社会。从某种意义上而言，契约文书所构筑的协商社会，也回应了明清以来士大夫关于清水江流域的描述并不完全是历史真实。

综上所述，地契文书所展现出来的，是乡村内部经济与日常生活通过"协商"方式进行的新一轮的"延续"，并由此而建构起一套地方社会的道德规范、交易原则和契约精神，其真正的目的并不是所谓的约束，而是一种信仰与归属感的构建，从而表达当地人对财富的拥有与支配。但是，随着木材的流动，清水江下游为代表的经济和贸易发展，改变了清水江上游地区原有的社会结构与文化生活，加上国家势力和汉民族文化的浸润，当地原生状态的文化与财富观受到了极大的冲击，出现了大量的土地流动。一方面，这种流动现象表现了资本主义的萌发与社会财富物质的极大提升；另一方面，则是乡村社会的经济交往和社会行为采用了更多规范的控制方式进行预防处理。如果说卖田契约主要体现了当地民众日常生活中的协商与交易的规范性，那么分关文书更多地体现了当地生命与土地共同的延续性与地方社会乡绅对当地实际控制的权威性。

盘州坪地彝族毕摩职能的现代适应

何吉连　马雪莲

（贵州民族大学民族学与历史学学院）

摘要　文化是人们在历史发展过程中创造的物质文化和精神文化的总和。文化在人类的整个发展历程中起着不可忽视的重要作用。毕摩文化作为一种彝族民间社会中口传心授的民族特色传统文化，是彝族祖先留给后代的珍贵文化遗产，蕴涵了彝族民间传统信仰文化的丰厚内涵。毕摩文化滋养了彝族人民的心灵，提升了民族凝聚力，促进了彝族社会的和谐发展。

关键词　少数民族；彝族；毕摩；现代适应

彝族的民间文献中记载着彝族古老的历史故事。毕摩是远古彝族先民社会"君臣师"政治体系中的组成部分，他们创造了内涵丰富的彝族毕摩文化。毕摩文化是以仪式和经书为载体，鬼神信仰与巫术为主要内容，同时在风俗、医疗、哲学、文学等方面都有所体现的原始宗教文化，是彝族文化的重要组成部分。

一、坪地彝族毕摩概况

六盘水市坪地彝族乡位于盘州市的北部，与水城县云盘乡及云南省宣威市田坝镇相邻。全乡共辖15个行政村，生活着彝、白、苗、水、汉等民族，是贵州省彝族分布较广的地区之一。这里风景优美、民风淳朴、冬无严寒、夏无酷暑、阳光充足，盛产玉米、洋芋、小麦等农产品。

"毕摩"在彝语中是经师的意思，即为诵念经书的长者，是主持各种宗教祭祀仪式，为人们驱邪消灾，提供精神和心理服务的诵经者。他们既掌握彝族文字，又是彝族原始宗教信仰体系的代表人物，被称为彝族社会的智者，是彝族文化的创造者、传承者和传播者。彝族人民的生产生活离不开毕摩，如婚礼、丧礼、祭祖、祭山、求雨等仪式活动都必须由毕摩主持。毕摩在彝族社会中拥有较高的地位，在彝族社会中备受彝族人民的尊敬和爱戴。坪地乡箐口村彝族聚居人口较多，是彝族毕摩文化的代表性区域，当地人民在长期的历史发展过程中创造了丰富多彩的民族文化。在长期的历史发展过程中，那里形成了一套自成体系的以毕摩为传承主体，以万物有灵为核心的民间信仰文化。毕摩文化普遍盛行于彝族社会的各个方面，是彝族民间文化的重要内容。

盘州市坪地乡箐口村、小树林村、莫西里村等几个村庄是当地毕摩的主要集聚地。周围村民家里需要举办相关民间信仰民俗活动的，便会到箐口村请当地社会威望较高的民间毕摩前去主持。箐口村高宗明毕摩便是其中一位，高毕摩出生在毕摩世家，他从小就受到毕摩文化的熏陶，对彝族的传统文化有着特殊的情怀。1991 年，他师从自己的舅父开始学习毕摩文化，此后便深感自己肩负着重要责任与民族使命，即将彝族传统的民俗文化传承下去。长期以来他一直坚持传承自己习得的文化，挖掘和研究彝族民间传统毕摩文化，同时还花费大量的时间走访坪地乡一带了解本民族文化知识的老人，收集整理当地流传的民间故事、口碑文献等民间文学知识。

二、彝族毕摩的社会角色

毕摩文化的丰富内涵，体现在彝族人生产生活的方方面面，是彝族人民最宝贵的财富。它在彝族社会的发展进程中具有重要的地位，是人们生产生活的重要支撑力，其核心内涵即是人们对原始宗教中万物有灵、祖先崇拜的信仰观。这种以人为本，重现世、重伦理的理念从侧面反映了彝族人民的心理需要。它规范着彝族社会中人们的言行举止，是社会和谐发展的推动器。

毕摩文化因其独特的文化魅力和神奇的文化意义广泛受世人关注。毕摩是毕摩文化的主体承担者和体现者，也是毕摩文化的传承者和传播者，同时又是外界人员了解彝族文化的重要载体。他们掌握大量的彝族传统文化知识，是地方性知识的持有者，在推进彝族社会向前发展的工作中扮演着重要的角色。

（一）毕摩是彝族文化的传承者

文化传承的职能是彝族毕摩最重要也是最基本的职能。毕摩是彝族社会中的知识分子，也是毕摩文化的主要承担人员。他们通过拜师学艺与自我研习这两种方式相互结合传习毕摩文化，主要传承内容包括彝文字的书写、相关民间信仰民俗活动程序的传授、主持相关祭祀典礼等。经过数十年的学习他们才能成为一名真正的毕摩。在学习的过程中他们了解了自己民族的历史发展脉络，掌握了本民族文字的书写，而后通过传习的形式把自己掌握的知识传给下一代，如祖先迁徙及民族发展的故事、民间文献经书的保存、民族文字等都在文化传承的内涵之中。他们是在彝族社会中极少部分既掌握彝族语言文字又了解彝族深厚历史文化的人，毕摩的身上寄托了彝族民族文化传承和发展的使命。

毕摩们在主持各类民间信仰民俗活动的时候需要穿戴法衣，同时还需要经书和法器助力。他们获得这些法具有两个途径，一是继承家族内年老毕摩或自己师傅的衣钵，二是在学习的过程中自己置办行头、抄写经书、购买法器。毕摩的法衣一般只有在主持仪式时才穿戴。整套服饰由帽子、衣服、披毡组成。帽子一般是用竹制的斗笠，上面饰有画着符箓的青色飘带；衣服为棉麻材质的右衽或对襟长衫；披毡由羊毛制成，上面饰有彝族图腾虎、鹰等图案，整个披毡形似神鹰展翅。彝族毕摩的法衣、经书、法器是彝族民间信仰文化的主要承载体。

（二）毕摩是彝族民间信仰活动的主持者

毕摩文化的基础内涵是原始宗教信仰，主要体现为祖先崇拜。在坪地乡，彝族人的人生礼仪和祭祀仪式都需要毕摩来主持和组织，如诞生礼、成人礼、婚礼、丧礼和民间节日中的祭神山、祭天地、祭神树、祭神石等民间信仰活动都离不开毕摩。在相关的民间信仰民俗活动中，毕摩通过诵念经书，向神灵表达现世之人的祈求，庇佑人们一切顺利，如彝族地区每年都要举办一次的祭祖大典，毕摩在祭祀仪式上颂念《指路经》等经书为死者的亡灵超度，把死者的灵魂送归祖地，祈求保佑子孙后代平安健康。

盘州市坪地彝族乡的人们每年的 3 月份都会举行祭山仪式。3 月是农忙时节的开端，这时举行祭山仪式主要是为了祈求山神庇佑当地风调雨顺、五谷丰登、人丁兴旺，仪式的主持者是在彝族社会中享有较高威望的毕摩。

祭山仪式开始之前，毕摩会根据彝族传统的历法选择祭祀吉日，一般是在当地的虎日举行。同时组织当地村民把祭山仪式中所需的祭品、祭坛搭建材料运送到山上搭建祭坛。祭山所用祭品有牛、羊、鸡、五谷、酒等，这些祭品主要是在祭山过程中用于供奉神灵；祭坛由木板和木头做基础搭建，大概长 5 米，宽 3 米。祭坛上用泡木树、青钢树和黄松等植物的树枝平铺或挂在祭坛的后方和底部周围，祭坛的左右两边放有两个 1 米高的支架，支架上分别放有一盆象征黄金的黄色木屑，仪式开始时便点燃，祭坛的中间设有祭台用于摆放祭品；祭祀场域按照祭山规模的大小划定，有东南西北中5个方位，每个方位放置有黑、红、青、黄、白5种颜色的大柱，柱上分别站有5只雄鹰，代表召唤彝族祖先神灵汇聚此地；仪式中请山神、祭祀山神、恭送山神等环节须得在毕摩的主持下完成。

（三）毕摩是彝族文化的教化者

毕摩通过自己的努力将自己毕生所学用于教育社会民众的伦理道德，规范社会发展的秩序。彝族民间经书文献和口碑文献是毕摩文化的重要部分，各种经书和民间流传的故事，都在传承着彝族丰富多彩的民族文化与民族精神。如毕摩诵念的《指路经》叙说了彝族人民的迁徙发展历程，突出了彝族人民不畏辛劳、勤劳勇敢的精神。毕摩通过诵念经书的方式告诫子孙后代不忘祖先的品质，要传承祖先的精神继续努力，通过努力创造更多的财富。

毕摩是整场丧葬法事的关键人物，仪式当天毕摩左手拿经书，右手拿法杖伴以舞蹈的形式诵念经书。不同的环节念的书不同，在整场法事中诵念的经书有《献食经》《献酒经》《招灵经》《献牲经》《指路经》等。不同的经书也有不同的意义，如《指路经》这本经书里详细记载了彝族先民的迁徙路线，主要是在丧葬中的指路仪式中诵念，意为超度亡灵使之归往故土与祖先团聚。同时，这也间接性地在仪式场域中将本民族的迁徙历史和发展历程讲述给后人，让人们在无形中接受本民族文化的熏陶和教化。

丧葬仪式有驱邪、招魂、献酒、开丧、交奠科、站营、洒水、指路、解结 9 个环节，每一个环节毕摩都是必须参与的，在不同的环节毕摩需要诵念不同的经书。只有毕摩来主持的仪式才会体现出神圣感。在整场丧葬仪式进行的过程中，可以深刻地感受到仪式折射出的浓烈的民族宗教色彩，经书的内容也大都反映了彝族人民遵循天道的伦理道德观和朴素的民族情怀。

三、彝族毕摩的现代适应

随着社会现代化的不断发展，彝族传统民间毕摩文化也在时代发展的潮流中探索着自己的发展路径。新时代社会发展的背景下，彝族毕摩的现代适应主要依托于彝族民间传统毕摩文化这一核心因素，在仍然履行毕摩传统职能的基础上，通过与民间企业、政府相关文化部门及学术界合作的方式实现毕摩文化的活态循环的发展道路。彝族毕摩的传统职能也在这样一个时代背景之下逐步扩展与丰富。贵州省盘州市的毕摩祭祀文化自被列为贵州省第二批非物质文化遗产以来，在政府相关部门的支持下积极开展民族文化传承和发展的工作，取得了可观的成效。

（一）经营文化公司

盘县笃慕彝族文化传媒公司是盘州市坪地彝族乡箐口村民间毕摩高宗明先生在社会现代化发展的背景下建立的，主要用于宣传当地包括毕摩文化在内的彝族传统文化。该公司运营的业务范围包括彝族餐饮、服饰、彝文教育等。在公司经营的餐饮业务中彝族文化主要体现在菜系和桌椅碗筷的图案和纹样等方面。菜系为当地特色的胡子汤、羊肉、牛肉以及彝族传统的火腿肉等，充分展示了彝族饮食文化内涵。桌椅碗筷以黑、红、黄三色为主色调，饰以火图腾和扣云纹等图案和纹样服饰，直观地展现了彝族的民族文化符号。除此之外，该公司还建立了毕摩文化传习所，构建了特定的彝文教学和文化展示空间。

经过几年的努力，盘县笃慕彝族文化传媒公司的运营开始步入正轨，呈现出一副欣欣向荣的发展态势，2017 年开始承办一些盘州市文体广电局的民间调查任务和相关祭祀仪式的筹备和开展。通过这些活动的举办既积极地宣传了彝族的传统民间文化，又丰富了公司的发展路径，同时也给该公司提供了新的发展思路。民营企业的运营是彝族文化的传承与保护工作的重要机制，是外来人员了解当地民族民间传统文化的窗口，高毕摩通过实际行动向外界展示了自己就是彝族毕摩文化的最佳代言人。

（二）参与学术活动

通过会议讨论的形式汇聚了很多关于彝族毕摩文化的文本材料，这是毕摩文化对外宣传的基础支撑材料，同时也是保护当地彝族民间文化的重要手段。通过走进文化持有者生存的社会去搜集民间文化，可以让文化持有者更直观地感受彝族文化的魅力，使更多的人关注到彝族的传统文化，增强它的知名度，同时也有利于推动民间传统文化保护工作的开展。

2017 年 7 月 22 日，大梭柏毕摩文化与生态保护研讨会在贵州省盘州市成功举办。会议邀请了在彝族文化研究方面拥有一定的成就的领导和专家，会议交流的主题紧紧围绕当地历史悠久的民间毕摩文化，会上坪地乡箐口村民间毕摩高宗明代表当地彝族毕摩发言。高毕摩的发言包括他带领村里的其他毕摩一起在当地进行民族文化收集的基本情况、2017 年 6 月 4 日在箐口村召开的大梭柏神鹰山地名考证民间认同会的会议成果两个方面的内容。

（三）参加文化活动

贵州省多彩贵州创意园举办的非遗周末聚系列活动是由贵州省委宣传部、贵州省文化厅、多彩贵州文化产业集团主办的每周末展示省内各地非物质文化遗产的文化活动。2017 年 9 月 23 日，"金彩盘州·文运圣地"盘州专场活动在多彩贵州创意园成功举行。盘州专场活动的内容包括美食、服饰、舞蹈和民间工艺等。彝族传统毕摩文化的活态展示环节成为该专场的亮点节目，盘州的民间毕摩代表们在台上表演了一场祭祀活动，他们的穿着与正式的祭祀仪式并无差别，法衣、经书等增添了台上表演的神秘性；通过诵念经书伴以转场的方式展示的毕摩文化引得台下的观众连连称奇，赢得一阵阵热烈的掌声。通过参加这次非遗周末聚的活动使彝族毕摩文化得到了进一步推广。贵州非物质文化遗产网、贵州微生活、贵州画报等网站或微信公众号都对盘州参加的这次非遗周末聚活动进行了精彩的报道，借力于这些互联网平台的助推，提升了彝族文化的知名度。

四、结语

在新时代背景下，文化伴随着经济的发展逐渐走向社会大舞台的中心，在社会发展过程中具有举足轻重的作用，是经济发展的内生动力。彝族拥有悠久的历史和文化，而且彝族文化的内涵十分丰富，涉及人们生活的方方面面，其文化的核心内涵便是毕摩文化。彝族社会中的毕摩是毕摩文化的创造者和传承者，他们在彝族社会的生产生活中扮演着重要的角色。随着时代的发展，彝族毕摩的现代适应问题亦是社会发展中值得研究的领域。

随着社会现代化的发展，彝族民间传统毕摩文化受到了一定程度的影响，彝族人的生产生活方式发生了转变，很多年轻人外出打工，很少接触或是学习毕摩文化，导致彝族的传统毕摩文化缺乏继承人。通过举办一些民族文化活动以增进他们对本民族文化的认识，促进人们树立本民族的文化自信心，是一种保护文化遗产的有效途径。

彝族毕摩文化博大精深、内涵丰富，研究彝族毕摩文化既具有学理价值又具有现实意义。正确认识彝族地区毕摩在社会文化建设发展中的功能，是贯彻党的民族宗教政策和民族地区发展理念的基础，对加强民族团结、推动民族向前发展具有积极的作用。我们应该紧扣时代发展的脉搏，响应新时代发展的主旋律，在尊重历史、尊重文化的前提下，以文化资源助推民族文化产业发展，以产业发展保护民族文化，既要保持本民族的文化特色，又要在运营模式上有所突破，推动彝族文化的传承与发展。

参考文献

[1] 余宏模 . 贵州彝族毕摩文化与彝文典籍类例 [J]. 贵州民族研究，1996(4).

[2] 廖玲 . 中国彝族宗教文化研究综论 [J]. 四川民族学院学报，2011(1).

[3] 杨泗艳，刘继平 . 彝族毕摩文化的开发和产业化应用 [J]. 理论探讨，2011(12).

[4] 李雅琦 . 现代化背景下彝族毕摩文化的保护与传承 [J]. 西部文化，2016(9).

[5] 卢万发 . 毕摩文化与彝族教育关系初探 [J]. 民族教育研究，1999(1).

浅谈布依族丧葬习俗
——以平塘县大塘镇洞口寨为个案

路红艳

（贵州民族大学民族学与历史学学院）

摘要 布依族在长期的历史发展过程中形成了独具特色的丧葬习俗，葬礼的仪式过程集中体现了布依族传统的原始宗教信仰，并影响了布依族人民生活的方方面面。本文通过对布依族丧葬仪式过程的论述，探讨其中蕴含的以灵魂观念为基础衍生出来的自然崇拜和祖先崇拜等原始宗教观念，分析其功能影响。

关键词 布依族丧葬；原始宗教

一、村寨概况

洞口寨位于贵州省平塘县大塘镇西关区，是一个传统的布依族村寨，全寨约 46 户人家，大多数居民是布依族，有少数汉族人口，以陈姓人家居多。该村经济以农业为主，主要农作物有水稻、玉米、茶叶、瓜果蔬菜等。近年来，社会经济迅速发展，洞口寨得到政府的大力扶持，兴修了公路，家家户户通水、通电，还建了一座小学。早前洞口寨的民居建筑以木质房屋为主，这些年随着社会经济的发展，大量年轻人外出打工，居民收入得到显著提高，大肆兴修砖房建筑，砖房小楼的数量明显增多，使得洞口寨出现砖房木瓦并存、砖房与木房交错分布的格局。洞口寨的布依族尚保留着完好的民族语言和民族服饰，无论老人还是小孩都会说布依语，日常皆用布依话交流，只有在外人来寨子里的时候才会说汉语。村寨里的大多数中老年妇女喜爱穿自己的民族服装，年轻女子在外穿汉服，回家乡穿布依服。寨子里的男人和小孩已经很少穿民族服装了，只在节日庆典时才会穿布依服。布依族民族服装款式简单大方，朴素自然，颜色以青色、蓝色、黑色为主，妇女还会用黑色或白色头巾裹头。洞口寨布依族居民的饮食以大米为主，喜爱食用糯米做的各色糯食，节日或宴客都离不开糯食，喜爱喝酒。洞口寨布依族的人们团结互助、勤劳简朴、热情好客、敬老爱老。

二、布依族丧葬的概述

（一）洞口寨布依族丧葬历史简述

从考古资料和汉文献来看，布依族历史上曾流行过二次葬、木棺葬、石棺葬、瓮棺葬等几种葬式。

据洞口寨的老摩先生和老人们所说，过去布依族曾经流行火葬、罐葬等葬式，直至现在，非正常死亡者还是采用火葬的形式。所谓罐葬，是指老人去世后，将老人的尸体火化烧成骨灰收入陶罐或缸中，等老摩先生测算出合适的下葬日期和地点后，将陶罐、缸埋入地下或放进山洞、岩层中。直到清朝中叶以后，才逐渐转化为土葬。直至今天，土葬一直都还是洞口寨的主要葬式。

（二）洞口寨布依族丧葬仪式的过程

在洞口寨生活的布依族人，如果家中有老人，就会提前给老人准备好棺木、寿衣和其他丧葬物品。棺木一般都是选用杉木来制作，据洞口寨老人们说，这种木头具有不易腐蚀、不易受白蚁等蚊虫蛀蚀的优点，能较好地保存死者身体。寿衣一般采用棉布或者土布来制作，品质较好。布依族认为人死后灵魂不灭，老人去世后要通过超度等殡亡仪式引导老人的灵魂回到祖先居住的地方去，否则老人的灵魂只能飘荡在世间，成为孤魂野鬼，这样老人的灵魂就得不到安宁，生者也会疾病缠身，诸事不顺。所以要举行超度仪式，引导、帮助老人的灵魂回到祖先居住的地方去，这样亡者才能得享极乐，并且保佑生者健康平安、富贵长寿、多子多福，生者也会得到慰藉和安宁。

布依族丧葬的主要过程有：

1. 临终和报丧

布依族老人临终前，要通知在外的儿女回来，轮流守候。老人断气后，要立即焚烧一些纸钱，名为"落气钱"，意喻为老人买通阴间的路，相当于"买路钱"，能让老人顺利走上阴间的路，进入冥界。与此同时，要鸣响土炮，给村里的人报丧。

随后，孝家及其亲属要分成几部分，一部分人去请老摩先生来主持布置灵堂和各项仪式，一部分人去村寨里请左右邻居、亲戚朋友前来帮忙。到了人家门口，一般是不能进入家中的，敲响房门等人来应以后向来人简单说明情况。孝家请求帮助时要下跪以显示诚心，而来人则迅速伸手扶住孝家，嘴中念叨着"快起快起"将孝家扶起来，而后随孝家去其家中帮忙。

2. 洗漱和换衣

一部分人留在家里给老人擦洗身体，收殓遗容。如果是男性老人，要将老人的头发剃了，戴上寿帽；如果是女性老人，就要给老人梳头挽发，收拾干净整齐。随后给老人换上寿服和鞋袜，寿服一般是土布或者棉布制成的唐装类型的长袍大褂，一般穿五件或七件——上衣穿三件，下衣穿两件，或者上衣穿四件，下衣穿三件，且寿服的件数只能是单数不能是双数。穿好寿服后，将一小块碎银子放入死者的口中，叫作"嘴巴钱"。随后，孝家换上孝服，男子孝服是白色长袍，女子则是白色短衣，不论老幼，都要用白色孝帕包住头。

3. 布置灵堂和立幡杆

将死者洗漱好、穿戴整齐后，老摩先生就在死者的身旁念诵一段话，大意为某某老人狠心了，他（她）丢儿丢女了，某某老人时间到了，命归天了。在布依族的传统观念中，人死后魂魄离体，灵魂并不能意识到他已经死亡，意识还停留在生前，所以布摩念诵这段话就是要让死者清晰地认识到他已经离开人世，从此和生前是两个世界了，从而让亡魂实现从活人世界向亡灵世界的转换。念完后，在老摩先生的指导下，在灵堂里搭一张简易的小床，在床上铺上一层白布，将老人的身体舒展、仰面朝上放在上面，表面再用一层白布遮盖，然后用白布在床周围围出一个单独的小空间，将死者和生者隔开。死者的摆放方向要顺应房间房梁的方向，要顺着不能和房梁交叉或是横着摆放。在死者的头部方向要摆放一张桌子，桌子的一侧放上一个米斗或米盒，其中盛有一升米，上面插上香火蜡烛；中间则摆放灵牌；前方则摆放瓜果酒肉等供品。同时，在死者的头部位置还要点上一盏长明灯，一般是用一个小碟子或小碗盛以菜油（或煤油）为灯油，以棉线或白纸搓成的细纸条为灯芯。在整个殡亡仪式过程中，供品桌上的香烛或者长明灯都不能熄灭，要随时注意上香点烛和添加灯油。

老摩先生还要带领孝家的一些亲属带上香烛等祭品去竹林，老摩先生要祭祀、供奉竹林，孝家要跪拜竹神。经过老摩先生的祈祷后孝家开始挑选和砍伐竹子来布置灵堂和做幡杆（竹林如果是有主的要提前和主人说一声，征得主人的同意，并给予主人相应的报酬）。一般以整根竹子长势良好、不被虫蛀、表面光洁、不断尖者为佳，如果是能找到同一根部生长了两根竹子的"姊妹竹"更好。砍伐竹子的时候竹子不能倒地，并且要在竹子的根部埋一枚铜钱。带回家的竹子也不能让人或者动物从它上面横跨过去，布依族认为这会让竹子的神性消失，就不灵了。

竹子抬回家后，在老摩先生的指导下，用一部分竹子做成一个长方体或正方体形状的小房子，在房子的门窗部分和顶部用各式彩纸加以装饰。这个房子将死者和供品桌笼罩在其中形成一个独立空间，老摩先生主持的仪式和孝家对死者的跪拜和哀悼都在这个空间里面完成。在这个房子的门上，还要贴上挽联。然后，挑几根品相极佳的竹子做幡杆，幡杆上挂着各色彩纸做成的望山钱，布摩测算出一个吉时作为立幡杆的时辰。时辰一到，敲锣打鼓，吹响唢呐，鸣放鞭炮，孝家齐齐跪在幡杆面前，布摩吟唱经文，在此过程中，幡杆缓缓立起。

4. 超度

做好这些布置后，就要开始整个超度的殡亡仪式了。仪式过程的时间有长有短，一般来说，如果是年轻死者，仪式过程就相对简单且时间较短；如果是寿终正寝的老人，那么仪式过程就相对复杂且时间较长，时间要根据死者的生辰八字、生肖属相和最近的良辰吉日，以及孝家的财力测算出来的下葬日期来决定。一般情况下超度的殡亡仪式是三到七天，但也有例外，如孝家财力丰厚想要大肆操办，也有十多天的情况。在此期间，布摩要敲锣打鼓、吹唢呐奏哀乐，日夜吟唱经文；孝家子女要跪在死者灵前，根据布摩的指示进行跪拜，一为答谢死者的养育之恩，二为死者日夜祈福早登极乐。夜晚也要有孝家为死者守灵。

5. 宴客和入殓

在停丧守灵期间，亲戚朋友、宾客陆续到来。在死者下葬的前一天会宴请宾客，在这一天，宾客的数量最多。来客一般带上自家蒸的各色糯米饭、酒肉和提前几天准备好的用彩纸做成的纸马、纸人、纸房子和各种家电，还有棉被、毛毯等物品。有的亲属还会带祭文、小猪、鸡鸭等来祭奠，亲属关系较近者，还会换上孝服。现在，也有不带祭品，直接用钱上礼的情况。孝家则请信得过的人用专门记录每位客人所带来的礼金和祭品，以便将来还礼。每来一个宾客，孝家都要在门口或者路口跪迎，以示诚心感谢。而来客则要到小房子里面献上祭品、抚慰家属，小辈还要跪在死者的灵前磕头、哀悼。带祭文来的还要将祭文念上一遍，以示悼念，告慰死者。

到了宴客时间，宾客们则到席上吃饭。吃完饭，孝家将累了的客人安排到左右邻居家休息，有的客人则返回死者灵前，祭奠死者、安慰生者。这一天，按照提前测算出的入殓和出殡吉时，一般情况下都是在晚上安置死者入殓。到了时辰，孝家收拾干净棺木，铺上一层白布，将死者遗体小心移入棺木，在死者头下垫一些纸钱，将死者的头部摆正，并且将之前放于死者口中的碎银子拿出来，不能让它随着死者葬入地下。安置好后，将棺材盖盖至一半，供死者亲属瞻仰遗容，然后将棺木合拢。

6. 发丧

发丧时间一般都是在凌晨四五点钟左右，在天将亮未亮之时。到了时辰，立即鸣土炮、奏哀乐，将棺木抬到门口摆放。在棺材表面裹一层红色的床单或者毛毯，并让一只公鸡站在或者将其拴在红毯上方，这就是人们所说的"引路鸡"。死者儿女和亲属们聚在棺木左右齐声痛哭、哀悼死者，也就是"哭丧"。

紧接着，到了出殡的时辰，死者亲属以及邻居组成一支出殡队伍，出发时要先燃放鞭炮，奏响哀乐。队伍的前方是女婿打着火把在前领路，接着是拿着幡杆的、拿着"望山钱"的、在路上丢撒纸钱的人，以及拿着各种纸人、纸马、纸房子等祭品的人，然后是孝子手拿一根竹棍走在棺木的前面，身后跟着十多个壮年男子抬着棺木，最后是奏响哀乐的各位乐师以及其余亲属。在洞口寨，有一些出殡队伍还会让七个妇女拉着一张青布或蓝布在棺木前面跑，身后八个男子抬着棺木跟在后面，称为"七拉八抬"，象征着风风光光、热闹的氛围，是当地非常体面的一种葬礼仪式。在出殡的路上，要一路鸣放鞭炮、吹奏哀乐，边走边撒纸钱，遇到比较陡峭的、路不好走的地方，孝子孝女要跪趴在路上，让棺木从其身上抬过去。到了安葬地点，称为"井"，将棺木停放在已经提前挖好的墓坑，井的旁边，要等到布摩根据死者八字算好的时辰才能下葬。然后，根据布摩的指示，要先将带来的望山钱、纸人纸马、花圈等祭品先烧了。

7. 砍牛

将棺木抬上山后（有些时候在前一天宴客过后进行砍牛），选择一个比较空旷宽阔的田坝或者空地进行砍牛。砍牛时，村寨里的人和众多宾客齐聚一堂，现场人声鼎沸，热闹非凡。围观人群中有几个打着红伞的女性格外引人注目，她们是死者的孝媳，打红伞是为了保护她们：打了红伞，一切邪恶的鬼魂就不能看见或挨近她们了。若是未过门的媳妇，还要在她的手臂上扎上一条红色布条，表示还未进门就让她遇见不幸的事、撞上"不干净"的东西,所以为她挂红,帮助她祛除邪恶与不幸。这体现了布依族人对家中繁衍后代的女性的重视。在场地中布置一张供品桌,中央立数根竹桩,上面吊上用白纸做的形似盖状的纸花,在另一侧做两个简易支架,担一根竹竿,上面缠绕着鞭炮。到了吉时,唢呐奏响哀乐,鞭炮齐鸣,女婿用自己搓出来的草绳牵出一头牛来,亲属拿出事先准备好的糯米饭来喂牛,一直喂到牛不吃为止。然后,布摩身穿长袍、头戴斗笠、手拿砍牛刀进场,布摩带领孝家亲属(女婿女儿走在前,孝子孝媳在后)牵着牛围着木桩绕三圈,布摩口中念诵砍牛经。念完后,就开始砍牛,布摩先佯装砍上三刀,然后再由女婿来砍牛,如果女婿没有能力砍死牛的,则要包红包来请专业的师傅来砍牛(红包大小金额不定,一般是一个吉利的数字,但一定要用红包包起来,否则不会有人愿意替他砍牛)。牛砍死后,将中间的竹桩放倒,将牛煮食,但孝家及其家族都不能吃,只能让女婿和村寨的邻居或者宾客吃。现在,葬礼简化,寨子里举行丧葬已经很少有砍牛仪式了,有些人家即使举行砍牛仪式,由于成本的原因也会将牛换成羊或者鸡等家畜,但是在名义仍然叫"牛"。

8.吊井和安葬

砍牛完毕后,到了安葬的时辰,布摩和亲属返回墓地,布摩要杀一只公鸡,把它在棺材上绕三圈,另外再用一只鸡来吊井,布摩口中念诵经文,大意为"吊井吊井,一吊左边生贵子,二吊右边成状元,三吊井头代代子孙出公侯,四吊井脚子孙辈辈都安乐"。然后再在井里撒一些纸钱，将鸡赶进井里面走一趟，烧一些纸钱，称为"暖地基"。暖完地后，就将棺木移进其中，开棺，检查死者头部是否偏移，摆正后让亲友最后瞻仰死者遗容，盖棺后由孝子将第一捧土捧入坟冢，然后其余亲友才能一起帮忙捧土盖棺，修建坟墓，最后将一支魂杆插在坟头上，就算安葬完毕。"引路鸡"和"暖地鸡"由主人家带回家里喂养，不能杀也不能卖，"吊井鸡"由布摩带回。至于杀了的那只鸡，则由大家分食。布依族丧葬中还存在着一种"不落土"的情况，死者的年岁或是八字不适合当年埋葬的，将死者的棺木抬上山后不能马上埋葬，要在墓井中铺上两根竹子削成的竹篾条，然后将棺木放置在井坑中，压在竹篾条上。到了合适的年份，才分别从棺木的两侧抽出竹篾条，才能垒土砌坟。

9. 扫家

埋葬完毕后，布摩会给孝家测算出一个合适的日子来给孝家扫家，称为"扫梁嘎"。到了测算的日期，要准备一只鸭子、一张白帕子、一把镰刀、一把锄头（只要金属的锄头头部）、一个簸箕，将鸭子、镰刀和锄头等物品放到簸箕里面，抬着簸箕在孝家的房子里走一遍，用白帕子做挥洒状，将屋子里的里里外外、大小角落都"扫"一遍，意喻孝家和亲属的眼泪"扫"出去，带走死亡和悲伤。扫完家后，任何人都不能再哭，否则就意味着眼泪和悲伤"扫"不走，会给家中带来不幸，是极不吉利的。

10. 烧灵

死者下葬后，在 49 天或 81 天之内，孝家要将死者的灵牌供奉在堂屋的神龛桌子上，日日祭奠。在 49 天或 81 天后，孝家要举行烧孝（或称烧灵）仪式，通知家族中为死者戴孝的人集中到孝家来，准备好祭祀的香烛纸钱和贡品，为死者披麻戴孝的人们一起跪在供奉了死者灵牌的神龛前，布摩点上香烛，燃烧纸钱，为死者献祭，然后口中念诵经文，大意是给死者交代清楚事情：今天是个好时辰，儿女供奉到今天，今天给你烧灵了，从此安心住阴间。然后就可以把孝家以及相关亲属的孝服烧了，如果不愿意烧孝服的话也可以用孝服中的腰带充当孝服来燃烧。烧孝过后，孝家就不用再日日供奉死者，不用再每日给死者点香烧纸。

11. 禁忌

布依族丧葬仪式集中体现了布依族人民的原始宗教信仰与禁忌，遵循着布依族人民的宗教规则和伦理规范。葬礼过程中有诸多禁忌，任何人不得违反，否则会惊扰了死者的亡灵，使其不得安息，生者也会受到牵连。

布依族丧葬仪式过程中的禁忌有：给死者穿的寿衣必须是单数，不能是双数；禁止和死者八字相冲或生肖相冲的人出现在丧葬现场，如果死者亲属中有谁和死者相冲，就要回避，否则冲撞了死者，鬼魂就会纠缠生者，给生者带来疾病；在葬礼的过程中，不能贴红对联，只能贴书写在黄纸或者绿纸上的对联；葬礼过后，孝家要为死者守孝 3 年，在这 3 年内孝家不能办婚嫁等喜事，期间也不能贴红对联，现在守孝3年的习俗已经逐渐消失，基本上不会再这么严格的遵守了。非正常死亡的死者不能实行土葬，只能火葬，且丧事忌讳大操大办，死在外面的人也忌讳抬回家里，只能放在院坝里或者屋檐下，有的甚至不能抬进寨门，认为会给寨子带来灾祸，不吉利。

随着时代的变迁，洞口寨布依族与外界的交流越来越多，很多原有的禁忌也随之消失。

三、布依族丧葬仪式体现的原始宗教观念

原始宗教是人类社会历史上出现地最早的宗教，是人类宗教的发端。在原始社会时期，由于时代和知识水平的局限性，人们并不能理解人为何会做梦——身体在沉睡、意识却在活动的生理现象，不能理解脑海中为何出现现实生活活动景象等现象，从而幻想出人有灵魂的观点——做梦时是因为灵魂离开身体去做其他事情，脑海中的景象是灵魂在活动。原始人对自然现象的理解也存在误区，不能理解诸如日升月落、风雨雷电等自然现象，将灵魂观念广泛应用到自然界中的万事万物中去，认为不止人类有灵魂，其他事物也有灵魂，推导出了万物有灵观念。在原始社会时期，由于生产力的不发达和认识水平的低下，人们对自然现象存在畏惧心理，将之神化加以膜拜，形成对自然物的崇拜，进而发展出图腾崇拜和祖先崇拜等信仰，原始宗教开始产生。所谓原始宗教，就是指人类在原始时代所产生的宗教，约出现于旧石器时代中期氏族社会形成阶段。基本特征是将支配原始人生活的自然力和自然物人格化，变成超自

然的神灵。作为崇拜对象，最初是在万物有灵观基础上形成的精灵崇拜，其主要表现为图腾崇拜，以及随之出现的巫术、自然崇拜、祖先崇拜、灵物崇拜和偶像崇拜等。布依族是我国民族的一个重要分支，居住在广袤的山区，形成了许多独具特色的文化传统和习俗风尚，原始宗教也是如此。布依族一直保留着历代传承下来的原始宗教信仰，在平常生活中受到了原始宗教的强烈影响，布依族丧葬便是其原始宗教的一个集中体现。在洞口寨布依族丧葬仪式过程中体现出来的原始宗教观念有：

（一）灵魂观念和万物有灵观念

灵魂观念是指相信人的身体中还存在着一种与肉体相对立的精神体，主宰人的思想、行为和意识，在肉体消逝后仍然存在。布依族人民普遍相信灵魂观念，他们认为，人死后灵魂去往另一个世界继续生活。布依族认为，生与死有明确而又严格的界限，活人有活人的世界，灵魂有灵魂的世界，二者有明确的位置，只有各归其位才能平安无事。死者灵魂如果不进入亡灵世界，一直停留在人世间就会成为孤魂野鬼，就会扰乱生死之间的秩序，造成混乱，无论是对于活人还是灵魂来说都是一件不好的事。在布依族的观念中，人死后要回到祖先居住的地方和祖灵们生活在一起才是幸福的。人在刚死的时候灵魂对人世间充满了怀念与不舍，对于将要去往的亡灵世界深感茫然不知所措，找不到回祖先居住之地的路，所以就要通过葬礼来帮助死者回到祖灵之地。葬礼实际上就是一种通过转换的仪式，通过"半人半神"的布摩主持仪式来引导死者明确生死界限、转换观念，引导灵魂找到去往祖灵之地的道路。葬礼的作用，就是超度死者，让其能够顺利进入亡灵的世界，给予生者安慰。

布依族的丧葬仪式处处体现了灵魂观念。人们都相信，死后灵魂能够长存不灭并且过着和生前一样的生活。所以，为了安抚死者、安慰生者让其减轻对于死者的牵挂和愧疚，人们在葬礼的过程中大量焚烧纸钱，希望死者有足够多的钱来花费；日夜供奉希望死者吃得好、喝得好；选择一块风水宝地希望死者能够得到安宁；焚烧纸衣、纸房子、纸马、纸家电等祭品希望死者在另一个世界的生活便利、富足。总而言之，活人愿意尽可能地为死者灵魂提供一切生活上的条件，希望死者灵魂能够幸福的生活。从这一层面上来说，葬礼其实给生者提供了很大的心理安慰。

万物有灵，原意指一切存在物和自然现象中的神秘属性，即神灵。古时候，由于知识水平的低下，布依族先民们无法理解诸多自然现象，对于日月星辰、风雨雷电和花草树木等自然物充满了自己的幻想，认为在冥冥之中有一种可以操纵自然的力量。他们在灵魂观念的基础上将万事万物人格化，推导出了万物皆有灵魂的观点，将之神化并加以膜拜，形成自然物崇拜。万物有灵的信仰和布依族先民的生产生活息息相关，有的是因为对自然的畏惧而形成崇拜，有的是因为受到自然的恩赐而崇拜。比如说，人们对于雷电这一自然现象往往怀着敬畏之心，所以人们崇拜雷神；土地赐予人们生存必需的粮食所以人们崇拜土地神；牛在古代农业耕种中起着无法替代的作用，所以人们崇拜牛；等等。在布依族社会中，万物有灵的信仰现象十分普遍，布依族村寨中常见的有护寨神树、土地庙等，崇拜的对象范围十分广泛，包括天神、土地神、山神、水神、树神、风神、雨神、雷神、竹神等。

在今天布依族的丧葬仪式中，我们还能找到其万物有灵信仰的遗迹，如对竹神的信仰，他们认为用神竹做幡杆可接引死者灵魂进入冥界。

（二）祖先崇拜

祖先崇拜是基于灵魂观念发展出来的，指相信家族中死去的亲人的灵魂依然存在，将之神化后并对后代产生影响的信仰。布依族的祖先崇拜主要是对有血缘关系的祖先的崇拜。布依族认为人源于祖先，死后升天亦归到祖先身旁。在布依族的观念中，祖先的灵魂会聚居在一个地方，幻想出一个祖灵之地，死去的亲人只有到达祖灵之地和祖先们生活在一起才会幸福。如果亲人死后灵魂不能顺利进入祖灵之地，长久留在人间就会作祟纠缠生人。在洞口寨中现在还有"鬼缠人"的传说，认为死者的灵魂会附身到生者上，给生者带来疾病和灾祸。所以就要通过葬礼超度死者，引导其灵魂找到前往祖灵之地的道路，祭祀供奉祈求死者顺利回到祖灵之地，保佑家族中人平安健康。祖先崇拜带有明显的功利性，供奉祖先是为了让祖先高兴从而满足自己的愿望，保佑自己达到目的。通过规模隆重的葬礼以及长期定时的供奉，死者和生者之间形成一种特殊的互惠关系：我用丰厚的祭品供奉你，那你就要帮助我消灾解困，保佑子孙福泽深厚、平安富贵。

另外,布依族的祖先崇拜还体现了布依族人怀念祖先功德、向祖先学习的精神传统。布依族是一个历史悠久的民族,在过去的漫长岁月当中,布依族祖先创造出了璀璨的物质和精神文明,形成了许多生产生活的先进经验和为人处世的方法、原则,对于今天的实践生活有重要的指导意义。在布依族的观念中,祖先做人做事的方法大多都是正确的,晚辈要遵循祖先留下来的传统,听从长辈的教诲,学习前人的品行,指导、帮助自己在生活中少犯错误、少走弯路。布依族祖先崇拜的信仰表达了布依族人民对于美好生活的愿望和追求。

在布依族村寨中,每家每户都在堂屋设有神龛供奉祖先的灵位,有些家族还修建了祠堂,在死者忌日或者清明等节日都要祭祀死者,定期打扫、修葺坟墓等都是祖先崇拜的反映。

(三)自然物崇拜

自然物崇拜是古人无法正确理解自然现象,认为万事万物背后都有一种神秘的力量来操纵,将万事万物拟人化,形成一种具象的神灵崇拜,从而演变成自然物崇拜。自然物崇拜是一种普遍的原始宗教信仰,布依族的自然物崇拜涉及鱼、龙、牛、竹等。在布依族的丧葬仪式中主要体现了竹崇拜和牛崇拜。

在布依族,对竹的崇拜颇为盛行,并经历了长期的历史发展。在布依族地区,广泛流传着"竹王从竹而生"的传说。在布依族居住的山区,竹子漫山遍野,并且很难看见自然死亡的竹子。竹子具有顽强的生命力和不惧风雨的坚韧品格,布依族人崇尚竹子的这些品格。在古代，竹子广泛应用于布依族的生产生活当中，比如说用竹子来搭建房屋，用竹子来编织生活用具等。人们感谢竹子的赐予，在长期的历史发展中，逐渐形成了对竹的崇拜。人们认为，人类的诞生得到了竹神的保佑，具有一种神圣的特性。竹图腾崇拜往往表现在和人生礼仪有关的活动中。在布依族地区，竹子普遍应用于求子、丧葬、祈福、祛病等仪式中。

他们认为竹是有灵魂的，人的灵魂从竹而生，年老逝世随竹升天，人的生存也要由竹神保佑，选择竹作"龙戈"的目的，就是希望死者灵魂能随着竹魂一起升天。从布依族的丧葬仪式过程中我们可以看出来，竹子运用到葬礼的方方面面，并且竹子在布依族人的心目中是很神圣的：死者的空间要用竹子来构建一个"小房子"，魂杆要用竹子来制作，孝子在出殡时要手拿一根小竹棍，女婿要用竹火把来领路，等等。选用竹子的过程复杂，要求非常严格，不但要布摩带领孝家举行祭祀、向竹神祈祷，而且竹子要符合长势好、不断尖、不被虫蛀等特定要求，抬回家后不能让人或动物从竹子上面跨过，否则会让竹子的灵魂受到玷污，神性也会消失。

牛崇拜现象在布依族地区也十分普遍。在布依族中有白牛带领布依族人找到水源的传说。古代生产力低下，牛是布依族人生产生活中不可缺少的伙伴。布依族的传统农业以稻作农业为主，牛耕在布依族生产劳动中占有非常重要的地位，所以布依族十分依赖牛，生活中离不开牛。他们认为牛是勤劳的代表，进而形成对牛的崇拜。牛的力气很大，人们崇拜牛，希望能够得到牛魂的神力支持。同时，由于物质水平低下，牛也是财富的象征。所以，布依族人对牛的崇拜现象十分普遍。在丧葬时砍牛，祭祀时也要用牛。牛肉是布依族人民喜爱的食物，过"牛王节"来慰劳辛苦耕种的牛，以上皆是布依族牛崇拜的反映。

（四）阴阳风水观念

阴阳风水观念是中华民族传统文化的一部分，在我国流传了上千年，历史悠久，源远流长，对中华民族产生了深刻而广泛的影响。阴阳观念最开始的时候来源于阳光的向背，向阳的一面为阳，反之反面为阴，后来引申为自然界和人类社会中的一切对立统一的矛盾体，比如说高与低、大与小、快与慢、冷与热、黑与白、上与下、吉与凶、祸与福等。这些事物或现象都可以分为相互对应的两个方面，是相互对立又相互依存的统一体。到最后，阴阳概念的内涵被拓展到极致，宇宙间万事万物都可以归结为阴与阳两大类，一切事物的形成和变化，全凭阴阳二气的运动与转换，这就是"阴阳交而生物"。阴阳两者又处于一个变化的过程中，此消彼长，你进我退，二者可以相互转换，比如冬去春来、日落月生、昼夜交替等自然现象与阴阳观念及矛盾对立统一，在一定条件下矛盾双方可以相互转化的哲学观念有异曲同工之妙。风水观念则是一种人与环境相互适应的观念，由《周易》而生发的"风水"概念是中国古代特有的一种文化现象，旧指住宅基地、坟地等自然形势，如地脉、山水的方向等。在 1989 年版的《辞海》中，"风水"之定义如下："亦称'堪舆'。一种迷信。认为住宅基地或坟地周围的风向水流等形势，能招致住者或葬者一家的祸福。也指相宅、相墓之法。"在我们中国人的传统观念中，万事万物都是由"气"来构成的，气实际上就是能量，能量的多少影响环境的变化，而风水可以改变一个环境中的能量，从而改变环境中的人或者尸体。风水以人为根本，风柔气聚、场和气润。气乘风则散，说明太疾厉的风可把环境场中的气给散掉。传统观念认为，气有阴阳二气之分，二者达到平衡才有利于事物的发展。遵循物极必反的规律，阳盛或者阴盛都是不好的，阴阳和谐则为事物的最佳状态。而风水可以推动阴阳二气的变化、发展，好的风水能促进阴阳和谐，使亡灵安静平和，保佑后人能够福泽绵延；而不好的风水会导致亡灵变成凶煞恶鬼，纠缠生人，使得死者和生人皆不得安宁。坟地的选择影响了生者的寿命、劫数、财富子孙等。所以，安葬地点的选择十分重要。

布依族墓地的选择遵循阴阳风水的观念。布依族死者在下葬前，要先由布摩去"踩山"，探清山的朝向、属性和是否有水源以及水源的流向等问题，再根据死者的生辰八字、生肖、死亡日期时辰等来卜算、选择墓地，要选择合适的地势、朝向以及"来水"与"去水"的方向（墓地的选择最好在一个有水流循环的地方，水流的循环象征了生命的循环、生命的生生不息），另外，还要结合季节气候的变化等因素来进行选择。墓地的选择要符合阴阳和谐、五行相生相克的理念。

（五）布依族丧葬仪式体现的原始宗教观念及其与汉族的异同

中国是一个统一的多民族国家，众多的少数民族和汉族自古以来就生活在这片古老的土地上，形成了"大杂居，小聚居"的分布格局。布依族的分布也遵循了这一特点，和汉族、苗族、水族等多个民族生活在一起，民族之间文化相互交流、相互影响。其中，布依族受到汉族文化的影响最深，布依族丧葬仪式文化也受到了汉族文化的深远影响，这里做简单分析。

近些年来，由于长期居住在汉文化辐射地区，布依族的丧葬习俗受到了汉族丧葬的强烈影响，许多原有的布依族传统葬俗逐渐向汉族转化。就拿葬礼主持人来说，过去布依族丧葬只能由布摩来主持，而现在许多布依族老人去世也会请汉族先生来主持。葬礼过程中许多做法也借鉴了汉族丧葬仪式，同时具有汉族和布依族的特点。一些传统的布依族葬俗逐渐消失，如布依族丧葬的砍牛仪式，葬礼结束后的扫家、烧灵仪式，守孝三年，等等。

布依族丧葬背后蕴含了深刻的原始宗教文化内涵，和汉族丧葬的宗教信仰文化也有许多相似之处。布依族的灵魂观念（去往祖灵之地继续生活）与汉族的灵魂不灭观念、彼岸观和来世说有很大的相似之处，祖先崇拜与汉族慎终追远、溯本返祖的祖先崇拜内涵基本一致，阴阳风水堪舆观念也是借鉴汉族的。汉族虽然没有形成专门的竹图腾和牛图腾崇拜，但是对身为花中"四君子"之一竹清白正直、坚韧不拔的高洁品性也是颇为欣赏，赞誉有加；对于勤劳无私、默默奉献的牛也怀有感激和尊敬之情，农业民族对牛都是十分看重的。汉族和布依族的文化交流促使布依族的丧葬具有汉族和布依族的特点，形成了多元的文化因素，但也对传统的布依族葬俗产生冲击，要正确借鉴优秀文化，求同存异，才能让布依族传统丧葬文化充满生命力。

四、功能影响分析

（一）功能

1. 教育功能

布依族丧葬的教育功能主要体现在对子孙后辈的孝道教育以及与人为善的理念上。布依族人们对祖先的崇拜，就在潜移默化中教育子孙要尊老、孝顺老人。丧葬仪式中，孝子孝女对死者的祭祀供奉、跪拜守灵等行为，一方面是对死者养育之恩的回报；另一方面又身体力行地为下一代做出表率，教导子孙要敬老爱老，尊重长辈。尊重祖先，祖先就会保佑生者福泽安康，否则，就会家门不安、诸事不顺。同时，布依族对祖先的崇拜，也会让布依族人民牢记祖先的功德，保持流传下来的传统。这就在潜移默化中教育子孙后代不能忘本，让子孙后代自觉学习本民族的优秀传统。

另外，布依族的灵魂观念又教导布依族积德行善，多行义事，具有道德教化作用。布依族长辈为了在死后的世界过得好，得到后辈的尊重和供奉，就会以身作则为后辈做出良好的榜样和表率，多做善事，为公众奉献。灵魂观念对于布依族人塑造良好的思想道德品质起到了积极的作用。

2. 心理功能

丧葬仪式是一个超度死者、安慰生者的过程。布依族相信，经过祭祀超度，死者灵魂能够进入祖灵之地，并且像在人世一样生活。所以，布依族对待生死的观念较为豁达，失去亲人的痛苦也就不那么让人难以承受了。老人寿终正寝，是一件喜事而不是丧事。所以亲人去世，人们不是忙着悲痛而是忙着为死者准备葬礼和祭品，人们希望死者能在葬礼的超度过程中顺利进入祖灵之地，焚烧祭品以便让死者能在另一个世界更好地生活。从这一层面上来说，丧葬仪式将人们的悲伤转移了，给予生者以心理慰藉。另外，布依族相信灵魂的观念，将今生的不幸寄托于死后世界幸福的生活，这样布依族人民的生活就有了希望，现实的困苦得以抚慰，死亡的恐惧得以消减。

3. 文化传承功能

布依族丰富多彩的传统文化通过丧葬仪式得到了体现。丧葬是布依族宗教文化的集中体现和传承的有效方式，随着时代的变化，信息的交流，越来越多的布依族年轻人已经渐渐不再信仰布依族的原始宗教，布依族的传统渐渐丧失活力。通过丧葬的仪式过程，将这些传统的自然信仰崇拜以直观的形式展示给更多的人，让布依族的传统文化传承下去，焕发新的生命力。同时，布依族的饮食文化、服饰文化也在葬礼的过程中得以展现和传承。布依族是一个没有文字的民族，丧葬仪式以直观的形式将本民族传统的宗教文化、饮食文化、服饰文化、伦理道德、处事原则等民族传统传承下来，是布依族传承和传播文化的重要途径。

在丧葬仪式的过程中，布依族人民追溯了祖先的功德，重温民族的优秀传统，增强对本民族的认同感和自豪感，有利于增强本民族的内部团结和凝聚力，是布依族延续和发展民族历史传统的有效途径。

另外，布摩通过丧葬过程也展现了自己作为布依族文化传承者的身份。布摩在布依族社会中是一个不可或缺的角色，长期活跃于布依族人民的各项民俗活动中，对布依族社会产生了巨大的影响。布摩通过主持各种祭祀、民族活动，把本民族的历史文化、宗教思想、传统伦理、价值观念、民族习惯等予以彰显，以形象、直观的方式传递给大众，并把这些精神文化信息，以程序化和模式化的形式进行系统化保存，使之得以代代流传。

4. 社交和经济功能

丧葬仪式对于改善家庭之间长辈与晚辈的关系有积极的意义。长辈以身作则为晚辈树立了良好的榜样。爱老敬老、乐观善良、勤劳豁达，这些优秀的品质能加深晚辈对长辈的孺慕之情。而在世的长辈看到晚辈在丧葬中对于过世长辈的尊敬与供奉，想到自己死后也能得到相同的待遇，心中也会得到宽慰，能增加长辈对晚辈的认可和赞赏。如此，二者之间就能形成良好的互动关系，和睦相亲，对改善人与人之间的关系，促进家庭和家族的团结和发展有重要的作用。

仅仅孝家一家人是无法办好葬礼的，它需要寨子里左右邻居及相关亲属的通力合作。在布依族社会中，谁家逢上婚丧嫁娶，左邻右舍都会来帮忙，久违不见的亲朋好友也会齐聚一堂，团结互助。布依族丧葬仪式把左邻右舍和四方亲戚聚在了一起，大家一同哀悼死者、互相劝慰，一同分担失去亲人的痛苦，承担操办丧事的义务，给予孝家精神上和财力物力上的支持。葬礼的过程增强了布依族人民之间的情感交流，协调了家族与社区之间的关系，在长期的历史生活中形成了彼此尊重、团结互助、祸福同当的生活准则，大大增强了布依族的民族凝聚力。同时，葬礼过程中需要大量的原材料，会采办种类繁多的祭品，对促进布依族地区的行业发展起到重要的作用。亲戚朋友和村民之间的送礼和还礼行为促进了村寨之间、寨邻之间的经济交往。

（二）影响

布依族丧葬体现出来的原始宗教观念影响了布依族人民精神生活和物质生活的方方面面。灵魂不死的观念衍生出布依族豁达的生死观，让人们能够坦然地面对死亡，消除对死亡的不安与恐惧。生物的本能就是贪生怕死，不管是细微如毛虫还是强壮如猛兽都是如此，对死亡充满了焦虑与惧怕。布依族的灵魂观念却能够消除人们对死亡的恐惧，坦然面对生死，淡然处之。人们相信肉体的死亡并不是生命的终结，而是现实苦难生活的结束，死亡意味着一个新的开始。同时，人们为了死后能够顺利进入祖灵之地，在生前也注意积德行善，不做伤天害理的事情，祖先崇拜又形成了敬老爱老、孝顺长辈的孝道观念。在葬礼过程中对左右邻居、亲朋好友的依赖形成了布依族人民相互依赖、团结友爱、互帮互助的良好关系，对于消除人与人之间的矛盾、促进村寨发展起到了积极的作用。布依族的原始宗教信仰促使人们形成尊老爱幼、祸福同当、团结互助、行善积德、追求道义的生活原则，促进了布依族社会的发展。

五、结语

中国是一个丧葬文化浓厚的国家，在长期的历史发展中，各个民族都形成了殊途同归却又别具一格的丧葬文化。布依族广泛居住山区，形成了自己独特的文化，拥有自己独特的宗教。布依族的丧葬仪式过程冗长而又复杂，体现了布依族人民的原始宗教信仰观念，表达了布依族传统的生死观，塑造了布依族敬老爱幼、团结友爱、祸福同当的传统美德。布依族传统丧葬仪式起到密切亲属关系和社区邻里关系，协调家族和社区关系，宣扬以孝道为中心的传统伦理，继承和保护布依族传统原始宗教信仰文化的作用。布依族的丧葬仪式蕴涵着许多文化内涵，对当代布依族社会有很重要的影响。

随着时代与社会经济的发展，布依族地区与外界的交往日益增多，受到外界的影响越来越大。现在在布依族地区许多地方的传统文化已经消失不见，布依族丧葬仪式的过程简化，许多环节甚至已经取消，能够主持丧葬仪式的布摩越来越少，年轻人也越来越不懂丧葬仪式的文化内涵。布依族丧葬文化具有许多积极的意义，我们要加强对它的保护，取其精华去其糟粕，将其中积极的作用充分发挥出来，保持布依族的优良传统。

参考文献

[1] 林耀华. 民族学通论 [M]. 北京：中央民族大学出版社，1997.

[2] 贵州省地方志编纂委员会编. 贵州省志·民族志 [M]. 贵阳：贵州民族出版社，2002.

[3] 贵州省民族事务委员会，贵州省民族研究所编. 贵州"六山六水"民族调查资料选编·布依族卷 [M]. 贵阳：贵州民族出版社，2007.

[4] 贵州省民族事务委员会编. 布依族文化大观 [M]. 贵阳：贵州民族出版社，2012.

[5] 夏征农. 辞海 [M]. 上海：上海辞书出版社，1990.

[6] 孔又专. 万物有灵论与原始宗教观念——读泰勒《原始文化》散札 [J]. 三峡论坛，2011 (6).

[7] 伍文义. 布依族《摩经·用牛祭祖词》语言文化研究——"天堂观"及其孝道伦理 [J]. 贵州社会科学，2012 (8).

[8] 吉成名. 论祖先崇拜 [J]. 湘潭大学学报，2015 (4).

[9] 黄泽梅. 布依族《摩经》里的道德传统解读 [J]. 贵州民族研究，2015 (3).

[10] 杨昌儒. 从丧葬仪式看布依族的生死观——以关岭布依族为例 [J]. 贵州民族学院学报，2008 (2).

[11] 阮玉英. 越南顺化皇家园林艺术特征研究 [D]. 中国博士学位论文全文数据库，2014.

[12] 陈碧.《周易》对中国"风水理论"的影响 [J]. 船山学刊，2008(3).

[13] 肖毓. 论布摩在布依族社会的地位及价值 [J]. 人民论坛，2010(197).

隆里古城花脸龙民俗调查报告

唐婷婷

（贵州民族大学民族学与社会学学院）

摘要 隆里古城是花脸龙的故乡。花脸龙民俗是隆里古城独特的民族文化元素，是构成隆里古城整个文化体系中最重要的组成部分。每年正月十五元宵节是隆里古城玩花脸龙的狂欢节，独特的花脸龙习俗是当地人向外展示民族文化的重要内容。

关键词 隆里古城；花脸龙；民俗

隆里古城是一座扎根在苗、侗民族间的具有汉民族文化代表性的古城，有古老的城墙、鹅卵石铺成的丁字口街道、显著的徽派建筑、土防火墙、古井等，是一座天然的生态博物馆。这座明代城是屯军后裔的住所，这些汉族先民在此创造出了不同于周围各民族独有的民族文化，如古城内特有的花脸龙民俗是周边少数民族不具有的文化元素，也是区别于其他汉族地方龙文化的民俗形式。花脸龙民俗中的一系列民俗活动是隆里古城人民群众智慧的体现，也是人们精神文化寄托的载体。

一、隆里古城简介

隆里，又称井巫城，古称龙里，属隆里所村所辖，位于贵州省黔东南苗族侗族自治州凯里市锦屏县西南边沿，是一座有着600多年历史的军事城堡。据城内群众说，他们的祖先是明朝朱元璋调北征南屯兵时过来的汉人士兵，现城内大多是当时屯兵的后人。隆里古城总面积48 174平方米，共有761余户，3 280余人，以汉族人口居多，有少许苗族、侗族人口。隆里古城距离县城64千米，距黎平飞机场21千米，南与黎平县敖市接壤。

隆里古城有着悠久的历史。城内布局玲珑有致，隆里古城的建筑格局是根据古都南京的建筑模式修建的，因此隆里古城有"小南京"之称。城内有东西南北四个城门，分别为东门青阳门、西门迎恩门、南门正阳门、北门安定门，每个城门上都建有鼓楼，且每个城门都有一座菩萨庙宇供人们祭祀。古城内的"三街六巷九院子"，囊括了整个古城的布局。三街是指来龙街、节懑街、蜈蚣街，这三条街形成一个"丁"字形；六巷是指江家巷、王家巷、陆家巷、姚家巷、铁家巷、挑水巷；九院子是指胡家院子、董家院子、钱家院子、艾家院子、王家院子、施家院子、张家院子、鲍家院子。城内的街道和小巷均是用鹅卵石镶嵌铺成的各种美丽的图案，一踏入古城就会让人产生一种置身历史之感。当地花脸龙传承人 JHY 老先生说：这条街各家各户的大门口，有的有对鼓，有的有石板，有的有凳，就像你坐，坐在街上也是坐在历史上，走路踩是踩在历史上，进城就进城东进入这个历史的隧道了。

隆里古城有着 600 多年的历史，据当地花脸龙传承人 JHY 老先生讲述，只要记住他的几句话就能概括整个隆里古城的历史，"城内三千七，城外七千三。七十二姓氏，七十二眼井"。

据当地《龙标志略》记载，"明洪武至永乐年间，城内住户军民三千七，城周小寨七千三，七十二姓氏，七十二眼井，凡食货之所需求无不便"，反映了隆里当时的繁华景象。隆里古城是当时的千户所衙署，是屯军之地。至此的军户们，战时是军士，无战事时是农民。清朝入关后，吴三桂削了当地军人的身份，城内人从军户变为农户。至今隆里古城都还流传着吴三桂的故事。古城内蜈蚣街的来源就有世世代代脚踩吴三桂之说。

隆里古城坐落在四周均是少数民族之地，余秋雨先生就称这座古城为"一座汉文化孤岛"。古城地处多民族腹地，但却有着浓厚的汉文化底蕴。时过 500 多年，至今隆里古城依然保存着当时的原貌，俨然一个明代军事博物馆。20 世纪 90 年代后，隆里所独特的屯堡文化价值渐为新闻媒体和各级政府所关注。新闻媒体宣传力度逐渐加大，省内外乃至国外的媒体纷至沓来，县、州、省乃至中央的官员和专家接踵而至。1999 年，隆里古城被贵州省政府列为全省优先发展和重点建设的民族文化村镇。2000年，隆里古城生态博物馆被列为中挪两国在中国贵州省合建的四座生态博物馆（镇山、梭嘎、堂安、隆里）之一和三板溪——隆里古城风景名胜区。2003年，隆里古城被贵州省人民政府确定为第五批省级风景名胜区。

隆里古城如今作为一个旅游景点，其古朴的建筑风格和独特的民俗文化得到外来游客的青睐。隆里古城是汉文化的缩影，有着"不出隆里看中原"的独特的文化特点。隆里古城有十分丰富的汉民族文化特点。比如门第文化、宗祠文化、楹联文化、龙文化、徽派建筑等。隆里古城还有丰富的民俗，如花脸龙、唱汉戏、迎故事、中秋送崽、各种特色小吃等。隆里人玩了几百年的花脸龙，所以隆里乡也被誉为花脸龙的故乡。花脸龙是隆里古城独特的舞龙习俗，如今作为隆里古城向外重点推介的民俗品牌，为隆里古城的开发和保护做出了贡献。

隆里古城的花脸龙享誉全国，花脸龙舞龙队参加过中央电视台的"开门大吉"、湖南卫视的"天天向上"等节目。如今为了隆里古城的保护和传承花脸龙民俗，国家落实了一系列保护措施，隆里古城花脸龙的有画花脸的传承人及传习所，舞龙的传承人及舞龙文化进校园和即将申报的扎龙传承人等。隆里人从小学就开始学习玩花脸龙和花脸龙的相关知识，直至初中也在学。所以，现在每年元宵节隆里小学和中学每个学校都能出两条龙参加舞龙盛会。

二、花脸龙简介及其由来

1. 花脸龙简介

花脸龙，顾名思义是在脸上画上花脸进行舞龙。花脸龙是隆里古城最独特的文化元素，是区别于其他地方舞龙的形式，加上其文化内涵丰富，已成为隆里古城重力打造的文化品牌。隆里人是汉族人的后代，对舞龙情有独钟，舞龙已经有几百年的历史了。隆里古城的花脸龙是由军傩戏演变而来的，花脸与舞龙相结合，独具特色，成为隆里古城的三大瑰宝之一。花脸是花脸龙的重点。隆里古城传统花脸龙表演时共有 13 个人舞龙，其中必有两个女性参加，其余 11 人均为男性。这 13 个舞龙的人表演时必须画上花脸，而且这 13 张花脸的图案各不相同，各有特点，各有所指。隆里古城花脸龙的玩法是龙头跟着龙尾跑，与其他地方的玩龙方式颇有不同。隆里古城的花脸龙之所以与其他地方的舞龙形式有极大的区别，是因为它的特殊的由来。

2. 花脸龙的由来

隆里人普遍认为当地人玩花脸龙是明代朱元璋调北征南屯兵时带过来的，故事取材于宋朝的民间故事《蓝季子会大哥》（又名《戏皇嫂》）。对于花脸龙的由来，在当地流传着这样一个说法。据说，当年宋太祖赵匡胤有 12 个结拜兄弟跟他一起打天下。陈桥兵变后，赵匡胤黄袍加身做了皇帝，于是给跟随他一起打天下的兄弟设宴封赏，但设宴封赏时宋太祖将其他人都叫到了皇宫，唯独忘了他最小的一个兄弟蓝季子。当时蓝季子正在城楼上站岗，听说大哥封赏时没有叫他，气急败坏地往皇宫里跑去。到了后他看到宋太祖他们正在大摆宴席，心生一计，去厨房摸了几把锅底灰抹在脸上，喝了一点酒，然后将自己打扮成一副乞丐的模样就往宴席上去了。去到宴席上后，这一桌喝一点酒，那一桌抓点饭菜往自己脸上抹，装作醉醺醺的样子也抓起饭桌上的饭菜往别人脸上抹，甚至还去戏弄他的皇嫂（也就是赵匡胤的妻子）以消心头之气。蓝季子这一闹，其他人也跟着互相打闹起来。这一系列发生的故事流传到了民间，成为人们茶余饭后的谈资。有心人将此编为军傩戏，隆里人又将之与舞龙相结合，逐渐演变成了今天隆里古城的花脸龙习俗。

隆里花脸龙就是以这个故事为蓝本创造出来的娱乐活动。人们在玩龙时个个都要打上花脸进行玩龙。其中，玩龙时最重要的是蓝季子。蓝季子是赵匡胤最小的一个兄弟，他扛龙尾，而且还穿着破烂的衣服，脸上打着丑陋的花脸。但蓝季子是整个舞龙的核心，龙头跟着蓝季子（也就是龙尾）跑。在隆里古城，在元宵节扮演蓝季子的人都有饱餐一顿之说。

三、花脸龙习俗

一提到隆里古城，人们就会想到花脸龙。花脸龙是隆里古城非物质文化遗产的三大瑰宝之一。隆里古城花脸龙的习俗包括编龙、请龙、画花脸、龙朝贺、龙送子、舞龙（腻粑龙）、送龙等习俗。元宵节时隆里古城最热闹，花脸龙表演时已经达到万人空巷的境况。

1. 龙的制作

花脸龙是隆里人自己制作的，有古龙和色龙之分。古龙是指隆里古城花脸龙传统的龙，用白纸糊在编好的竹笼上而成，为白色的龙。因古龙的储存时间不长，加上其极易腐坏，制作不多，如今隆里多制作色龙。色龙是指外表五颜六色的龙，是用白布缝用在竹子编好的龙模型上，再用笔在布上画上彩色的龙鳞片而成。隆里古城的龙有两种，一种是小孩子玩的，当地人叫"娃崽龙"，还有一种是青年人玩的长 18 米的大龙。花脸龙的制作所需材料有竹子、白布、废旧的电灯泡、木棒等，其工序包括扎龙、缝布、画龙。

隆里人把制作龙的过程称为扎龙，隆里人扎好一条娃崽龙一般只需要 3—4 天，一条大龙一般需要 20 多天才能完成。隆里人扎龙先是将竹子编成龙的模型，再将白布缝在模型上，接下来就是在布上画上龙头、龙鳞和龙尾的图案。龙的眼睛是用废旧的电灯泡固定在龙头的眼睛处，再用颜料在电灯泡上画好。扎龙最难的就是龙头，龙头一般长 1 米多，重 3 公斤，所需白布 11 平方米左右。

隆里人喜欢玩龙，于是人们从小就开始学扎龙。现今隆里古城有五六个专业扎龙的人，政府正在给他们申报县级扎龙传承人。据他们说，扎一条龙需要成本 1 000 多元钱，扎好的一条龙能卖四五千元不等，加上 20 多天的人工费，平均每天只有 130 元左右的收入。不过如今隆里古城内专业扎龙的人以60 岁以上的老人居多，扎龙工艺的传承工作有待进一步推进。

2. 请龙

每年的元宵节是隆里古城人玩龙的盛会，但在元宵节玩龙之前要先请龙。请龙是指在玩龙之前先将龙王从水里请出来并进行祭祀。据当地人说，龙王是控制雨水的，祭祀龙王是为了保障来年庄稼能风调雨顺。当地传统请龙的时间是每年正月初三或初四，如今变成了初六或初八。

请龙当天，古城人将元宵节要玩的龙带到龙溪河举行请龙仪式。首先将猪头、水果和一些食品当作贡品献祭给龙王，然后点香化纸、放炮，再请古城内德高望重的老人来喊龙。喊龙通常都是喊一些吉祥吉庆的话，比如免灾、五谷丰登等祈求的语言，其调子抑扬顿挫，很有感染力。古城中的老年人都会喊龙，而且喊龙词也是自己随意编的，只要寓意美好，朗朗上口即可。随着时代的进步，喊龙的词也在与时俱进。比如以前喊"长命富贵，易养成人"等，如今就喊编好的"脱贫致富"等新词。

喊龙结束后要请人点睛，也叫给龙开光。通常扎龙的师傅已经将龙的眼睛画好，但在祭祀时还需要再给龙的眼睛开光。古城人请城内德高望重的老人或政府领导给龙的眼睛点一下，这样开光也就算完成了。

3. 龙朝贺、龙送子

每年的正月十三晚，隆里古城内龙灯队向古城内每家每户送祝福，有龙朝贺、龙送子的习俗。龙朝贺习俗是指龙灯队扛着龙，敲锣打鼓地挨家挨户朝贺。正月十三晚饭后，每家每户都在自己家堂屋门前点香化纸、放鞭炮，这在当地叫"接龙"。

龙灯队看到接龙的信息后扛着龙敲锣打鼓地去朝贺。到主人家后，龙灯队要扛着龙在主人家的堂屋、厨房等绕一圈，然后有一个人高颂龙词，比如"今天龙灯朝贺后，保佑一家发富发贵发子孙"等吉祥喜庆的词。朝贺结束后，主人家会给龙灯队发一个红包当作回礼。

龙朝贺结束后，龙灯队就开始准备龙送子了。龙送子是指龙灯队用红纸剪一对小人和文房四宝给当年刚结婚或刚生孩子的人家去送祝福。刚结婚或刚生小孩的人家也会做好接龙的准备。龙灯队到达主人家后，龙灯队负责人将红纸剪的一对小人送给主人家，主人家将小人放到新人的床上，意味着来年龙神给主人家送一对龙凤胎。然后龙灯队负责人再将文房四宝送给主人家，此时有一个人说贺词，如"老龙奉旨下天庭，特送贵子到府门。易养成人易养大，发富发贵发人丁。永保无灾又无难，鹏程万里振门庭。今晚龙神送子后，世代书香丹桂根"等贺词。贺词祝毕，主人家就会用家里的甜酒、水果、糖果和当地特色小菜粑粑、麻叶、米花等招待龙灯队。龙送子结束后龙灯队就收龙了。

4. 玩花脸龙

每年的正月十五是隆里人玩花脸龙的狂欢节。除了古城内的人们会参加玩龙外，古城外临近的几个村寨也会组织龙队参加玩龙。每年的这一天，隆里古城的人几乎都会过来观看，热闹非凡。玩花脸龙有几大步骤，首先人们会到戏台那里编草龙、画花脸为玩龙做准备，然后从东南西北四个城门出龙，最后就是玩龙。

（1）编草龙。草龙是隆里人用稻草编成龙的形状，用红色的布条将草龙绑着固定。据当地人讲述，编草龙用红色布条固定是挂彩的意思，代表吉祥、喜庆。舞龙时人们会将草龙戴在头上，这也是隆里古城与其他地方舞龙的差别。

（2）画花脸。画花脸是指画脸师傅在龙灯队队员的脸上画花脸。画花脸要从小跟着老前辈耳濡目染、潜移默化地进行学习，需要一定的基本功，不是一蹴而就的。传统画花脸是用锅底灰在脸上作画，现在发展成用丙烯颜料在脸上作画。传统的花脸只有黑色，颜色比较单一且难以清洗。如今的丙烯颜料颜色多彩，画的脸形象比较丰富且易清洗。龙灯表演共有十三个人，这十三个队员的花脸很有讲究，均是根据赵匡胤、皇嫂、痞子、蓝季子等人的人物形象以戏曲中的生、旦、净、末、丑的角色来创作的。花脸龙传承人 TBJ 讲述他画花脸的创作过程："结合故事人物性格，看一点电脑，看一点历史，看他的性格是温和还是凶。比如刘庆义，他就是火冒冲天的人，只要有人说赵匡胤的坏话，他就要上前把别人弄死，所以我就画一个火在他的脸上。比如赵匡胤有一个胎印，戏剧中的包公也有个半个月亮，我就拿来衡量对比了。蓝季子的花脸画用当地人的话来说就是怎么丑怎么画，怎么复杂怎么画。"

（3）出龙。玩龙之前要先有出龙仪式，也叫破龙。出龙仪式是在古城东南西北四个城门口的菩萨庙里进行。先摆上猪头、水果等贡品，再点香化纸、放炮、敲锣打鼓，然后有人来喊龙，喊的也是些吉庆的贺龙词。出龙仪式结束后各个城门就开始出龙。正月十五这一天，传统的出龙是东南西北每个城门至少出两条龙进行表演，另外还有其他的龙灯队参加。如今出龙表演不止八条龙，还要加上隆里古城小学、中学的龙灯队，再加上其他地方自发组织来的龙灯队等。近几年来，每年参加龙灯表演的差不多有十五条龙。

（4）玩龙。花脸龙传承人 JHY 老先生讲述："以前正月十五玩龙是为了送瘟神，带点封建迷信的色彩，新中国成立后就没有这种说法了。这个花脸龙的味道很深，花脸龙各种人物的脸谱也是辟邪的。正月十五元宵节第二天就是要把一年的灾星什么的，通过送瘟神，通过这个舞龙送走。祈祷新的一年都要风调雨顺、五谷丰收、国泰民安。"从老人的讲述中我们可知，传统玩龙是为了将过去一年不好的东西全送走和对新的一年生活美满的祈盼。

玩龙的时候，扛龙的人必须衣衫褴褛，蓝季子的打扮要最丑，而且还必须喝一点酒，有似醉非醉的感觉更好。在街上游龙的时候，隆里人还有一种习俗，就是腻粑龙。"腻"在当地的意思是强行往别人身上塞东西。据花脸龙传承人丁CG 讲述："我们讲尾巴龙腻粑粑，他就拿起一个草把，腰系一个葫芦，露出半边身，手拿糍粑。以前我们是抹那个黑底锅灰，加菜油在糍粑上。我们隆里的那个粑粑是一坨一坨的，我们叫太上老君的炼丹粑。如果正月十五元宵节那一天，你吃到了（扛龙的人将手里黑黑的糍粑往你身上腻），那就表示你未来一年非常吉祥，一家人都平安无事。那个草把他洒水，就是（代表）观世音菩萨的圣水，标志着隆里风调雨顺、五谷丰登。他洒到哪一方，哪一方就平安。这一故事就是蓝季子会大哥戏皇嫂饱餐一顿。"从上文可知，正月十五元宵节这一天真的是隆里人玩龙的狂欢节。在下午五六点的时候，人们渐渐地结束了玩龙，大部分人已经收龙了。

（5）龙下海。玩龙狂欢节结束后就要将龙送下海，也就是送龙。送龙是人们将元宵节玩的龙全部集中到龙溪河举行龙下海仪式，其仪式和请龙的仪式无异。传统的送龙是将参加舞龙表演的龙烧掉。当地人说送龙就是保佑人，龙回海的时候保佑人们在新的一年事事顺利，平平安安，传统的送龙是指祭祀完成后将在元宵节参加舞龙的龙烧掉，这样做是为了彻底地告别过去的不好，迎接新的一年。后来人们觉得龙的制作成本太高，不忍心将龙烧掉，所以龙下海过后人们将所玩的龙带回家中收藏好，等来年元宵节玩龙的时候再拿出来。

四、花脸龙民俗现状

玩花脸龙是隆里古城人代代相传的民俗，已经流传几百年了。在这几百年的时间里，花脸龙民俗随着社会经济水平的变化也有流变。对于花脸龙民俗来说，比较大的流变是制作龙的革新、画花脸的革新、舞龙的革新。近几年来，国家对非物质文化遗产的抢救、保护力度加强，推行了一系列民间非物质文化遗产的保护措施。隆里古城对花脸龙习俗的保护与传承也做出了极大的努力。特别是花脸龙传承人的确定、花脸龙传习所的成立和花脸龙文化进校园等，这无疑是花脸龙习俗保护和传承的重大举措。现在隆里古城花脸龙传承人州级有一名，县级两名；花脸龙舞龙传承人州级两名，县级一名；花脸龙传习所 2017 年成立和花脸龙文化走进隆里小学和隆里中学的校门。现隆里乡政府正在准备申报县级蓝季子传承人一名，扎龙传承人四名。

花脸龙民俗的流变主要是在画花脸和舞龙这两方面。在画花脸方面，传统的花脸是 13 张脸，但随着人们社会生活水平的提高和审美观念的不断提升，如今的花脸千姿百态，不止局限于传统的 13 张脸，根据画花脸师傅的不同灵感，花脸也呈千秋之态，但大多的灵感来源都与生活息息相关，如在脸上画龙、花、鸟、扑克牌等图案。在舞龙方面，隆里古城将花脸龙文化带进校园集中教学而不是传统零散的教学。花脸龙民俗文化已经走进了隆里小学及隆里中学，这两所学校均有特别的老师来教授学生舞龙。在老师的带领下，学生们一边学习文化课一边学习舞龙，将舞龙传承下来。现在这两所学校每所学校在元宵节时至少能出两条龙，而且学生们已经将舞龙进行了常态化表演，还能额外赚取一些辛苦费等。如今隆里古城两所学校的龙队都外出参加过表演，学校已经成为花脸龙民俗传播和传承的重要载体和基地。

五、结语

花脸龙是花脸与龙巧妙的结合，是隆里古城的龙文化独树一帜的标志。花脸龙民俗文化的内涵包括花脸、龙和民俗，这三者各有独特的文化内涵但又互相依赖。花脸是从宋朝《蓝季子会大哥》的故事演化而来。表演的花脸共 13 张，而且这 13 张花脸各代表一个人。这 13 张花脸中有皇帝、皇嫂、丫鬟、先行官、将军、痞子等，俨然是当时社会各色人物的缩影。这 13 张脸与舞龙相结合，有一种看完整个表演就看完了传统社会中各个阶级人物的人生百味的感觉。在花脸教学中反映出了花脸龙民俗文化的教育功能，在舞龙教学中也反映出花脸龙民俗文化的团结协作传统。隆里古城的花脸龙民俗是隆里人独特的民俗文化事项，是隆里人睿智、勤劳、勇于创造的体现。

参考文献

[1] 贵州省锦屏县志编纂委员会. 锦屏县志 [M]. 贵阳：贵州人民出版社，1995.

[2] 江化远. 古城隆里 [M]. 北京：现代出版社，2016.

青岩镇龙井村"一馆八坊"的调查报告

李少鹏

（贵州民族大学民族学与历史学学院）

摘要 青岩镇龙井村位于中国历史文化名镇——青岩古镇的西面，距古镇中心 1.5 千米，交通便利，环境优美，境内有省级文物保护单位龙井和明代军事古屯堡遗址，布依族传统文化底蕴深厚，少数民族风情浓郁。2018 年青岩古镇在其最新的发展和规划中把龙井村定位为青岩镇全域旅游的创意休闲区、商业服务区和布依生态度假区，在花溪全域旅游文化创新区的发展中占突出位置。而报告提到的"一馆八坊"，我以为，是整个村落（龙井村）的文化内核和中心。有关布依族文化生态博物馆（以下简称馆）和坊的调查和思考，对于龙井村乃至整个花溪大旅游（全域旅游）的发展，有着重要的价值和意义。

关键词 青岩镇；一馆八坊；文化名镇

一、龙井村的沿革和概况

明朝初年，王姓从江西迁徙到青岩场坝上——现在的菊林书院，和蒙姓家族居住在一起，不过蒙姓家族是什么年代为何到青岩来已无法考证。听蒙家人说，他们的祖先阿汉父辈到青岩来定居，害怕官府追杀，初时不敢姓蒙，到阿汉后代才开始姓蒙，当时还属于"仲家"，在西门城外有田百余亩。王姓来后就耕种西门城外约 1 千米远的近百亩良田，一直通到水井旁（现龙井布依村水井）。水井北面是青岩周家田土。王姓会烧砖瓦技术，就在大土开了个砖瓦窑，为了便于管理，王姓人家就搬到大土居住。王家祖母是蒙家人，成亲不久王姓祖先因病去世。由于几个孩子都未成年，王家祖母为了保存王家家业，就回到青岩找舅舅（蒙家人）商量，要求两个舅舅搬到大土来居住，田土、山林、家业可以平半分。王家祖母的两个舅舅西门有田土，只要了 3 块秧田，两栋房子和后山一片够砍柴烧的林地。两个舅舅到大土后，3 人一起约定，蒙王二姓以家族相处，永不开亲。由于历史原因，没过几年王家、蒙家、陈家就迁出了青岩城，一部分住到了西门野狗寨，一部分蒙姓、王姓就到了大土。大土有一口井冬暖夏凉，那时王姓和蒙姓有 20 多户人家，政府为了好管理就因龙泉水将此处取名为龙泉寨，布依话叫"波广跃"，意思是青山绿水的寨子或有山有井的寨子。

洪武十四年（1381 年），朱元璋派 30 万大军远征滇黔，大批军队进入黔中腹地后驻下屯田，青岩屯逐渐发展成为军民同驻的青岩堡。传说朱元璋要迁他父母亲的坟来贵州安葬，请张三丰给他看龙脉。张三丰听说青岩马家庄生了一匹三只脚的马，于是要去买。走到马家庄后，正巧罗家有两个小姑娘在朝门上玩，她们看到张三丰打扮得像叫花子一样，就吐了口痰淋张三丰。张三丰看到罗家有大人在院坝都不管小孩的不良行为，就说："你们对我吐口水，世代都要生癞子。"果然第二年罗家就有人得了麻风病，第三年又有人得了麻风病。马家庄不能住人，罗家就四处搬迁，最小的一家就搬到龙泉寨，来靠蒙王姓。因为是蒙王姓的亲戚，蒙王二姓同意接收，让其居住在井坎上，称为上院。明朝后期，白龙家族从江西来（白龙繁写龙字没有"上"字）到贵州，带着银子和两个吃奶的儿子，住在青岩西冲外附近的岩洞里。此家妇女乳房很长，可以将乳房往后喂背着的儿子，就是说前后都可以喂孩子，人们都称她为四奶妈。儿子长大后她带着儿子去青岩周家当店工，因在小西冲对面住的是岩洞，在互相结识朋友的时候，认识了龙泉寨罗家人。龙家两个儿子都很聪明，说是他父亲有两哥哥，到半路时因战争兄弟二人被打散了。他父亲路牌弄掉了，找不到大哥。罗家人为了当大哥，就说是他们大哥。龙家两哥哥顺水推舟，跟着姓罗了，然后向罗家提出到龙泉寨居住，罗家答应了。龙家弟兄又去和周家商量，说帮周家管理田土，周家也答应了。周家为了占地盘，把坟葬到井坎王蒙二姓的地盘上。蒙王二姓识破了周家阴谋，就动员两户罗家建房时挨着周家建坟，避免周家占过来。

清朝中期，龙家才改回龙姓。龙世清考取贡生，并在寨脚立有夹耳一对（升旗杆用），王化中武官。在清朝初期，又有一支红龙姓人（红头龙繁写龙字有"上"字），聪明过人，因在平坝魁山犯事，怕官府追查，就到马铃后坝居住。下一代同样有人犯事，又迁到青岩龙泉寨。新中国成立后，龙泉寨更名为龙井寨。1953 年冬，布依族人召开协商统一民族名称的代表会议，认为仲家、水户、夷家等不是布依族的自称。会议通过，应根据布依族人民共同的自称，统一用'布依'作为本民族的名称。这几百年来，四大姓相处和谐，共同努力，除了蒙王二姓不能开亲外，大家还开亲成了亲戚，现发展繁荣。

据村委的同志介绍，位于青岩古镇西面的龙井村，距古镇中心 1.5 公里，总面积 2.4 平方公里，耕地面积 1 100 亩，森林覆盖率较高，达到 65% 以上。全村共有 7 个村民组，362 户，1 307 人，其中布依族人口占全村总人口的 99%，村党支部共有党员 37 名。该村成立了两个专业合作社和一个村集体公司，集体经济不断壮大。明代永乐二十年（1424 年）布依先民迁徙到青岩境内，定居在龙井寨，迄今已有 500 多年的历史。布依族传统文化底蕴深厚，少数民族风情浓郁。村寨依山而建，龙井水穿寨而过，村寨环境美丽和谐，有省级文物保护单位龙井和明代军事古屯堡遗址。近年来，龙井村先后被评为全国文明村镇、中国少数民族特色村寨、全国美丽宜居示范村庄，村党支部多次被省委、市委授予"五好"基层党组织称号。2013 年以来，党和国家领导人俞正声、刘延东、李长春、回良玉先后到龙井村视察工作,对龙井村的发展给予了充分肯定。在各级党委、政府的关心支持下,龙井村围绕全域文化旅游创新区和各项目建设,依托青岩古镇 5A 级景区的创建,不断完善基础设施,使村容村貌焕然一新。龙井村正在发生翻天覆地的变化。

二、田野调查的描述和思考

2018 年 12 月 6 日,这是我第一次来到龙井村,其目的很简单,就是为了完成作业,做龙井村的田野调查。因为笔者的专业为民族学,来之前做的参考文献的内容是民族建筑方面的,正在苦寻突破的口子时,突然的映入一栋两层的小楼,上面清晰地写着"龙井村布依族文化生态博物馆"的小楼出现在眼前。有博物馆的村子在全国来看是不少,但在贵州却不多。贵州为后发赶超的省份,近些年来,经济的发展速度快且质量较高,交通、大数据、旅游顺着这股春风,也发展很好,各式的博物馆才发展起来。在具体了解后得知,博物馆的主要负责人是卢老师,一个来自惠水(贵州黔南布依族苗族自治州)的布依族文化者。据他介绍,他来龙井是因为其之前在另一个叫摆早的村子做村里的布依文化时,青岩镇的领导在参观考察摆早的过程中,发现了他做的一些东西,邀请他到的龙井。在交谈中,他不断提到"一馆八坊"这一概念,问及才知道,"一馆"指布依文化传习馆(亦叫布依族文化生态博物馆,下文有解读);"八坊"指布依族传统刺绣坊、民间手工竹艺坊、农民绘画艺术坊、布依族传统织染工艺坊、布依族古法酿酒坊、陶艺坊、传统豆腐坊和榨油坊。逐一参观完布依族文化生态博物馆和已有的布依族传统刺绣坊、榨油坊、米酒展示厅、书法传承点、簸箕画传承点（农民绘画艺术坊未成熟）、布依族传统织染工艺坊（撤展）、布依族古法酿酒坊（2018年12月24日讨论布置）以后，这一次，我想把着重点放在馆和坊的布展上，所以我把布依文化生态博物馆的7个小单元和几个坊的空间位置都录制和拍摄了全景。可是回到学校整理材料和搜集文献后发现，这样做的意义与我要做的民族志相去甚远。在接下来的走访和调查中，我惊奇地发现了一些应该记录的东西，首先是馆与坊的源流。在问及卢老师馆的源流时，他也不太明白，他告诉我，他是今年（2018年）才到的龙井村，在后来的交流中发现，他是在2018年4月到的。结合村里干部、村民的叙述和查询到的一些材料，我将馆的源流梳理了一下：

据村民介绍，布依文化生态博物馆和相关的坊是在前些年（2016年）建立起来的，一开始叫布依文化传习馆或各种坊。村干部对于布依族文化生态博物馆的命名也比较生疏，我换成了布依文化传习馆之后，方才跟我谈了一些，但价值和意义不大，他们让我去找卢老师。在和村里一位德高望重的龙姓老人了解时，他也比较冷淡。当问及他是否也参与馆和坊的打造和把关时，老人支吾了过去，我们便不再多问。查阅官方资料，追寻到了布依族文化生态博物馆的源头，也看到了布依族文化传习馆出现的次数，布依族文化传习馆第一次出现是在2017年6月21日一篇题为《谋定而后动扶贫攻坚砥砺前行——记青岩镇龙井村李萍同志一行同步小康驻村工作队工作事迹》的文章中，文章中这样写道，"2016 年以来，为深入挖掘龙井村布依民族特色，李萍聘请了五彩黔艺民族服饰博物馆馆长陈月巧担任龙井村民族文化顾问，指导龙井村民族文化产业发展；带领大家组织收集整理了本村布依文化资料，精心打造布依文化传习馆、米酒坊和染布坊，开展刺绣培训，提高妇女民族手工艺水平，实施技能扶贫"。第二次是在 2017 年 12 月 20 日，一篇题为《青岩镇党建引领创新实践，农村"三变"助推乡村旅游发展》的文章中提到"布依文化传习馆建设"，并附有图片。第三次是在《2018 外事办扶贫开发工作总结》（外事办为贵阳市外事办）中提到"我办指导村支"两委"建设布依文化传习馆、酒坊、染坊、织布坊、刺绣工作室、榨油坊、书法传承点、簸箕画传承点、米酒展示厅；实施技能帮扶，开展刺绣培训，提高妇女民族手工艺水平；筹划成立布依族文化演艺公司，创新布依族文化旅游产品，树立布依族文化品牌，让布依族文化从资源变为资产，走向市场"。从上述文字可知，龙井村馆和坊的建设是从 2016 年开始的。这在 2016 年 12 月 27 日《花溪区青岩镇龙井村党支部"两学一做"实践活动期间赴五彩黔艺参观交流》的文章中也有提到，文章这样介绍："五彩黔艺博物馆作为民族文化顾问单位，指导民族文化发展相关事宜。为加深该村村干部、党员及村民对我省民族文化的学习了解，促进村民自觉挖掘民族特色，提高发展民族文化认识。12 月 22 日，在贵阳市外事办的组织下，龙井村村主任的带领下，龙井村村民一行 50 人到我馆参观交流。"在馆和坊的提出和建设中贵阳市外事办的李萍起了推动作用，五彩黔艺民族服饰博物馆馆长陈月巧担任了民族文化顾问，龙井村村民动手收集整理龙井村布依文化资料，精心打造布依文化传习馆、米酒坊和染布坊等。值得注意的是，在 2017 年布依文化传习馆建设时所附的图片中，馆前的名字还是我第一眼看到的名字龙井村布依族文化生态博物馆，但当时用的是蓝色的字体，而现在是黄色的。问了 4 个村民和 1 个村干部，他们说叫习惯了。竖立龙井村布依族文化生态博物馆的牌子，我想是跟青岩镇的发展和规划中把龙井村定位布依生态度假区有关。同样要讨论的一个问题是在我第三次踏上去龙井的路时，惊奇地发现，在村里沿排的路灯上，打出了"一个龙井村，百个布依坊"的标语，向村委核实得知，龙井村有百坊计划，此前未经审批，未向外界公布。为什么报告中不用青岩镇龙井村百坊调查报告？基于三点，一是百坊计划以"一馆八坊"为基础；二是百坊建设正准备开始，未成熟，现阶段开启的有布依文化传习馆、布依族传统刺绣坊、榨油坊、米酒展示厅、书法传承点、簸箕画传承点（农民绘画艺术坊未成熟）、布依族传统织染工艺坊（撤展）、布依族古法酿酒坊（2018 年 12 月 24 日讨论布置）、音乐坊（改成他名，未完成）；三是百坊计划处于调查后期，以小见大，百坊对于"一馆八坊"的继承和发展，意义更大。我来来往往龙井村多次，其间遇到很多人，也交谈了很多关于龙井的人和事，关于"一馆八坊"的也很多。我在龙井村后山上遇见两个铺路的工人（贵安新区人氏），问及"一馆八坊"，他们是知道的，但谈到具体的参观，却说："听说过，没去过。"在我去的 5 次 7 天里，2018 年 12 月 9 日青岩镇龙井村布依文化传习坊举行开班仪式；2018 年 12 月 18 日和 12 月 24 日村里开过关于"一馆八坊"的会，并有青岩镇相关工作人员参加。从我 2018 年 12 月 6 日初踏龙井，到后来的每一次田野，布依文化传习馆每一个星期都有课程安排。具体了解后知道，周六和周日有系统的安排，以以下 12 月课程表为例。

青岩镇龙井村布依文化传习馆课程表

周一至周五	预约课：民间剪纸、布依传统刺绣、布依传统扎染、农民画手绘、竹编工艺	
周六	08：20—09：30	布依语传承
	10：00—11：20	民间剪纸
	14：00—16：00	农民画手绘（农民画坊）
	19：00—21：00	布依古歌
周日	08：20—09：30	布依语传承
	10：00—11：20	布依传统刺绣（刺绣坊）
	14：00—16：00	书法
	19：00—21：00	布依古歌

以下是原村委会主任、党员龙发利面对党旗许下的郑重承诺："我承诺，利用农闲和周末时间开设布依文化传习班，引

导村里村外有知识、有文化的年轻人来学习布依传统文化，提高民族自豪感；我自愿，长期坚持挖掘布依文化、传播布依文化，致力于打造龙井村精品文化旅游线路。"同样，要提及的还有布依山歌的追随者阿西，阿西已创作了10多首布依山歌。2017年，由孔学堂举办的音乐会结束后，"贵州大学国家艺术基金布依山歌传人项目"收录了罗世西创作的《阿妲》和《山里娃》。和他交谈时，他说："布依山歌历史悠久，世代相传，山石草木均可为歌，我想利用'一馆八坊'的平台，特别是音乐坊将布依山歌一直传承下去。"关于"一馆八坊"，在走遍龙井以后，我们能够感受到，村民对于"一馆八坊"普遍了解。在回民大的公交车上，我也随机和人们交谈，他们了解龙井村，并都认识龙井，但对于馆和坊，知之甚少。值得欣慰的是有两名妇女在文化传习馆里学习刺绣和染布。我在访问村民的过程中，了解到家里有小孩（一年级到六年级大小不等）的人家，很多都愿意将孩子送去学习布依传统文化。如何把"一馆八坊"甚至是"百坊"凝聚成龙井村"活"的文化内核使之成为龙井村文化和旅游发展的"鸟之双翼，车之两轮"是值得我们思考的问题。

三、"一馆八坊"的问题和分析

"一馆八坊"分别是什么，具体位置，它的确立，提出这一概念的文件、历史沿革，"一馆八坊"的思考，经费，9个点具体的路线走法，9个点如何留住客人，我们"一馆八坊"的路是否走偏了，政府希望呈现什么样的效果，村民希望呈现什么样的效果，是不是应有本村的人参与，主导是谁，政府？村里？卢老师？学者的希望是什么？村民对于布依文化传习馆的定位，小孩子对于布依文化传习馆的了解，行政人员对于布依文化传习馆的认识，村民对于加入青岩旅游开发的认识，从点与点的角度来看，是青岩文化影响了龙井文化，还是龙井文化吸引了青岩文化？是不是一人主导下的"一馆八坊"（有人在做），布展的合理性思考，所展示之物的"价值"，是否发挥文化教育，文化传播，就业岗位培训的平台作用？精神核心初提"灵魂"，做文化是否过于急，村镇规划者看到的是经济效益等。此前一直在思考，馆和坊用什么样的承载来发挥它的最大效用，同时，它能为龙井带来什么样的价值和意义，是传承功能、观赏意义、教育载体，还是旅游商业化下的馆和坊对于龙井村村民起到的生存价值。以上这些都是值得我们思考的。

（一）探究布依文化传习馆与布依族文化生态博物馆的定位

笔者初期撰写报告时，用的是"布依族文化生态博物馆"一词，但为什么后来又将之改为布依文化传习馆了呢？因为在大量的官方文件和交流中，用的是布依文化传习馆，例如，我们前面提到的三个官方媒体中用的是布依文化传习馆，同样，在村里的路牌用的也是布依文化传习馆，但在 2017 年12 月 20 日的报道中，图片里呈现的是布依族文化生态博物馆。我认为，布依族文化生态博物馆这一定位，对于龙井村未来融入花溪全域旅游文化创新区更有利，同时，这样的定位，在理论和文化沉淀方面有更多的支撑。1998 年贵州省成立的中国第一个生态博物馆，扩大了博物馆生存发展的空间，寻找到了一条民族地区经济文化发展之路，同时，保护了民族文化遗产，保护了六枝特区梭戛苗族的文化和生态。

1965 年前后，生态博物馆的理念产生。1964 年，人类博物馆在墨西哥建成，本土学者通过研究和发现对自己的文化进行展出讲解；美国诞生了邻里博物馆，这一类型的博物馆旨在树立民族自尊心，同时试图满足本土居民对于文化生活的迫切需要；北欧有户外博物馆；法国兴起了活动博物馆，博物馆体现了它的诸多功能，与当代居民愈来愈近。1972 年，联合国环境大会在斯德哥尔摩召开。国际博物馆协会大会响应了联合国环境大会的主题，提出了"Ecomuseum"一词。1985 年，中国农业博物馆的安来顺首先将"Ecomuseum"翻译成中文"生态博物馆"。中国和挪威专家学者提出"基于自己的文化，建设他们的将来"的生态博物馆理念。2005 年6 月，在贵州举办的贵州省生态博物馆群建成暨生态博物馆国际论会议上，苏东海总结了生态博物馆的理念。他认为："生态博物馆的核心理念是在文化的原生地保护文化，并且由文化的主人保护自己的文化。"苏先生的观点得到了许多专家的赞同。这是一种很好的生态博物馆发展模式，但就我们提出的定位探究，并不建议把龙井村布依族文化生态博物馆和坊建成一个仅仅起着教育和参观（现阶段未形成）的平台。

到底应不应该在龙井村有一个灵魂"龙井"的基础上，再为龙井村提出基于布依族生态博物馆和诸坊而形成的一个文化流动的活的灵魂？由文化的主人保护自己的文化。

（二）一个孤单的布依族文化传播者

我的报告人是一个执着的布依文化守护者。有一次，在与他吃饭的过程中，他问我，他的微信名怎么解读的时候，我才明白，其实我对他还不了解，甚至是一无所知。他说他从 2009 年开始做布依文化，至今（2018 年）有 8 年多了，希望第十个年头的时候，能一举成名。他的解读令我非常吃惊，一是因为不知道他坚持了这么久，二是其实在龙井，贵阳市外事办的扶贫干部李萍走了以后，这些所有的事，大部分是我的报告人在做。论及此，还是十分感慨，但是我认为田野调查应该反映客观事实，要少一些私人感情。所以，我要陈述一些客观事实。我的报告人告诉我他想把染坊改为布依火塘，他对"一馆八坊"有着自己的想法，从字里行间，我们能够读到他迫切想要成功的念头。这对于文化，特别是民族文化是不利的。我们不得不思考，"一馆八坊"为龙井村民带来实惠了吗？人的一生就是逃离孤单的过程，但孤单不是寂寞，不是孤独，只是一种由外界所形成的感慨，不源于内心。我想我的报告人的孤单就是这种，另一层则是在做龙井村布依族文化上的孤单。一个想把其他地方的优秀文化硬加入龙井的想法，一开始就是不妥的。这样不但会破坏当地的文化生态，而且会伤及当地人的感情，这就是我在上文中提到的思考，"一个被现代文化逐渐占领的市郊村发展典型"。我想，要在文化建构上有一个"基于布依族生态博物馆和诸坊而形成的一个文化流动的活的灵魂"，当地文化者的加入是必须的，否则，不要谈文化的打造，更没有文化的建构。在我苦苦探寻如何提出这一问题时，令我欣慰的是，在我再次踏上龙井的时候，阿西的出现让我茅塞顿开。我要强调一点的是"阿西是土生土长的龙井人"。我想，我们的田野和我与我的报告人的交谈是有意义的。所以，"他孤单并不孤独"。

（三）"一馆八坊"能否成为龙井村的另一个"灵魂"

"一馆八坊"，随着时间的积淀和冲击，能否成为龙井村另一个"灵魂"，我有几点不成熟的建设方法，希望对龙井今后的发展有所帮助。

一是深入调研，制定长远、科学的保护和发展计划。首先，政府和村委应对村内的民族文化进行详细的调查，列出龙井村所拥有的文化清单。根据调查的结果，对文化的保存状况和保存形式等进行分类整理，立项，对龙井村布依族文化摸底知根。后期，通过现代的手段（摄影录音、口述史、测绘等）建档立卡，并依据现有文化的分析和研究，提出科学保护和有效传承。其次，对龙井村村民的生产生活现状、现实的文化生活，尤其是有价值的布依文化做详尽的调查，将其收藏于龙井村布依族生态博物馆和各坊，保存龙井村布依族文化的生命力和可持续性。

二是加强龙井村村委的基层堡垒作用，订立村规民约和相应制度。龙井村分为屯角院、上院、中院，而馆和坊也分布在不同的院。我们应协调全村 37 个党员干部，对馆和坊进行挂牌管理。同时，建立馆和坊发展和保护的相关管理制度，订立龙井村村规民约、管理制度和针对布依族文化培训的制度，逐步培养生态博物馆和坊的保护、建设、发展和传承团队。

三是发挥政府和村委的引导作用，树立村民"自主性"的理念。在规划阶段，我们应当利用村民对人居环境改造的良好愿望和布依族文化发展经济的迫切需求，逐步扶持并引导村民向文化保护理念过渡。在建设阶段，强调"政府——专家——居民——游客"四位一体的作用发挥。在生态博物馆和坊的建设和对布依族文化的保护中，建立从"被动参与——主动参与、主动参与——自觉参与、自觉参与——自主管理、自主保护"的村民"自主性"过渡模式。

四是动员全体村民，树立整体保护的意识，有效地保护、传承和发展布依族文化。在龙井村，很多布依族文化习俗必须予以充分的尊重，而且要充分研究它的各种存在价值和合理性。在认识上分清文化循环链的轻重关系，对龙井村本身，本地人的发展以及其他影响因素等，要相互协调，整体保护，这样龙井村的布依族文化才会健康发展。

五是强调人的作用，树立人发展的理念，强化对居民的保护，做到以人为本，以民族为本。从我们的调查情况来看，三个院的村民还处于耕作和打工为主的阶段，各种布依文化需要保护。我认为，三个院的原有民居在保障住房外观和内部结构以及有价值的文化现象基本不变的情况下，可以考虑我们在调研中遇见的民宿的发展思路，改变土地发展结构，充分实现劳动力和就业转移，考虑人的能动因素，发挥人的作用，在龙井逐步发展有特色的民族产业（包括旅游产业、文化产业等）。因此，我认为，旅游区的民族文化保护必须建立一种机制，确立"基于自己的文化，建设他们的将来"的理念。

参考文献

[1] 习近平. 习近平谈治国理政（第二卷）[M]. 北京：外文出版社，2017.

[2] 吴泽霖. 吴泽霖民族研究文集 [M]. 北京：民族出版社，1991.

[3] 吴泽霖，陈国钧等. 贵州苗夷社会研究 [M]. 北京：民族出版社，2004.

[4] 石开忠，石慧. 吴泽霖教授在贵州的民族研究工作及意义 [N]. 中南民族大学学报（人文社科版），2019(1).

[5] 王建民. 吴泽霖民族学思想和学术生涯 [J]. 民族教育研究，1994(2).

[6] 李然. 吴泽霖与中国人类学的发展 [J]. 贵州民族研究，2009(1).

[7] 邓端璇. 用生命的最后八年搭建学科高地——一代宗师吴泽霖先生在中南民族大学的学术活动述论 [J]. 民族论坛，2011(22).

[8] 胡朝相. 贵州生态博物馆纪实 [M]. 北京：中央民族大学出版社，2011.

[9] 孟凡行，苏东海，方李莉，安丽哲. 生态博物馆建设与民族文化发展——以梭戛生态博物馆为中心的讨论 [J]. 原生态民族文化学刊，2017(4).

[10] 胡朝相. 论生态博物馆社区的文化遗产保护 [J]. 中国博物馆，2001(4).

[11] 潘守永. 生态（社区）博物馆的中国经验与学术性批判反思 [J]. 东南文化，2017(6).

[12] 莫志东. 对南丹里湖白裤瑶生态博物馆建设情况的调查及其思考 [C]. 北京：中国博物馆协会民族博物馆专业委员会，2006.

[13] 民族文化宫博物馆编. 中国民族文博（M）. 北京：民族出版社，2016.

近代民族主义思潮对中华民族
共同体意识的影响

饶臣宏

（贵州民族大学民族学与社会学学院）

摘要 鸦片战争后，中国被拉入世界发展的大格局中。中国的知识阶层也在不断学习西方的文化思想。大量的西方文化、价值观传入中国，现代性的民族意识也传入中国。这极大地冲击了中国传统的"华夷观念"。在国家遭受列强侵略，生死存亡之际，中国传统的"天下观"让位于"国家观"，中华民族的意识也在内外的压力下，基于传统中国思想土壤，借助于西方的民族理论逐渐建构起了中华民族的共同体意识。

关键词 近代民族主义；中华民族；共同体

现代性的民族主义思潮起源于西方，现代性历史的过程从很大程度来说可以看作民族国家建构形成的过程。中国的民族主义则是在与近代西方列强的互动中产生的。费孝通认为："古代中国是一个自在的民族实体，而不是一个'自觉的'民族实体。"因此，除了本国当时的国情，最终使中国人产生包括整体利益在内的中华民族认同观念，进而促成中华民族这一自觉的民族实体形成的，还是近代史上中国与列强之间的互动。因此，近代的西方民族主义思潮在中华民族共同体意识的认同上也起到了重要的作用。

一、民族主义：起源与内涵

中世纪的西欧是以封建割据为基础的基督教世界，在经历了文艺复兴与宗教改革以后，西方从宗教神权的阴影下走出来，逐步转化为以国王为象征的国家认同。随着市场的统一、语言鸿沟的打破，民族国家的认同不断加强。命运共同体的意识让人民将国家看作维护共同利益的象征。因此民族主义从诞生起就与一种实现民族统一、建立民族国家的政治诉求紧密结合在一起，从而逐步演化为一种现实的政治运动和政治实践。

在现代社会科学中，民族、民族主义、民族国家这几个概念的争论和探讨从未停止过。盖尔纳认为："民族主义是一种关于政治合法性的理论，其基本理念是政治单位与民族单位的重合。理想模式就是国家与民族统一，实现一族一国。"霍布斯鲍姆在《民族与民族主义》中没有直接给出民族主义的定义，而是直接采用了盖尔纳的民族主义概念，可以看出，他们都同意将这个概念看作政治概念的内涵。他们强调的是国家的统一性和整体性。安德森民族主义的定义也是广被援引的："当某一自然领土上的居民们开始感到自己在共享同一命运，有着共同的未来，或当他们感到被一种深沉的同道关系联系在一起时，民族主义便诞生了。"也就是说安德森强调的民族主义是对命运共同体的认同和期待。汉斯·科恩则更多地从心理层面来解释民族主义："民族主义是一种心理状态，即个人对民族政权的忠诚高于一切。这种心理状态是同生养他的土地、本地的传统和在这片土地上建立起来的权威等联系在一起的。"每一种定义都从不同的侧重点凸显了民族主义的意义，甚至包含着不同的价值判断。民族主义是一种历史运动，在18世纪、19世纪的欧洲出现并不断发展，其影响对现代性国家制度的催生意义深远。民族主义先于民族产生，它产生了民族这个想象的共同体。民族这个概念由于民族主义赋予了它传统的价值观念，现代性的民族定义才在命运共同体的观念下被锻造出来，并被赋予大量内涵，诸如，语言、宗教、文化、宗教、种族等。而后，民族与民族主义的概念作为意识形态的工具被各国广泛使用。民族主义是人民归属感的纽带，它被作为一种政治设计，给现代性的政治运动以动力，它是民族运动最基本的意识形态工具。当人们普遍地接受这一心理认同时，在民族面临生死存亡之机时，民族主义往往能带来有效的社会动员力量。民族主义所激发出来的自然归属感，可以创造出一种为广大人民认可的共同文化，人们在强烈的认同下，会转化成积极主动的国民，这一概念的推动是现代国家制度得以建立的重要因素。民众情绪是政治动员的兴趣所在，以民族和国家前途这种崇高的号召进行社会动员，是大规模历史建构的有效手段。从某种程度上讲，就我国民族建国历程话语体系而言，民族主义与爱国主义是紧密相连的。但在民族建国之后，民族主义与爱国主义还是有区别的：前者更多地关注族属认同与情感，后者着重于对国家的认同与忠诚。

二、近代中国民族问题与民族主义

关于"民族"一词的渊源，国内史学界和民族学界都广为关注。在中国的古代汉语中，可以清楚地找到"宗族""族类""家族"一类与"民族"相关的词语。有很多学者认为中国古代文献中没有"民族"一词，"民族"一词是从近代日本传入中国的。后来，茹莹在《太白阴经》序言、邸永君在《南齐书》卷五十四《高逸传·顾欢传》中发现了与今天含义基本相同的"民族"一词。郝时远经多方考证后指出："就'民族'一词从中国古代文献到近代书刊的使用情况看，该词由中国传入日本的概率更大。而具有现代意义的"民族"出现于 19 世纪 30 年代，郝时远又指出："古汉语'民族'一词在近代传入日本后，在日译西书中对应了 Volk、Nation、Ethnos 等名词，被赋予现代意义。中国现代民族观念则是受日译西书的影响。"

（一）近代中国民族问题

1840 年的鸦片战争让中国被迫打开了大门，民族危机促使民族意识的觉醒。中国处在内忧外患中，对外中国面临着巨大的列强压迫，对内则集中变现为社会制度和新的观念之间的矛盾冲击。

中国面临着从传统封建型国家观走向现代民族型国家观的转型之际，也可以说从"天下"走向"民族国家"的过程。中国自古就有"华夷之辨观"和"天下观"，却没有民族国家关系的观念。梁漱溟先生认为："中国人传统观念中极度缺乏国家观念，而总爱说'天下'，更显出其缺乏国际对抗性，显出其完全不像国家。"中国从未将西方看作是与自己同等地位的国家。但是在鸦片战争失败后，中国知识界、思想界不由开始反思，一直将自己置于天朝大国的文明古国在战争、政治、经济、政治、经济、外交诸领域却无力与劲敌较量。曾经被视作蛮夷的西方国家反而成了侵略自己的"列强"。其中要考虑民族与国家的关系。所以，不同于西方国家的内源型民族主义，鸦片战争后在承认"他国"的情况下，中国的"我"族意识被唤醒。中国的民族问题开始成为历史的要求，并且以政治危机、社会危机和文化危机的方式提到日程上来。

伴随战争入侵，打开国门的还有"异族"思想的传入。一批传教士进入中国，开办教会，传播西方文化思想与现代科学。当时的洋务派开始兴办翻译机构，翻译了一批西方著作，并派出一批学生赴西洋学习西方文化知识。一些知识精英开始创办杂志，这也为西方文化、思想的大量传入提供了条件。在国家危难之际，一批具有国家忧患意识的精英阶层对于传入的民族、民族主义、国家等概念不断赋予中国语境下的含义，现代性民族意识不断增强，从理论到实践，逐步走上了建立多民族统一的国家道路。

（二）近代民族主义思潮：改良与革命

中国近代的民族主义思潮起源于近代外来的民族危机和现代民族思想的传播。在鸦片战争后，中国人被视作"东亚病夫"，中国境内各民族面临着生死存亡的问题。而此时的中国民族主义者就是要帮助当时的中国建立统一的共同体思想，甚至据此开展民族运动建立独立统一的民族国家。

晚清政府在近代遭遇前所未有之大变局，在探索如何救亡图存的道路上，无论从思想上还是从政治实践上，基本可分为改良与革命两个方向。梁启超倡导在既有的清朝体制下改良，走上君主立宪制道路，其民族主义可称为"大民族主义"，是在合族、满汉同化下将国内各个民族构建成一个新的中华民族。而孙中山则是要推翻清政府，建立资产阶级民主共和国。

梁启超是提出中国民族主义的奠基人，他建立了中国现代民族国家的思想。他认为民族主义是"各地同种族、同语言、同宗教、同习俗之人，相视如同胞，务独立自治，组织完备之政府，以谋公益而御他族是也"。他在《国家思想变迁异同论》中提道："民族主义者，世界最光明正大、公平之主义也。不使他族侵我之自由，我亦毋侵他族之自由，其在于本国也，人之独立；其在于世界也，国之独立。"可以看出中国的民族主义产生于在西方压迫的反应之中，所以必须行民族主义之策，才能挽救危难之中的国家。实际上梁启超的民族主义思想也经历过变化，在 1895 年以前，其思想明显带有华夏中心主义和排满的色彩。这一时期，他的思想未摆脱传统的"天下观"，还处于向现代民族主义思想转化的过程当中。戊戌变法失败以后，梁启超逃到日本，在那里，他受到更多的西方政治、经济、文化思想的熏陶，对国家民族前途命运的思考有了更深的层次。他认为近代国家之间的竞争实际可以看作"民族之竞争"。他提出了"新国"与"新民"。其提出的"新民"意在要求在中国近代历史背景下对国民心性作深刻反省，重构民族文化心理，培育民族国家意志，确立国民新型价值观和行为方式，在中国近代社会结构中组织新的国民群体。梁启超的"新民"是为了培养有爱国心，以"群"为核心意识的公民。在国家变革中人的思想变革是关键。梁启超的民族国家观念起源于甲午战争以后。"在 1897 年的《说群》一文中，梁即提出'群'的概念和'国群'认同，这其中就已经含有整合国人为一个凝聚力的政治实体的思想。"可以明显看出，梁启超这一时期的思想转折，其不再是狭隘的"天下观"，而是更符合当时时代要求的新型民族国家观。而且他希望国民都能认同这一整合的共同体。在多民族国家的背景下及当时的外部环境下，必须统合起汉、满、蒙、回、苗、藏，组成一个大民族。"吾中国言民族主义者，当小民族主义之外，更提倡大民族主义者。小民族主义者何？汉族对于国内他族是也。大民族主义者何？合国内本部属部之诸族以对于国外诸族是也。"梁启超的民族主义思想对于中国近代思想史意义重大，其将中国国内各民族联合为统一的共同体思想，在政治上则希望建立现代民族国家的政治共同体来抵制外来压迫。统一的共同体思想符合统一的多民族国家的前进方向。

孙中山的民族主义在形式上则是更加彻底的革命式。孙中山提出的三民主义将民族主义推向历史舞台。1912 年，孙中山任中华民国临时大总统时发表宣言书说："国家之本，在于人民，合汉、满、蒙、回、藏诸地为一国，即合汉、满、蒙、回、藏诸族为一人。是曰民族之统一。"虽然中华民国成立后的几十年内，仍然是军阀混战，民族灾难依然深重，但是民族主义、民族国家这些词不再只是思想意识，而是付诸实践。统一的多民族国家成为历史发展的主流。孙中山的民族主义思潮也随着国家的发展经历了变化。孙中山在所订之《中国同盟会革命方略》中，提出以汉族排除满洲"异种"，使中国成为"中国人之中国""中国之政治由中国人任之"，实现"履彼政府，还我主权""光复我民族国家"的革命目标。从这段文字可以看出，这一时期孙中山的民族观还停留在汉民族为中心的阶段，即以排满建立汉民族为中心的民族主义。当时革命派"驱除鞑虏，恢复中华"的口号让这一论调得到了很大的传播。实际上自清初以来，是以满汉民族矛盾为核心的，但这实际上是忽略了中国当时面对列强压迫的对外形势。建立中华民族共同体共同抵御帝国主义才应该是当时民族主义的主基调。所以，辛亥革命前孙中山的民族主义是以汉民族为核心的狭隘的民族主义。清政府被推翻后，孙中山对当时国家的情况判断有了更深的认识，其对于民族主义的看法则更多地转向了对于帝国主义反抗。而且在与康梁人士的论战中，孙中山关于民族问题的视角逐渐被打开，带有种族主义的民族主义思想也在慢慢改变。直至出现满、汉、蒙、回、藏五族共和才标志其民族观的彻底扭转。孙中山关于中国的国家观念和民族观念对中国近代史影响巨大。他的着力点是反对封建主义，建立资产阶级共和国，以民族国家的命运为努力方向。孙中山理解的民族主义是"国族主义，是对民族、对国家希望、要求、观念、主张和改造力量，是国家图发达种族图生存的宝贝"。孙中山的三民主义有其局限性，但是总体上还是反映了当时国家在危难中亟须维护民族独立、国家振兴的任务和资产阶级的发展要求。而且，孙中山的民族思想最终转化成了革命现实，虽然没有彻底解决中国的民族危机，但是其将中国引上了现代民族国家的道路。将多民族的统一国家更深地融合在一起，中华民族的认同在各个领域各个阶层更加坚固。

三、近代民族主义对中华民族建构的影响

孙中山建立了资产阶级共和国，以政体的形式建立起了"中华民族"。正是如此，中国人民在外辱面前更加紧密地站在了一起。中华民族的认同在中华民国的建立中得到加强。各个族源，不同文化背景的人在这个政治共同体中找到了认同。

（一）近代的中华民族共同体意识

中华民族，作为政治概念，指由生活在中国版图之内和拥有中国籍的人们构成的政治文化共同体。作为文化概念，它的含义相当于中国人或华人。中华民族从近代被提出到广泛传播再到全体国民的认同经历了长期的发展过程。最早提出和使用这一观念的便是最早引进和介绍西方民族主义的梁启超。1901年,梁启超在《中国史叙论》一文中首次提出了中国民族的观念,并将中国民族的演变历史划分为上世史、中世史和近世史三个时代。1902 年,梁启超又在中国民族的基础上正式提出了中华民族的观念。他在是年发表的《论中国学术思想变迁之大势》一文中,首先用诗一样的语言对"中华"一词的内涵做了说明,接着,在论述战国时期齐国的学术思想时第一次使用了"中华民族"一词"齐,海国也。上古时代,我中华民族之有海权思想者,厥惟齐。故于其间产出两种观念焉,一曰国家观二曰世界观。"在梁启超后,章太炎与杨度也在文章中使用了"中华民族"一词,但是他们使用这一词大都有汉族之意。梁启超实际是将中华民族看作一种文化上的认同。他将在血统上区别于汉族但文化上已经接受汉文化的民族也视为中华民族的一部分。

中华民国成立后,"五族共和"的理念成为建国方针,这一理念为中华民族这一观念的形成起到了很大作用。据资料显示,中国第一次官方发表"中华民族"一词是孙中山以临时大总统名义发出的《对外宣誓书》:"今幸义旗轩举,大局垂定,吾中华民国全体,用敢以推翻满清专制政府,建设共和民国,布告于我诸邦……盖吾中华民族和平守法,根于天性,非出于自卫之不得已,决不肯轻启战争。"同年秋商务印书馆出版的

《共和国历史教科书》，在讲到民国统一时也使用了"中华民族"，"我中华民族本部多汉人，苗瑶各土司杂居其间。西北各地，则为满、蒙、回、藏诸民族所居，同在一国之中，休戚相关，谊属兄弟"。可以看出当时的"中华民族"一词已在不断地增进各民族的关系，而不是说传统的以汉民族为核心的民族主义。实际上中华民族的概念在清末就已经出现，但是这一观念的最终形成又经历了长期的发展。

郑大华认为，中华民族这个概念的形成是在五四运动前后，因为五四运动前后，是中国民族主义的发展时期。第一次世界大战后掀起的民族解放运动，是十月革命后列宁的民族观念传入中国后的影响。加上当时的中国处在极不稳定的世界局势中，这在客观上促成了国内各民族必须紧密团结，形成一个共同体共同发展抵御列强，当然前提是国内的各民族必须在政治上有平等的地位。1923年1月发表的《中国国民党宣言》中谈到民族主义时便明确指出"吾党所持民族主义，消极的为除去民族间之不平等，积极地为团结国内各民族，完成一大中华民族"。几乎同时发表的《中国国民党党纲》所确立的民族主义的目标，是"以本国现有民族构成大中华民族，实现民族的国家"。可以看出，当时官方已经开始使用这一概念来促成国内多民族的团结统一。中国共产党在五四运动登上历史舞台后，也承认和使用中华民族的概念。在《中国共产党第二次代表大会宣言》中，就提到了"推翻国际帝国主义的压迫，达到中华民族完全独立"。五四运动以后，这一概念确定并在知识分子和积极探求国家道路的仁人志士中广泛流传，但是对于普通阶层而言，中华民族的观念还没有普及。直到抗日战争爆发，中国陷入了前所未有的命运危机，全国各族人民被强烈的民族情绪拉进了"中华民族"这个命运共同体，这时的中华民族超越了种族、狭隘的民族主义、阶级、文化、政治立场，全部投入抗战。《义勇军进行曲》将整个国家命运一体的状况谱写出来，全国各族人民纷纷传唱。中华民族最危险的时候民族国家的观念被时代激发出来，铸造了坚不可摧的民族精神，民族主义思想聚集形成了中华民族共同体意识。中华民族共同体意识的形成是近代中国民族主义发展的最高成就，中华民族共同体意识的确立本身就是对近代中国民族主义的形塑。从洋务运动、戊戌维新，经辛亥革命、五四运动，到抗日战争，民族主义意识已经在中国深深扎下了根。中国已经是一个国家，中国人这个字眼已经有了确实的含义，而中华民族则是把国家和人民联系起来的共同体。

（二）学界建构：多元一体的民族格局

多元一体格局是学界对于中国是统一多民族国家的基本共识，这一理论的架构对于"中华民族"的提出提供了更好的解释。这也是学界多年以来对中国民族问题的探索得出的成果。"中华民族作为一个自觉的民族实体，是在近百年来中国和西方列强对抗中出现的，但作为一个自在的民族实体则是在几千年的礼俗过程中形成的。中华民族多元一体的形成过程。主流是由许许多多分散孤立存在的民族单位，经过接触、混杂、联结和融合，同时也有分裂和消亡，形成一个你来我去、我来你去，我中有你、你中有我，而又各具个性的多元统一体。"中华民族多元一体格局是费孝通先生在 1988 年正式提出的，究其理论来源，可以追溯至新中国成立以前。比如 1939 年顾颉刚提出中华民族是一个的主张，当然他只强调一个整体民族忽略了众多民族之分，也可以说他的民族只强调了 Nation，所以这种提法遭到了质疑。实际上中华民族多元一体格局更多以来自吴文藻。吴文藻在 1926 年就提出过国家可以在一种共同文化下存在的理念，他认为："一国家可以包括无数民族""一个民族可以造成无数国家""民族乃一种文化精神，不含政治意味；国家乃一种政治组织，具有文化基础""今日之国家，立于文化之基础上。"尽管这个说法相当模糊，却隐隐透露出他拟构建一种超族群的文化以兼顾民族与国家两端之意，开创了中国人类学独立理论思考的道路。后来吴文藻又完善了他的这一超文化机制。在民族危机的情况下，从学术的角度去建立统一的民族国家一直是学者的目标。实际上在长期的历史发展中，多元是客观存在的，但是要在统一中寻找多元，让其合理的存在这是民族学者努力的关键。从民国时期学者就想从文化统一的角度去建构出统一的民族国家。凌纯声就曾经表示："边疆的文化不是孤立发展，也不是同化、汉化，而应该是现代化。"这一时期的民族学家显然已经意识到了要去建构一种新型文化，这种新型文化是开放的，它绝不是汉文化的代表，而是包括汉文化和各种少数民族文化的优秀文化。在不断探索中，学界探索出了如何兼顾一和多的关系。既要唤起国家意识，也要保证少数民族的地位。所以这一时期的民族学界在时代背景下，一直有一条构建统一的多民族国家的思路，而且不断丰富其理论内涵，消解了多和一之间的内在矛盾。

对民国时期民族学界构建统一多民族国家思路的回溯，可以发现，民族学界早已注意到并试图回答这一问题。这段中国民族学发展史上的重要过往不仅在近代中国民族理论研究方面具有开拓性与探索性的意义，它所坚持的多元与一体并重，通过各民族共同的"现代化"追求实现统一多民族国家的理想，也是费孝通中华民族多元一体格局理论的思想来源之一。也可以说，这是中国民族学学科在 20 世纪发展的集体成就。对于中华民族多元一体格局的建立，学界经历了长期的讨论和发展，不断丰富多民族的统一国家内涵，从学理上为中华民族的认同打下了基础，从学科上为当时亟须统一的国家意识做出了自己的贡献。

四、结语

中华民族共同体意识在近代民族主义思潮的发展中不断增强。加上外部势力压迫，这一概念不断得到各民族的认同。回溯近代民族主义思潮，统一的多民族国家在民族主义的思想影响下不断提升凝聚力，为增强中华民族共同意识，反抗列强打下深刻的思想基础。回顾历史，展望未来。今天，中国的发展举世瞩目，但是仍然面临复杂的外部环境和内部矛盾，习近平总书记在党的十九大报告中强调："深化民族团结进步教育，铸牢中华民族共同体意识，加强各民族的交往交流交融，促进各民族像石榴籽一样紧紧抱在一起。"在不断增强国家意识的前提下，注意狭隘民族主义的问题，以及极端民族主义对于国家的影响。处理好一与多的关系，既尊重多元，更强调一体。

参考文献

[1] 张海洋. 中国多元文化与中国人的认同 [M]. 北京：民族出版社，2006.

[2] 朱润生. 近代民族主义与民族国家构建的关系思考 [J]. 江汉大学学报，2012（4）.

[3] 徐迅. 民族主义 [M]. 北京：东方出版社，2014.

[4] 费孝通. 中华民族多元一体格局 [M] 北京：中央民族大学出版社，1999.

[5] 郑大华. 中国近代民族主义与中华民族自我意识的觉醒 [J]. 民族研究，2013（3）.

[6] 中共中央统战部编. 民族问题文献汇编 [M] 北京：中央党校出版社，1991.

[7] 张淑娟. 论中华民族共同体意识对近代中国民族主义的形塑与修正——以中国共产党为例 [J]. 广西民族研究，2018（3）.

[8] 暨爱民. 民族国家的建构. [M]. 北京；社会科学文献出版社，2013.

[9] 孙中山. 三民主义·民族主义，孙中山全集：第9卷 [M].

北京：中华书局，1986.

[10]梁启超.新民说·论新民为今日中国第一之急务[M].中州古籍出版社，1998.

[11]徐迅.民族主义[M].北京：东方出版社，2014.

[12]梁漱溟.中国文化要义[M].济南：山东人民出版社，1990.

[13]郭家骥.论中国历史上的民族关系理论[J].云南社会科学，2007（5）.

乡镇机构改革的难点及对策研究

肖鸿禹

（贵州民族大学民族学与历史学学院）

摘要 乡镇政府是我国最基本的行政单位，乡镇机构改革是我国机构改革的基础环节，其改革难度大、面临的问题也较为复杂。本文通过对乡镇机构改革的难点进行分析，进而对乡镇机构改革提出可行性建议。本文分为六个部分，第一部分是引言，第二部分是贵州省乡镇机构改革的概况，第三部分是乡镇机构改革难点分析，第四部分是乡镇机构改革难的原因分析，第五部分是乡镇机构改革的对策，结语部分对乡镇机构改革的难点及对策进行总结。

关键词 机构改革；乡镇机构改革难点；对策研究

中共十九届三中全会《中共中央关于深化党和国家机构改革

的决定》指出："党和国家机构职能体系是中国特色社会主义制度的重要组成部分，是我们党治国理政的重要保障，提高党的执政能力和领导水平，广泛调动各方面积极性、主动性、创造性，有效治理国家和社会，推动党和国家事业的发展。"其中，乡镇机构改革作为政府机构改革中最基本的环节，作为国家行政管理系统的"神经末梢"，与国务院、省、市、县等机构改革相比较具有其特殊性。乡镇机构存在着人员分流、职能转变、机构臃肿、人员膨胀等方面的改革难点，通过对乡镇机构改革难点的分析得出可以采取一系列措施推进乡镇机构改革。

一、贵州省乡镇机构改革概括

（一）中国乡镇数量的变化情况

据统计，1957 年，全国共有 120 753 个乡镇政府，次年开始撤乡并镇。直至 1962 年，全国共有 74 771 个人民公社。1978 年比 1962 年减少了 2 000 多个，1980 年略微增长。1985年，人民公社被废除，乡镇政府的建立工作也告一段落，这时的乡镇数量为 91 138 个。1986 年全国乡镇数量为 71 520 个，1988 年为 56 002 个。1992 年，全国 48 336 个乡镇被分为大型、中型、小型乡镇，并规定其编制分别不超过 45 人、30 人、15 人。1993 年，我国进行了上至中央下至地方的一次政府机构改革，在乡镇政府机构主要进行乡镇合并、精简机构和人员。事实证明此次机构改革也取得了一定的效果，1996 年乡镇数量减少到 45 484 个。1998 年，第四次机构改革启动，1999 年开始乡镇撤并、精简机构、减少财政供养人员和归并事业站所。2000

年，在安徽进行农村税费改革。到 2001 年底，全国乡镇数量为 40 370 个，比 1996 年减少 5 000 多个。据统计，2002 年年底，我国乡镇的数量减少至 39 240 个。2003 年乡镇数量都有所减少，机构改革的目标是职能划分，目的是精简机构。2004 年，为响应农村税费改革的号召，对我国的湖北省、吉林省、安徽省、黑龙江省分别进行改革。2005 年，全国乡镇数量由 2001 年的 40 370 个减少到 35 473 个，减少了将近 5 000 个。2008 年以来，转变政府职能、提高行政效能一直被作为机构改革的核心。2010 年以后，镇的数量逐渐增加，乡的数量逐渐减少。整体来看，镇的数量从 2002 年至 2008 年逐渐减少，2008 年至 2017 年年底又逐渐增加；从 2001 年至 2008 年乡的数量持续减少，改革成效显著。

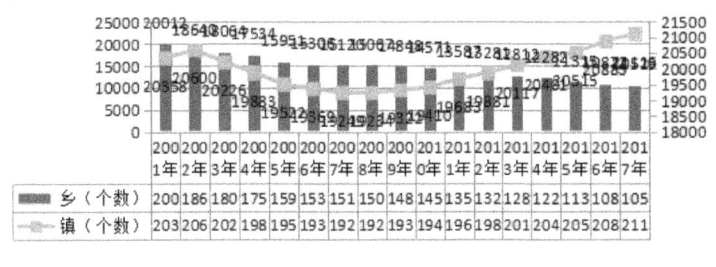

图 1　全国乡镇数量变化情况

（二）贵州省乡镇数量的变化情况

据统计，2010 年末，贵州省镇的数量为 689 个，乡的数量为 759 个。2013 年，镇的数量为 729 个，乡的数量为 710 个，其中民族乡共 236 个。2014 年，镇的数量为 782 个，乡的数量为 606 个，其中民族乡共 215 个。2015 年，镇的数量为 762

个，乡的数量为 500 个，其中民族乡共 208 个。2016 年，镇的数量为 796 个，乡的数量为 401 个，其中民族乡共 194 个。2017 年，镇的数量为 832 个，乡的数量为 326 个，其中民族乡共 193 个。2018 年，镇的数量为 839 个，乡的数量为 317 个，其中民族乡共 193 个。从这些数据可以看出贵州省镇的数量逐渐增加，乡的数量逐渐减少。镇的数量由 2010 年年末的 689 个增加到 2018 年的 839 个，共增加了 150 个。乡的数量则由 2010 年年末的 757 个减少到 2018 年的 317 个，共减少了 440 个。从总体情况上来看，乡和镇的数量由 2010 年年末的 1 446 个减少到 2018 年的 1 156 个。

1949 年贵州省人民政府成立，下设一个直管市，八个专区，一个专区辖市，79 个县。六盘水地区设立于 1967 年，其管辖区域包括盘县特区、六枝特区和水城特区。此外，1970 年还在铜仁设立了万山特区。1978 年，六盘水地区改名为六盘水市，成为继贵阳市之后的又一个地级市。1981 年设立黔西南布依族苗族自治州。1983 年，凯里县改名为凯里市。1987 年，设立水城县、钟山区。1992 年，盘县特区被设立为盘县，并于同年设立清镇市。1994 年设立的市区有仁怀市和毕节市。1997 年设立遵义市。2000 年设立铜仁市。2014 年设立平坝区。2016 年设立播州区。2017 年组建盘州市。

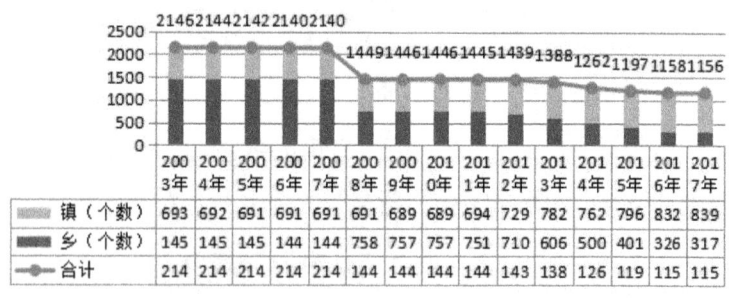

图 2 贵州省乡镇数量的变化情况

（三）贵州省乡镇机构改革的概况

贵州省《关于深化乡镇机构改革的指导意见》中强调，想要推动乡镇机构改革，一要转变乡镇机构职能；二要控制机构数量和人员编制，创新乡镇机构管理体制；三要加强组织管理。下面将对各种举措进行更为深入的介绍。

1. 转变乡镇机构职能

首先，要大力发展当地经济以带动农民的发展。其次，要更好地提供公共物品与服务，坚持改善民生。另外，要强化社会管理的职能，良好的社会环境是广大农村地区稳定发展的基础。最后，农村地区的和谐发展离不开基层政治民主的建设。

2. 控制机构数量和人员编制，创新乡镇机构管理体制

第一，合理设置乡镇党政办事机构。党政办事机构的数量控制在 5 个以内，党政机构设置形式据乡镇的具体情况而定。第二，事业机构的数量最好少于 8 个，这里所指的事业机构是由乡镇党委和政府所管理的事业单位，其数量通常由县级党委及政府视具体情况而定。第三，要合理确定人员编制和领导职数。乡镇领导职数应该控制在 9 个以内，具体领导职数结构，应当根据乡镇的实际工作需要而定。

3. 加强组织管理

贵州省乡镇机构改革由省委省政府、省编委统一领导，乡镇机构改革的具体方案由本级党委、政府提出，后经由县市两级党委和政府的审核，党委和政府审批通过以后各乡镇再根据当地的实际情况逐一落实，坚持统筹规划与分类指导相结合。

通过历次机构改革，贵州省乡镇机构改革也获得了一些经验：①乡镇政府职能的定位。普定、绥阳和息烽等县科学合理地界定乡镇政府的职能。清镇市知悉乡镇政府承担着提供公共物品与服务、社会综合治理、积极推动国家政策法规等责任。②服务型政府的建设。贞丰、石阡、绥阳等县积极推动乡镇体制改革，优化乡镇政府的基本职能，建设服务型政府，以提高乡镇机构的工作效率和服务水平。③乡镇工作人员编制的优化。贵州省乡镇机构改革的目的在于精简机构和人员，严格控制乡镇领导职数和优化资源配置，促进当地经济的发展。2001 年，毕节市纳雍县乡镇事业站所的数量为 10 个，其编制为 1 386 个。2006 年，纳雍县乡镇事业站所减少了 6 个，其编制为 1 871 个。④乡镇机构改革方案的制定。安顺、清镇、石阡等市县在乡镇机构改革的过程中，因地制宜设置乡镇机构，制定科学、合理、高效的机构改革方案。⑤乡镇机构及其工作人员。黄平、镇宁、息烽等县加强对乡镇机构工作人员的思想政治教育，统一组织成员的行动和认识，通过召开"三个会议"，调动乡镇机构及其工作人员的积极性和主动性。

二、乡镇机构改革难点分析

"上面千条线，下面一根针"，作为国家政策落地的"最后一公里"，乡镇机构在整个机构改革中起着至关重要的作用。然而，乡镇的复杂性使得乡镇机构改革困难重重，其难点主要集中在人员分流、乡镇政府职能转变、机构臃肿、人员膨胀等方面。笔者认为机构改革的主要难点如下：

（一）人员分流

人员分流可谓地方政府机构改革中的一大难点，首先，传统行政文化影响人员分流。一方面，乡镇机构工作人员素质普遍不高，受官本位思想的影响较深，并且乡镇机构由于长期缺乏监督，中央机构鞭长莫及，导致乡镇机构工作人员的引进缺乏严格的管控，人际关系十分复杂。另一方面，是分流人员心理因素影响人员分流。乡镇机构中的工作人员在乡镇机构中所待的时间相对来说比较长，在这种正式组织中建立起了一种非正式组织，与同事、朋友也建立起了深厚的友谊，因此职位的变动可能会对被分流人员的人际关系造成一定的影响，甚至这种频繁的调动可能会使其家庭产生变故，所以大多数人都对人员分流产生了抵触心理。最后，乡镇社会保障机制的滞后阻碍人员分流。许多求职人员之所以热衷于国家公务员一职，其中一个主要原因是其工作具有保障性，而接受分流以后可能原有的这些保障将被削减甚至消失，所以会影响到人员分流。

（二）乡镇职能政府的转变

中共十四大早就提出建立社会主义市场经济体制，但我国的乡镇机构在一定程度上仍然保持着原有的计划经济体制，管制型政府向服务型政府的真正转型尚未实现，从而阻碍了农村市场经济的发展和市场体系的完善，影响乡镇政府治理现代化进程与政治民主建设。乡镇政府职能定位不合理是乡镇机构改革的一大难点：

（1）政社不分。一般来说，乡镇政府和村委会是指导与被指导的关系。乡镇政府不可以私自滥用行政命令来控制村委会，以使村委会全权为其服务。然而，在现实中，情况则大不相同。一方面，在乡镇机构看来，乡镇机构与村委会就是行政隶属关系，乡镇机构理所应当对村委会进行行政干预。另一方面，乡镇机构通过财政控制间接控制村民委员会，因为按照村财乡管的原则，乡镇政府有权对村干部的工资以及村委会的活动经费进行统一支配。

（2）政事不分。在计划经济体制下，事业单位是作为政府部门的附属机构而存在的，除了自身应该履行的职责以外还要承担相应的行政事务，由国家统一兴办，财政收支由国家统一支配。随着计划经济体制向市场经济体制的转变，事业单位的职能和性质理应发生转变，但事实上事业单位的性质并没有发生根本性的转变，事业单位依旧由乡镇机构大包大揽。乡镇机构把许多原本不应该由事业单位承担的职责通过行政命令的形式强加给事业单位。这样一来，事业单位围着政府转，导致其花在自身业务上的时间和精力大大减少，从而失去本身应有的活力。

（3）镇企不分。乡镇政府对企业的干预过多导致企业缺乏自主权，严重限制了乡镇企业的发展活力。因此理顺乡镇政府与企业的关系有利于实现政企分开，推动乡镇机构改革的实施。要实现政企分开，一方面，乡镇机构应该减少对乡镇企业的干预和控制，让乡镇企业真正实现自主经营、自负盈亏，建立"亲清"新型政商关系。另一方面，乡镇政府应该为乡镇企业提供一定的信息服务，以便乡镇企业及时了解市场走向，更好地制定生产、供应、销售的方案。培育和完善市场体系，加快市场设施建设，推动乡镇企业走向市场。此外，乡镇政府还应该根据宪法和法律的有关规定，管理经济活动、规范市场秩序。

（三）乡镇干部的能力和素质有待提高

乡镇干部有很多的选拔方式，通过不同方式进入乡镇政府的个人能力素质也就参差不齐。一些乡镇干部的素质与能力有待提高，其工作能力明显落后于当今社会主义市场经济的发展。

（1）管理不科学。许多乡镇干部把主要精力放在一些琐碎的小事上面，盯着一个不能为乡镇带来多大效益的项目不放，没有意识到自己应该起到的是有效指挥和协调的作用，没有树立全局观念。

（2）服务不到位。我党的宗旨是全心全意为人民服务，但现实生活中却很少会有乡镇干部主动为人民提供服务，积极了解人民群众的困难，大多是坐等人民群众主动寻求服务人民群众在这个过程中不仅得不到满意的回答反而因此遭到训斥。基层政府形象受到影响，人民对政府的满意度也有所降低。最后，不敢创新、害怕挑战。有些乡镇干部因循守旧、故步自封，害怕因创新而带来不良的后果而丢掉了自己的"乌纱帽"，所以宁愿抱残守缺也不敢踏出第一步。社会在向前发展而乡镇干部却又在原地踏步，最终阻碍经济社会的发展。

三、乡镇改革难的原因分析

（一）经济原因

（1）乡镇的产业结构不合理。从目前的状况来看，大多数乡镇以农业发展为主，主要精力集中在农业生产上，虽然第一产业的比重较大，但是机械化水平跟不上，没有形成规模经济。随着经济社会的发展，二、三产业也得到一定程度的发展，但从整体上来看科技含量比较低，发展较为缓慢，所以需要进行产业结构优化，加快二、三产业的发展。另外，实际上许多乡镇是具有自身的特点和优势的，但是在经济发展过程中却没有充分重视这种优势资源。乡镇政府要积极鼓励和引导乡镇根据当地情况发展特色产业和优势产业，促进乡镇经济的发展。

（2）乡镇财政困难。2006 年全面取消农业税以后，许多原本以农业税为主要收入来源的乡镇机构出现财政困难，加上乡镇机构工作人员的数量逐年上升，招商引资、员工的工资、接待上级等开销增加了乡镇机构的财政负担。乡镇机构要想保持正常运转只能依靠中央的资助或者县级政府的转移支付。这样一来，乡镇机构在经济和政治上都依赖县级政府，听从县级政府的指挥，最终导致乡镇机构出现权利"空壳化"的现象。

（二）政治原因

（1）部门对口设置。垂直管理系统使得县级政府设立的部门乡镇政府同样也需要设立，无论乡镇的人口、领土和财政收支等具体情况如何。这无疑会加剧机构臃肿、人员膨胀、人浮于事和浪费资源等不良现象。原则上，乡镇机构作为一级地方政府，理应拥有一定的事权和财权，但实际上乡镇机构要接受双头领导，只拥有事权，而财权则掌握在上级部门。

（2）乡镇政府权责不对等。掌握权力的是县级政府而承担责任的则是乡镇政府。对于那种时间紧迫、任务繁重、内容琐碎的工作，县级政府便将之转移给乡镇政府，并要求乡镇工作人员在规定时间之内保质保量地完成。乡镇工作人员在完成自己的本职工作的同时还要兼顾上级政府所指派的任务，倘若不能按要求完成工作，将会影响乡镇的绩效考核。根据法律规定，乡镇政府并不属于我国的行政执法主体，所以没有行政执法职能。但是，县级政府总是会以这样那样的原因将其强加于乡镇机构，乡镇机构负责人在接受上级政府所委派的任务时也不会过多地考虑是否属于自身的职权范围。这些原因就使得乡镇政府权责不对等的问题加剧。

（三）社会原因

（1）基层群众思想观念落后。乡镇和农村经济的发展速度较为缓慢，招商引资成效也不显著，可供农民选择的岗位本来就不多，久而久之，乡镇机构便成为一个好去处，很多毕业生和转业军人都倾向于政府或者事业单位。官本位思想的存在不利于乡镇政府职能的转变，不利于乡镇机构人员分流。

（2）乡镇干部素质低。乡镇机构工作人员由大中专毕业生、退伍军人、村干部组成，所以文化水平参差不齐，通过公务员考试选拔的乡镇工作人员比例较小。部分干部文化水平低、工作能力差、理论素养不够高，对乡镇管理认识不足，不能熟练地运用现代化办公系统，而且缺乏民主意识和服务意识，这类干部分流以后难以适应经济社会的发展。

四、乡镇机构改革的对策

（一）合理的人员分流

提高乡镇工作人员的思想素质，更新传统行政文化。要改变被分流人员的落后思想，

（1）要对乡镇干部和被分流人员进行思想政治教育，改变只有在政府机关才能实现人生价值的陈旧观念，使被分流的人员能够树立竞争意识和创新意识，适应社会主义市场经济发展的要求。社会经济的发展鼓励被分流的人员在自由和竞争的社会中寻求新的突破，通过自己的努力，胜任新的工作，从而认识到幸福都是奋斗出来的。

（2）要转变社会普遍把分流人员当成是负担和包袱的思想观念，要把分流人员看作是一种资源，在充分得到利用的情况下可以为整个社会带来一定的效益。

（3）实行一次性买断工龄及离岗退养的政策。为那些愿意离职的工作人员提供一定的补偿，对于即将到达退休年龄的工作人员实行提前退休。这些措施确实有利于乡镇机构的人员分流，但是需要一大笔开销。很多乡镇都是靠发展农业维持机构的正常运转的，甚至很多乡镇收不抵支，只能寻求中央的资助或者向上级政府举债，所以这些政策对于大多数本来就已经负债累累的乡镇机构来说不太现实，除非上级对乡镇实行财政拨款或者转移支付。

（4）依法定编、定岗。制定相关法律法规，对乡镇机构实行定编定岗。乡镇机构工作人员的数量应根据该乡镇所辖人口、领土面积、财政收支而定，对乡镇机构的规格、部门的数量、领导职数等做出明确的规定。另外，乡镇机构各个部门或者人员的扩充和增减必须依法纳入法定程序，这样才能真正转变以往由相关人员对乡镇机构工作人员实行任用或者罢免等情况。

（二）乡镇政府职能转变

（1）政事分开。事业站所的财政支出成为乡镇的主要财政负担，所以事业站所是乡镇机构改革的重点。改善事业站所的运行机制，分类管理经营性事业和公益性事业，充分发挥市场机制的作用，对于公益性事业则加大支持力度。对业务范围相近的站所进行合并，充分利用公共服务资源。能够由市场提供的产品和服务就交由市场管理，乡镇政府只起到引导和监督的作用即可。

（2）转变工作方式。建设服务型政府要求乡镇机构根据每个乡镇的特点，因地制宜地提供服务，充分发挥政府的社会管理职能和公共服务职能。转变过去乡镇机构仅仅把工作重心放在生产经营、催耕催种、罚款收费等方面的局面，通过政策引导、典型示范为广大农村提供服务。

（三）加强法治化建设

（1）明确乡镇政府职能。长期以来，乡镇政府的职能并没有得到明确的界定，很多政府机构的设立也不是以政府职能为依据的。因此，为缓解甚至杜绝这些现象，国家应出台相关法律法规，明确乡镇政府职能，科学合理地推进乡镇政府的良性运行。

（2）乡镇行政组织的法治化。乡镇行政机构的设置应该以行政组织法为依据，地方行政组织法的建设有利于规范行政主体及其相互关系，明确行政机关的设置原则、管理体制、活动程序等。所以应该完善地方行政组织法，为乡镇机构改革提供法律支撑，使乡镇机构从膨胀怪圈中挣脱出来。

（3）乡镇工作决策的法制化。想要实现依法决策，一方面，要坚持行政决策主体的法定化。行政决策权只能由法定的行政人员来行使。另一方面，行政决策行为的法定化，必须在法律明确规定的范围内行使行政决策行为，否则均属无效。从次，行政决策行为的程序化。在行政决策过程当中，行政决策主体必须严格按照相关程序做出决策，不得以权谋私，否则便属于不当行政决策行为。

（4）制定政府决策监督保障机制。这种监督保障机制有利于及时纠正行政决策主体的不当行为，使得整个行政决策过程在阳光下运行。

（四）提高乡镇干部的能力和素质

（1）提高乡镇干部的工作能力。乡镇政府在政治民主化、法制化的进程中也逐渐由管制型政府向服务性政府转变，管理模式也由粗放型转变为效益性，因而，乡镇干部也要向着知识型、技术型转变。乡镇干部的年龄一般都偏大，不能熟练地运用办公自动化系统，知识更新换代也比较慢，其工作能力难以适应当今社会的发展。要提高乡镇干部的工作能力，知识化和年轻化一定程度上为乡镇机构改革注入了新的活力。一方面，对乡镇干部进行培训。针对乡镇机构各个部门的特征以及工作需要，对原有岗位上的乡镇干部进行专门的培训，目的是提高乡镇干部的工作能力。另一方面，实行竞争上岗。实行竞争上岗是为了提高乡镇干部的危机意识，让其认识到自己工作能力的不足，以便针对自己的不足进行自我提升，在岗位上做出更大的贡献。同时也给予了那些有能力、有贡献，但是却没有受到重视的工作人员一个证明自己的机会。

（2）建立激励机制。对于工作表现突出，积极做出贡献的乡镇工作人员要及时给予肯定、适当做出奖励，奖励不仅要包括物质上的还要包括精神上的。对乡镇干部进行专项培训、实施竞争上岗、建立激励机制，在提高乡镇干部工作能力的同时促进了乡镇机构的新陈代谢。

（3）提高乡镇干部的素质。乡镇机构录用的人员除了毕业生、军转干部，还包括许多"关系户"。由于缺乏正式的录用机制和严格的监督体系而导致乡镇机构工作人员结构复杂、参差不齐，乡镇机构公务人员的素质普遍不高。所以要提高乡镇干部的素质，一方面，加大公共管理伦理建设力度。

要加强公共管理伦理建设，必须加强制度约束，建立专门的监督机制，监督乡镇干部的言行。另一方面，加强公务员思想政治教育。加强行政文化建设，破除乡镇干部落后观念。

（4）强化公务员的道德自律意识。乡镇干部思想素质的提高是一个自觉选择的结果，应该加强公务员的道德自律意识。

五、结论与展望

乡镇政府是我国最基本的行政单位，既联系城市又联系着广大农村，在整个行政体系中起着至关重要的作用。改革开放以来，我国乡镇机构改革取得了一定的成效，但是其问题与难点仍然没有得到根本性的解决。本文在前人已有的研究成果的基础上结合自己学习所得，对乡镇机构改革的难点与对策做出具体分析，总结如下：

（1）乡镇机构改革难点在于：人员分流、乡镇政府职能转变、机构臃肿、人员膨胀、事权不符、职责不明、乡镇财政不容乐观、乡镇干部的能力和素质有待提高。

（2）结合乡镇机构的特殊性，从经济、政治、社会等方面对乡镇机构改革难的原因进行如下分析：经济原因即产业结构不合理、人员难以分流、乡镇财政困难；政治原因即部门对口设置、乡镇政府权责不对等；社会原因是基层群众持有落后的思想观念，社会保障水平低，且乡镇干部素质偏低。

（3）针对乡镇机构改革中存在的问题以及难点提出以下对策：转变政府职能、理顺县乡关系、合理分流人员、健全社会保障体系、提高乡镇干部的能力和素质等。

由于本人的研究水平有限，对乡镇机构改革的研究还比较浅薄，特别是对乡镇机构改革的难点分析不够彻底，还需要进一步的探索。为了贯彻落实中共十九大关于深化机构改革的决策部署，乡镇机构改革也被提上议事日程，学者们对乡镇机构改革的难点及对策的研究也将迎来一个新的春天。

参考文献

[1] 柳蕾. 经济欠发达地区乡镇机构改革难点及对策研究 [D]. 南昌航空大学论文，2016.

[2] 卢璐. 服务型政府建设视域中的乡镇行政机构改革研究 [D]. 湖南师范大学论文，2013.

[3] 王勇. 乡镇机构改革的难点及对策 [J]. 理论观察，2004（1）.

[4] 宋立根，黄朝文. 乡镇机构改革难点与对策 [J]. 社会科学论坛，2001（1）.

[5] 陈建. 乡镇政府机构改革的方向、难点与对策研究 [J]. 中共合肥市委党校学报，2009（1）.

[6] 马瑞. 我国乡镇政府机构改革研究 [D]. 郑州大学论文，2006.

[7]周望.深化党和国家机构改革的意义和方向 [J].人民法治，2018（1）.

[8]陈振明.中国公共管理学 40 年——创建一个中国特色世界一流的公共管理学科 [D].厦门大学论文，2018.

[9]刘鹏.一场深刻变革 [D].中国人民大学国家发展与战略研究院；中国人民大学公共管理学院论文，2018.

民族地区"村改居"的困境与对策

——以贵州省毕节市 Y 乡为例

杨正莲

（贵州民族大学民族学与历史学学院）

摘要 "村改居"是乡村社区化的重要表现形式，标志着社区的经济发展道路和治理体制替代了原有的落后、欠缺的模式。村民的土地利用方式、就业选择、生活态度自然而然地融入城市化的文化价值当中。本文以偏远的多民族地区 Y 乡的三个"村改居"社区为例子进行分析，从复杂的经济因素、民族关系与宗教信仰和公共基础设施建设方面入手，讨论多民族地区乡村社区化进程中出现的问题，并提出相应的解决对策，为类似的多民族农村地区"村改居"提出参考意见。

关键词 村改居；民族；社区

一、绪论

（一）研究背景

党的十八大提出了城乡发展一体化战略，党的十九大提出了乡村振兴战略，对农村发展做出了蓝图规划。尤其是在当下，城市化进程正在跨步前行，乡村发展有紧跟城市发展模式的趋势，而管理的主体——政府，也在积极探索服务型政府的建设。鉴于此，"村改居"式既非城也有别于农村的乡镇"居民委员会"的出现，为农村过渡到城市或城镇提供了有效途径。根据城市社区的标准在乡镇上建立等同的平衡村落，起到示范作用，做好自我管理与服务。这种倾向于就地城镇化的"村改居"在乡村振兴的大背景下，值得探讨。

（二）研究目的及意义

对于农村社区化这一学术研究，国内大多侧重的是在城市化进程背景中，对发达城市郊区农村的"村改居"的讨论。例如，王春生是在农村城市化的大纲之上，对珠三角"村改居"展开讨论的，"村改居"只是原有城市不断吸纳城郊村落的一种表现过程而已。这是一种乡村社区化，我在这里主要研究它的表现形式——"村改居"，但它不仅仅只是从"村民委员会"到"居民委员会"这一名称的转变，也不仅仅是对旧的社会结构的打破与重建，更预示本身旧的文化价值的逐渐瓦解与新的身份的认同。有学者总结认为，"村转居"过程表面上看是村民户籍身份的转换，实际上关系到村民是否能够分享到城镇化红利，是其切身利益的一个再分配过程。对于城市边缘的村落，早已因为城市汇集各种资源而享受到了"近水楼台先得月"的便利，但这种便利的发展是被动的。这些村落为自身的发展出力甚少，对于他们来说完全实现城市化只是时间问题。而远离城市的村落，如本文所分析的位于多民族地区的 Y 乡，面临的是经济转型困难、复杂的民族与宗教关系、公共服务设施不足等诸多短板，很难走向城市化。而且，它选择的是靠内部的力量去实现城市化，与前者不同，这种发展是主动的，更困难些。本文就以 Y 乡为例，对远离城市的多民族地区农村城市化的转变所遇到的问题进行合理分析，并提出可行性建议，为类似的多民族农村地区"村改居"提出参考意见。

（三）研究方法

本文主要运用的研究方法有：

文献研究法：为了使研究更为准确、客观，笔者从中国知网、万方数据库、维普中文期刊、国家哲学社会科学文献中心和当地政府政务公开网站上收集大量文献与资料，为本文的撰写做好扎实的准备。

调查研究法：为了使文章的研究更加具有说服力，笔者还进行了实践调查研究。通过笔者两个月的实地走访调查，获得了许多珍贵的第一手资料，为文章的分析论证提供了有力的支持，帮助甚大。

（四）创新与不足

1. 创新之处

和已有的研究成果不同，本文特别选择了民族地区的"村改居"来研究乡村地区的社区化之困境与疏解之道。选择的案例对象 Y 乡是贵州省一个偏远的多民族聚集地,经济较为落后。以其为分析对象,为其他同类型的偏远民族地区社区化实施提供助力与参考。

2. 不足之处

在"村改居"这一研究上,国内很多具有建设性的研究成果早已出现,因此本文有些方面的论述是在"炒冷饭"。此外,由于个人学术水平不佳,造成两个缺陷。一是对外国文献搜集甚少,二是个人在相关交叉科目,社会学、民族学、宗教学等方面的学问不够扎实,对案例的分析没有做到融会贯通,容纳百川。更让笔者沮丧的是,因为精力和财力限制,只能选择一个案例,在进行分析的时候代表性不是太强。

二、民族地区"村改居"的阐释

(一)民族地区"村改居"的定义和内涵

"村改居"望字生意,村民委员会改成居民委员会。在民族地区,也只是主体成分上民族众多而已。本质上,无论是不是发生在民族地区,"村改居"社区都是城市化进程中的一个过渡阶段,都是具有中国特色突破城乡二元体制的一种特有现象。其既有城市社区的"外形",又存在农村社区的"本质"。关于"村改居"的内涵,看法不一。我认同的是陈晓莉所提出来的四个要素,农民变居民,农村转社区,集体土地转为国有土地,集体经济转为股份经济。

然而,居民委员会的牌子替代了村民委员会,并没有意味着农民直接转变成为市民，农业户口转变为非农户口，也没有完全实现大部分居民告别农业。因此，这种社区是发育较低的过渡性社区，只是城镇化的开端。在这开端里，如何妥善处理集体资产，如何实现公共服务的延伸，如何赢得群众的普遍认同和支持，如何保证干部和工作的平稳过渡等问题都比较复杂，非常考验推动者，特别是关于人的问题。以上种种问题，在民族地区更为显著。

（二）民族地区"村改居"的目的和特殊性

按照以上四个要素的概括，"村改居"的目的可明确为三个方向。一是将其作为解决"三农"问题的抓手，实现农民的市民化、农业的产业化和农村的现代化；二是以此为切入点，逐步实现农民的就近、就地城镇化；三是通过建设新型农村社区，逐步推进城乡公共服务的均等化，进而改变城乡分割的二元经济社会体制，加快实现城乡一体化发展。简单来讲，至少有2/3的农民不再从事农业劳动，村里也不再以农产品收入为主要来源。社区的经济发展道路和治理体制替代了原有的落后、欠缺的模式。村民的土地利用方式、就业选择、生活态度自然而然地融入了城市化的文化价值。最终完成的，是附带着文化嬗变与从乡村社会事务进行管理进步为治理的经济转型。尤其是从管理转变为治理，意味着构建政府与人民对社会事务的协同参与，实现全民共建共享的社会格局。这些是所有进行"村改居"地区要达到的目的，民族地区同样要完成这些要求。

民族地区"村改居"目的还具有独特性。和上文阐述的一样，四个要素同样赋予了民族地区"村改居"的定义和内涵，强调了"村改居"的特点及社区存在的过渡性和复杂性。只是，民族地区"村改居"特别之处是建立"民族互嵌型"的社区。而这，需要管理者认真筹划，改变民族地区相对不合理的经济结构形式和滞后的公共基础设施缓解复杂的文化矛盾。

三、Y 乡"村改居"的情况

（一）Y 乡和三个"村改居"社区的基本情况

Y 乡是毕节市最北的乡镇之一，与外省接壤，目前乘公共客车去县城需要 4 个小时左右。全乡总面积 132.9 平方公里，耕地面积 30 600 亩，森林覆盖率 44.6%。平均海拔 1 765 米，总人口 21 324 人，民族成分众多。目前，Y 乡所辖的 10 个行政村中有 3 个已经转为居民社区，分别是乡政府所在的 Q 社区、已经被合并的旧乡政府驻地 X 社区和聚集为乡西北片区市集中心的 J 社区。3 个社区总人口 6 503 人，占全乡人口 30.49%。该乡城镇人口 1 597 人，基本为这三个社区的居民，占比 24.56%。该乡是典型的多民族偏远地区，适合作为民族地区"村改居"的案例进行分析。

（二）Y 乡"村改居"遭遇的困境

1. 民族地区经济收入低水平下的转型弊端

一是经济利益推动下的人口流动使得"村转居"社区建设的主体缺失。为了增加收入，一些人厌倦了农业劳动，向往城市生活，三个"村改居"社区外出半年以上的流动人口达到 913 人，占社区总人口的 14%（见表 1），这一比重还在上升

中。走访得知,这些流动人口以青壮年为主,学历较低,少数
民族多,从事技术含量较低、劳动强度较大的工作(见图1)。
就业的低端化直接导致了流动人口收入的低水平化。这种远离
家乡的奔波,既造成大量的土地闲置,也没有让作为同辈群体
的外出者们获得平衡的经济补偿,相反地导致这群人缺席了社
区规划、社区文化、社区参与等公共活动。此外,除去经济和
公共事务主体意识觉醒的衡量,单在感情上就发现这样的机会
成本是巨大的、得不偿失的,空巢老人与留守儿童的问题频发,
甚至出现夫妻关系断裂的情况。

表1 Y乡三个"村改居"人口情况表

社区	常住人口	少数民族人口	外出半年以上人口
Q 社区	1 297 人	87 人	365 人
X 社区	2 606 人	1 006 人	248 人
J 社区	2 600 人	1 320 人	300 人

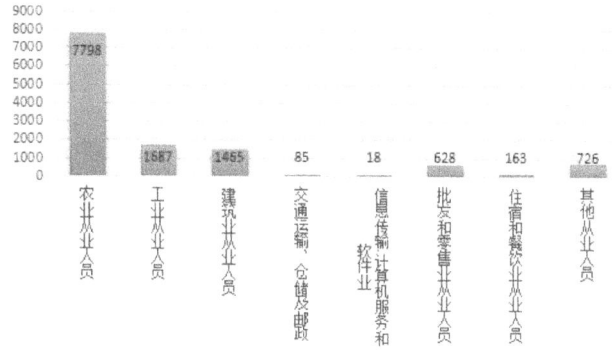

图1 毕节市 Y 乡劳动人口行业比重图

注:数据统计时间截至 2019 年 1 月

二是第一、第二产业结构的不合理造成 Y 乡三个"村改居"社区的改头换面缺乏经济支撑力。2018 年，Y 乡 GDP 3.6 亿元占全县 GDP 260.93 亿元的 1.38％。凭借相对较低的平均海拔和温暖湿润的气候，Y 乡成为全县著名的烤烟大乡，烤烟收入是 Y 乡主要的经济来源。Y 乡积极探索烤烟以外的其他第一产业经济增长点。根据笔者数据整理显示，Y 乡共有各种第一产业种植、养殖合作社 23 个，注册资本共 5 675 万元，整个 2018 年 Y 乡农业生产总值为 9 000 万元。三个"村改居"社区的合作社共计 9 个，注册资本 2 080 万元，占全乡 10 个村（社区）总额的 36.65％。其中 Q 社区凭借厚实的基础和相对便利的交通条件占了 7 个合作社，注册资本 1 580 万元，X 社区和 J 社区各 1 个合作社。第二产业上，2018 年，Y 乡工业总产值 3 650 万元，全乡 49.78 亿元，占比 0.73％。三个"村改居"社区中唯有 Q 社区有一个从事建筑石料开采、加工及销售的个人独资砂石厂，且效益一般。

三是农林牧渔业从业人口比重的极大不协调和第三产业的不发达造成"村改居"社区建设中劳动力的浪费。Y 乡总体劳动行业人口数据里，全乡劳动人口 12 570 人，占全乡人口的 58.95％；从事农业人口 7 798 人，占全乡人口的 36.57％，占全乡劳动人口的 62.04％。全乡第三产业人口 894 人，占全乡人口的 4.19％，占全乡劳动人口的 7.11％。这 894 人，有三分之二分布在 Y 乡"村改居"的三个社区中，占三个社区人口的 10％左右。经过笔者的走访和上述从业人口比重的计算，可以看出，Y 乡"村改居"的三个社区的第三产业并不是特别发达。此外，根据这三个社区所提供的《2018 年人口调查村、居委会（社区）基本情况表》显示，三个社区中农林牧渔业从业人口占各社区从业人口的比重均勾选 0%—30% 这个选项。社区负责人坦言，实际从事农林牧渔业的人口至少占全社区的一半。大量劳动力从事低收益、价值创造较低的行业，造成了严重的劳动力浪费现象。

四是当地的人文资源没有充分发掘和利用，导致"村改居"建设活力不足。当地一个远近闻名的彝族聚集地孤单地传承着黔西北彝族同胞快消亡的语言、服饰和手工艺，却未将这些特色改造成新的经济增长点。同县的 B 镇和 L 乡则做得尤为成功，吸引了多家不同层级媒体的宣传报道。

总的来看，Y 乡的困境并不是一个特殊情况。流动人口增多，产业结构不合理，第三产业的不发达等难题，也是"村改居"工作启动时经济后劲不足导致助推力不够的尴尬。

2. 复杂的民族宗教信仰与宗族关系

根据 Y 乡统计工作站提供的数据，该乡共有居民 5 706 户，共 24 251 人。其中汉族 3 502 户，14 724 人；少数民族 2 204 户，9 527 人，占总人口的 39.3%。不同的民族文化，使得各民族之间明显或隐性地存在着习俗、宗教信仰、情感等方面的鸿沟。

3. 公共基础设施的匮乏

广义的基础设施包括公共服务设施（学校、教育、医疗、文化等设施）和工程性基础设施（道路交通、给排水、电力）。

而公共基础设施的完善，是"村改居"后社区软实力的重要指标。

教育上，该乡教育资源匮乏，生源流失较多，小学毕业后多数人会选择到附近乡镇就读中学。全乡共有1所中学，位于Q社区，目前就读学生1089人，教学质量欠佳，硬件设施不足，楼房老化。全乡共10所小学，每村（社区）1所，位于Q社区的小学各方面条件最佳，X社区和J社区次之。全乡共有幼儿园1所，民办性质，尚未取得相关的办学资质，不久前被县教育管理单位叫停。

医疗上，全县共有床位数4037张，乡镇（街道）卫生院1266张，平均全县每千人均拥有床位数2.76张。偏离县城的Y乡情况更严重，只有一个乡卫生院，群众普遍存在看病难的情况。按照每村（社区）服务人口为1000人配置1名村（社区）医建设村卫生室的要求，满足需求也显得十分困难。除了X社区和J社区的村医为专职外，Q社区和其他7个村的村医均为兼职。同时，这三个"村改居"社区建设的甲级社区卫生室也不是所有指标都达标。

公共文化服务上，Q社区和Y乡文化科技宣教中心合在一起。X社区和J社区各有社区文化活动室一间，社区文化活动室设专职管理员，每月享有800元的补贴。以条件较好的Q社区为例，活动室是乡文化科技宣教中心的一楼房间，拥有图书400余册，但无人问津。拥有音响设备一套，乐器4样，已经损坏了的便民电脑4台。三个社区大同小异，基于安全和财政的考虑，都多年没有举行过大型文化活动。

道路交通上，Y 乡正在修建的主干道为二级公路，沥青混凝土路面，路基宽 8.5 米，Q 社区、J 社区部分街道为 10 米，X 社区相对窄一些，预计今年年底完工。其他各村之间实施"通组路"工程，总任务数 117.86 千米，路基宽 4.5 米，即将全部完工。

饮水保障上，该乡共编制、上报方案 6 个，总投资共计 670.94 万元。笔者前去调查时，该乡已停水 3 个多月，目前供水仍不稳定。"村改居"的三个社区里，只有 Q 社区的饮用水是经过市政设施净化统一处理过的自来水，X 社区和 J 社区的主要饮水来源依旧是受保护的井水和泉水。

环境保护对于社区的持续性发展十分重要，Y 乡三个"村改居"社区的处理方式却不尽人意。X 社区是采取未处理的社区自建明（暗）沟排水进行排放生活污水的，Q 社区和 J 社区则连沟也没有。生活垃圾处理上，X 社区是简单的掩埋或焚烧，J 社区和 Q 社区既没有将垃圾运送到市政垃圾处理站或转运站进行处理也没有进行简单的掩埋或焚烧。市容整理人员上，Q 社区和 X 社区聘有街道清洁人员，J 社区没有。调查显示，三个"村改居"社区居民参与环境管理和保护的意识不强，尴尬的是当地政府由于事务繁杂也抽不出时间细抓这个工作。

Y 乡所在的整个大地区，会通过小城镇的建设来提高社区化的程度。遗憾的是，Y 乡尚无此项目。附近的一个乡镇，刚刚获批 2 000 万元投资的小城镇建设项目，这笔钱花费在宽 21 米，总长 650 米的道路，以及人行道、绿化基础设施上。通过上述分析并参考附近已经实施城镇化建设的项目可以得知，供水排水、社区交通、环境保护、科教文卫等公共设施的供给不足成为 Y 乡三个"村改居"社区建设亟待解决的问题。

四、民族地区"村改居"走出困境之道

（一）依据本地优势发展特色经济，创造新的经济增长点。

1.探索农业转型发展新道路

Y 乡农业以烤烟为主，对于 Y 乡来说"烤烟兴则农业兴"，而烤烟的发展主要取决于烤烟的比较优势、适宜度、种植面积、种植技术、烤烟需求、政府宣传和扶持等因素。据此，笔者对 Y 乡发展烤烟产业提出以下三点建议：

一是促进烤烟种植规模化，培育重点企业。Y 乡可以以烤烟种植条件环境较好的 X 社区和 J 社区为核心区，稳定烤烟种植面积，提高土地的利用率。整合已有的小合作社成立龙头企业，加强对烟农的培训与指导。二是打造品牌，提高产品的附加值。Y 乡烟叶优质，笔者建议 Y 乡招商引资，在 Q 社区建立卷烟厂，融入民族元素，提高烤烟种植的价值。三是 Y 乡要提高烤烟宣传技巧，不断发挥烤烟种植助力脱贫攻坚的良好效应，合法合理地打造 Y 乡烟叶品牌。

除了烤烟种植以外，还要积极提高抛荒土地的利用率。如前文所说，Y 乡大量青壮年劳动力的外出使得许多土地逐渐闲置，而对于异地搬迁的扶贫户来说，原有的土地也会因为各种原因闲置下来。考虑到劳动力和地理环境的因素，笔者建议种植果林提高 Y 乡土地利用率。依据 Y 乡种植环境，以市场为

导向，以科技为支撑，走产业化之路，强化政策扶持，提高集约经营水平，逐步形成资源相对稳定充足、产出效益显著的经果林产、供、销发展格局。

2. 打造民族风情旅游景点

民族地区具备发展旅游的天然优势。浓郁的民族风情、优越的自然环境形成高品质的旅游资源，具有旅游发展的比较优势。J 社区拥有保护地相对较好的民族人文生态圈。少数民族旅游创意产业要主动与传统产业融合形成产业链，产生集聚效应和品牌效应，带动更多相关产业发展，提高区域产业的综合实力。在 J 社区建立彝族旅游村寨，融合 L 河垂钓，让社区居民就地就业，增加居民收入，促进公共基础设施的建设，发挥经济辐射作用，助力全乡第三产业的发展。和同县 B 镇，L 乡这两个民族风情旅游建设示范乡镇一样，J 社区彝族旅游村寨的建立，必须要借鉴行政管理的优点，即充分发挥上级部门对民族旅游村寨的建立和发展所起的重要作用，争取获得上级部门的支持。但同时，村寨应该面向市场，根据自己的特色探索灵活的管理模式。另外要牢牢把握旅游开发和民族文化传承相结合的发展原则。

3. 参考其他民族地区发展地域经济的借鉴意义

其他民族地区发展经济作为 Y 乡发展区域经济的参考措施。积极提高抛荒土地的利用率，促进本地特色农业品种规模化种植发展，培育重点企业以发挥带动作用。牢牢把握旅游开发和民族文化传承相结合的发展原则，打造具有民族风情的旅游景点，创造新的经济增长点。如此，方能以超高质量的经济支撑"村改居"社区建设。

（二）完善各类公共基础设施

由上文可知，民族地区的公共基础设施较为匮乏。林毅夫先生指出，公共基础设施建设是社会主义新农村建设的着手点。因此，对民族地区公共基础设施的建设可从三个方面入手，以提高"村改居"的质量。一是要提高眼界，不能只追求短期回报，科学、合理的规划，建立健全绿色优质的"村改居"社区公共基础设施建设体系。二是构建多元融资渠道，依据需要选择融资模式，减少财政压力。三是完善公共基础设施的运营与管理规则，落实责任，提高其效益。

Y 乡可把上面三点作为解决教育、文化、医疗、卫生、饮水、环保、交通等问题的指导原则，做好评估工作，最大限度地发挥建设公共基础设施的作用，提高"村改居"的硬件水平，增强群众的幸福感和满足感。

五、总结

本文是笔者在众多专家学者研究成果的基础上，结合自己的想法和实践调查而展开的研究分析。文章从笔者对乡村社区化的认识，叙述了研究对象 Y 乡的各种情况，为民族地区"村改居"提出了自己的建议。

参考文献

[1]徐勇.在社会主义新农村建设中推进农村社区建设[J].江汉论坛,2007(4).

[2]项继权.农村社区建设:社会融合与治理转型[J].社会主义研究,2008(2).

[3]甘信奎.中国当代新农村社区建设的现实条件及路径选择[J].理论学刊,2007(1).

[4]同春芬,党晓虹,王书明.农村社区管理学[M].知识产权出版社,2010.

[5]邱镜儒."村改居"社区的困境与治理对策[D].浙江海洋大学论文,2018.

[6]陈雯雯.宗族与农村社区建设[D].复旦大学论文,2009.

[7]赵文婧.塔城市多民族社区治理实践研究[D].石河子大学论文,2017.

[8]纪玉哲.公共基础设施投融资改革研究[D].东北财经大学论文,2013.

[9]徐洁.我国公共基础设施维护研究[D].重庆大学论文,2008.

[10]王春生.珠江三角洲"村改居"进程的宏观分析[J].电子科技大学学报(社科版),2008(4).

[11]李岩.新时代社会治理视角下"农转居"社区治理模

式建构—基于"政府—社会—市场"互动样式的比较研究 [J].当代世界与社会主义，2018（3）.

[12]岳国喆，王凯.我国"村改居"社区公共服务供给理论与实践研究 [J].天津城建大学学报，2018（5）.

[13]陈晓莉.新型城市化发展中村改居社区治理变革 [J].求实，2013（10）.

[14]闫文秀，李善峰.新型农村社区共同体何以可能？——中国农村社区建设十年反思与展望（2006—2016）[J].山东社会科学，2017（12）.

[15]林清新.从管理到治理：创新"村改居"社区治理的宝安探索 [J].特区实践与理论，2016（6）.

[16]左昕，林李月，朱宇，柯文前.新时期中国少数民族流动人口特征现状调查与分析 [J].广西民族研究，2019（1）.

[17]陈业强，舒梅.西方传教士对贵州威宁石门坎苗族文化的影响 [J].中国民族博览，2015（9）.

[18]李志军，刘海燕，刘继生.中国农村基础设施建设投入不平衡性研究 [J].地理科学，2010（6）.

[19]李凤.贵州省发展烤烟产业的比较优势分析 [J].贵州农业科学，2012（8）.

[20]张林，蔡向西，罗兰艳，薛梅，吕丽丹，范厚明.毕节山区特色经果林生产优势及发展前景 [J].农技服务，2016（17）.

[21] 黄海珠 . 民族旅游村寨建设研究 [D]. 中央民族大学论文，2007.

[22] 齐丹丹，周清林 . 非物质文化遗产保护与少数民族经济协同发展研究 [J]. 中国商论，2018(31).

[23] 黄海珠 . 民族旅游村寨建设研究 [D]. 中央民族大学论文，2007.

[24] 徐海燕，刘松寿 . 民族互嵌型社区：理论与实证的探讨 [J]. 西部学刊，2019(3).

[25] 贾先文 . 农村社区建设中农村宗族的作用——关于课题"农村社区建设与农村宗族"研究报告 [J]. 中国农学通报，2011(20).

[26] 林毅夫 . 落实社会主义新农村建设的五点建议 [J]. 金融经济，2006（7）.

精准扶贫下农村医疗卫生服务体系的困境与建议

刘柯彤

（贵州民族大学民族学与历史学学院）

摘要 2019 年 1 月 27 日，习近平总书记提出，"维护全民健康，建设全面小康"。党的十九大以来，以习近平同志为核心的党中央，把人民健康作为全面建成小康社会的重要内容，从维护全民健康和实现国家长远发展出发，推进实施健康中国战略。我国是一个农业大国，因此农村的医疗卫生服务体系的完善成为重中之重。农村医疗卫生服务体系的完善有利于实现全面建成小康社会的目标。基于以上原因，我国的 Y 省 Z 县 M 镇近几年，克服了医疗环境差、资金不足、村民卫生意识薄弱等问题，建立了以县级医疗卫生机构为中心，镇乡级卫生院为枢纽，村级卫生室为基础的三级医疗卫生预防保健网络。但依然剩下了难啃的硬骨头，即公共卫生服务质量差、缺乏获取人才的渠道、村里人才稀缺等问题。针对以上问题，笔者提出了加强医疗卫生人才的培养、增加医师人员招募的渠道、提高农村医疗卫生队伍建设等建议。

关键词 农村医疗；医疗设施；卫生服务

一、我国农村医疗卫生服务体系的现状

（一）乡镇方面

1. 卫生院硬件设施完善

在以前，M 镇所修建的乡镇中心卫生院是背阴的，环境潮湿，极其不利于病人休息和病情的康复。而且在背阴的情况下，医院光线阴暗，医院为了制造明亮的环境，需要长年累月地开着灯，其在电费方面开销就会大。本来政府资金投入就是有限的，这样一来，电费就会占据补助资金不小的部分。M 镇的中心卫生院建立于 20 世纪五六十年代，开始只有一所简简单单的平房，而且只是在瓦砖上面盖着木板。卫生院只有一个医生，整体条件十分艰苦。到改革开放的时候，镇里开始有了正规的卫生院，医生也从 1 个发展到 3 个。

当时的卫生院离马路远，村民们看病不太方便。2009 年的时候，卫生院重新选址，并且完成修建和搬迁，搬到了离路近的地方，解决了电费开销大、室内环境阴暗、住宿条件差、交通不便等问题。在搬迁之前，卫生院发展最好的时候，医生人数稍微上涨了一些，大概八九个人员，有 3 间平房。2009年卫生院搬迁以后，乡镇将卫生院建成一栋楼，是一栋每层

14 个房间的两层楼房，共 8 个床位。这时，看病和诊疗才被分开。3 年后，在卫生院旁边建立了医生的职工楼房，这说明医生的工作和居住环境也在慢慢改善。同年，建成一栋二层楼房，每层 7 个房间，这栋楼的采光最好，一般用来给病人打针和诊疗。楼里还有一个厨房和一个餐厅，可以供病人以及医生就餐。

在 2014 年的时候，M 镇建了一栋三层的综合大楼。由于旧房的电路老化，环境阴冷，所以 12 个医生和所有的病患都转移到综合楼里，并增加了观察室和诊疗室，共 12 个床位。以前的 8 个床位用来供大家坐着休息、看病吃药，如果有人要住院的话，床位还是很紧缺的。而现在，只有交通不便、住得远的村民才会住院，并且乡镇与市中心交通发达了，在经济条件允许的情况下，很多人都更愿意到大医院住院，所以 12 个床位完全够用。

2. 政府的补助资金充足

2009 年，卫生室建了起来，但当时的卫生室只是很破旧的小平房，只有一位村医。卫生室的建设资金，一部分是由政府出的，一部分是由村医自己投资的。而现在在 M 镇的所有村中，新建的卫生室政府会拨款 20 万元，而旧的卫生室每个拨款 10 万元来进行改造。但是太和村这个卫生室却给了 60 万元。原因如下：一是卫生室的房间是标准的"四四分"，一个房间只能有 4 个床位；二是在卫生室与建筑老板签订合约的时候，加上了附加条件，即除了建设卫生室以外还需配上电脑，每台电脑还必须联网。在建设期间，包括观察床、病床、西药柜、中药柜、收集废弃物的垃圾桶、打针的注射器等，凡是卫生室的必须设备，老板都得给他们配齐。药品不会让老板们买，都是卫生院给卫生室统一购买的，这样可以防止用假药来赚取利润的事情发生；同时，卫生院也可以拿到有保障、价位低的药物，从而节约这方面的开销。

3. 村民自愿"借地"给政府

一般情况下，居委会只负责建房，卫生室来招人。这时，居委会利用熟人关系来向百姓"借"土地。为了建设公共的卫生室，就算赔钱了，老百姓也不会要赔偿，也不会收租金。村民心里是明白的，建立卫生室是自己所在的村庄正在发展的证明，政府也是为自己的健康着想，方便大家看病的。建成之后，政府也不会收村医的租金，免费给村医使用。或者村医把自己的土地拿出来，有时还会自己带人来建设卫生室，建成以后就给大家看病。这个地其实已经是政府的了，村医也不会收政府的租金，但是给病人看病的收入是村医自己收下的，村里人也都同意。因为村医有收入后，除了可以补助村医的日常开销以外，还可以把这笔收入看作是对拿出土地的村民的"赔偿"。

4. 各村医分辖区管理

村医根据地形的特点分辖区管理该村的医疗卫生，如 M 镇的 M 村是比较分散的地形，村中的 M 街人口比较集中的，就让一个村医管着，另一个村医就负责 M 村的其他地方。村子被分为上下区域，每个村医管一个区域，自己有一个小门诊。

在一般情况下，这个村里两个村医都是分开工作、分开负责的，只有开展预防活动，给中老年人体检、新生儿体检、孕产妇检查的时候，两名医生才会聚集在一起。重要的设备、仪器都在卫生室里而不是门诊里，一是这些检查仪器很贵重，体积又大，不好搬动；二是全村也只有一台。只有特殊的检查，如产检、体检的时候，才会用到这些设备。只有一个卫生室是不方便大家看病的，最远的一个门诊离卫生室大概有20千米，如果没有这个门诊的话，村民到卫生室看病要走很远，不方便。村委会与最远的一个门诊是坐落在一起的，其附近大约有100户的人家；而在M街的门诊附近人口密集，是一个稍微富裕的地区，大约有300户人家。这样分区负责，可以保证村里被覆盖的面积大很多，几乎全部人家看病都会方便一些。

5. 卫生院、卫生室共建联盟

根据乡镇规定，卫生室要有两名执业的乡村医生。若卫生室缺一名村医，那卫生院就会轮流下到村里来，顶上那个空缺的位置。在M镇的太和村，就是实行这个方法，一般轮流医师在村里待个两到三天再回乡镇，下一名医师来代班，如此反复下去，直到村里的卫生室招到人为止。这样病人来卫生室看病时，都会有两名医生在卫生室工作。一般卫生院的医生来到卫生室，除了给病人提供服务以外，还要对卫生室的医生进行业务培训。从2017年开始，卫生院和卫生室一个月开两到三次会，在此过程中，卫生院的医生们可以指导和培训卫生室的村医们，大家可以相互交流、相互学习。村里一年给大家体检一次，这时候，由于村医忙不过来，就会让卫生院的工作人员一起帮忙，同时，卫生院会一并集中救治那些得了慢性疾病的村民。

6. "家庭＋医师"达成契约协定

与家庭签约的是卫生院的医生，共12个，每个人负责大约30户人家。签约后，要求医生对村民的整个身体状况都要了解清楚，负责到底，包括慢性疾病。然而，治疗慢性疾病对医生的医学技术要求较高。村医的技术还不能解决村民们的慢性疾病这一问题，无法满足国家规定的相应条件。所以一般都是卫生院的医生与家庭签约。

不仅是乡镇的卫生院，还有县医院，也会派医生来与村里的家庭签约，每年来一次，类似客户走访。一户人家同时受到乡镇卫生院和县医院的管理，并且留下负责自己的医生们的电话。如果有任何问题和紧急的情况发生，都可以及时联系医生，并进行咨询。医师通过电话来接诊，家人可以先进行一部分急救、治疗和处理，从而降低死亡率。签约者一打电话，医生们随叫随到，这体现了我们的医疗服务水平正在逐步提高。每一个片区都有负责、管理的医生，大家都有负责的对象，不是谁医资高，谁就管的村民人数多一些，不懂的问题大家可以相互咨询、讨论、交流、研究。保证了每个医生的工作量大致相等，提高了工作效率。

（二）村庄方面

俗话说"一个巴掌拍不响"，若是想要打出一个响亮的掌声，只有县医院、乡镇卫生院的努力是不够的。同时，还需要村级卫生院、村委会的协作，加强村民自身意识，促使村民在行动上改变，这样才能整体加强农村的医疗水平，才能提高整体的卫生服务水平。

1. 农村人居环境提升

现在，M 镇的每个村都有一个标准化的公共厕所，有一个抽水池，建了一个垃圾池。以前老百姓制造的垃圾全部往水沟里面丢。有时有人在水沟上游丢垃圾，下游的人在不知道的情况下会一直饮用这条水沟里的水。在改造房屋的过程中，要求人畜分离，因为现在农村里面都是人畜共住的，猪、羊、鸡和人都在一个园子生活。村里还打算建立垃圾焚烧站，将垃圾集中处理；建立污水处理站将污水集中处理。

2. 村民卫生意识加强

健康教育方面，是从学校开始的。比如，现在 M 镇里的幼儿园随处可见"禁止吸烟"的标牌。当小朋友看见父母吸烟时，自然而然就会提醒爸爸妈妈不要吸烟。还从建档立卡户入手，镇长希望大家先从个人卫生做起，再是家里的庭院卫生，最后是周边的卫生，一层层地去教育村民保持卫生。多次开展检查村民卧室整洁的活动，让村民从行动上先改变，再慢慢将这种"表面"的行动变成大家的生活习惯，逐渐让大家自觉地遵守健康、卫生原则。健康教育方面采用的是"挂钩式"的处理方式，村里每户都有专门负责检查自己家卫生整洁方面的村委会工作人员，挨家挨户的检查，挨家挨户地改善村民的生活习惯，从而保障百姓拥有一个健康的生活方式。

3. 积极宣传健康教育

卫生室都有一个健康教育宣传栏，每一期的教育内容都不同，如，预防艾滋病、防癌、禁毒、慢性病注意事项等主题。同时，卫生员还会直接去学校里面集中开展健康教育宣传，家长、学生一起参加，每次有一二百人来参加宣传活动。活动的多样性，提高了村民的参与度，上至家长，下至学生，提醒大家随时都要预防一些疾病的传染。从生活细节入手，让大家慢慢改掉不好的生活习惯，养成良好的生活作息习惯。

4. 加大疾病控制力度

对患有传染病的对象加以控制，如对于肺结核患者，村里会免费发药。患者由于身带传染源，所以会出现逃避体检的现象，他们怕村里人知道他有传染病，渐渐疏远他。这时，村里会与县医院和疾控中心取得联系，一起排查到底有哪些人患有传染病，并且免费定期发药给这些患者。

5. 建立投诉热线

M 镇各个村都将投诉热线的电话号码公布在公告栏上，这样村民可以通过健康扶贫热线这个渠道来反映问题，然后村里再通过正规渠道，通过合法的政策，把问题解决。比如，如果村民没有得到自己应得的补助，就会通过健康扶贫热线反映到村里，村里再去信用社查看这些补助资金是否已经打进了他们的惠农卡，把情况弄清楚，最后解决问题。建立投诉热线，增加了村民对官员在执行国家政策时的监督渠道，充分发挥了百姓的监督作用，减少了不公平现象的产生。

二、我国农村医疗卫生服务的问题

（一）医师普遍老龄化，技术水平有待提高

改革开放之后，卫生院从只能看一般的感冒，发展到能做一些简单的小手术，如急性阑尾炎等。卫生院的这位全科医生，在乡镇待了将近 20 年了。在 M 镇，村卫生室里最年轻的医生都是不惑之年了。医生偏老龄化。卫生室的医生大多数是从卫校毕业的，只要有职业医生资格证，卫生院就把他聘为乡村医生。卫生室里有两位医生，一个是防疫员，一个是保健员。防疫员和保健员之间并无差异，二者也可交换着做，可见医疗人员缺乏专业性。要不就是赤脚医生考上证以后，被招聘过来。

（二）缺乏获取人才的渠道，人才难以留在农村

从 2016 年开始，乡镇从卫生室的硬件开始进行改造，规定每个村的村委会都必须配上一个标准化的卫生室。有几个村委会就必须建立几个卫生室。又规定每个卫生室至少有两名医生。卫生室一多，医生根本不够用，乡镇的医学人才十分缺乏。在 2017 年的时候，乡镇的计划生育部门与公共卫生部门合并在一起，原来计划生育部门的 4 个工作人员，加上公共卫生部门的 6 个职工，再加上招来的 2 个职工才有了上文中提到的 12 个医生。卫生室刚建成的时候，村里只有一名村医，后来，村里就开始招人了。招聘的对象不限制是否是村里面的村民，但是因为一些招聘对象是外面来的，家不在村里，距离太远，所以外面的医生也不愿意来村里的卫生室上班，后来只能发展

和培育本地的乡村医生。每年县里面都会开一个相关的培训班，然而村里的学生能够考入高中的，自然也不会选择留在村里上这种培训班。但乡镇又要求学历必须达到高中以上，才能有做村医的机会，所以 M 镇连续两年都没有一个人被招进卫生室。形成了留不住有能力的年轻人，招不来外地满足基本要求的医生的现象。

（三）医师资源十分有限，村民有不满心理

乡镇政府有一套明确的规定，每个医生不只要进行分区管辖，而且还要与各家庭签订"家庭医生服务协议"，保证每个村民拥有专门负责自己的村医。村里卫生室分工细致，如同城市里的社区服务中心一样，分区来负责居民、管理村民。所谓农村的家庭医生签约，是指乡镇卫生院和村级卫生室针对管辖地区内的居民进行个体化的医疗签约。以家庭为单位，每年签一次，通过签订契约来维持服务关系，为家庭成员提供方便的基本医疗卫生服务。在 M 镇，所有的建档立卡户已经完成了该协议的签订，保证每一个建档立卡户都有专门负责自己的村医，帮助自己管理一些档案，比如接种的疫苗、以前生病的记录等情况。但是本村的非建档立卡户签约率只达到了 60%。虽然已经达到了国家的标准，但是"别家有医生管着，我家没有"，可能会使其他村民感到不公平和不满。所以 M 镇还是希望即使是非建档立卡户，也能达到 100% 的签约率。

三、完善我国农村医疗卫生服务体系的建议

（一）加强农村医疗卫生人才的培养

针对农村医疗卫生人员数量不足，素质不高的现状，我们要加强农村医疗卫生人才的培养，打造出一支技能优良、品行良好、数量充足的农村医疗卫生人才队伍。一方面，采用各种政策吸引优秀的医疗卫生人才加入农村医疗卫生人员队伍，或者是采用定向培养的方式，批量的通过专科学校和卫生学校来为农村医疗卫生机构提供人才。另一方面，加大对现有医疗卫生人员的培训，不断提高其医疗服务水平。同时，要从制度上规范农村医疗卫生人员的职业资格。

（二）增加医师人员招募渠道

要创新农村医师的招聘模式，可以通过网络来寻找和招揽更多的人才。比如，与一些提供工作的网络平台合作，做一个相关的招聘网站，将要求和条件填写清楚，再利用一些政策和福利来吸引与鼓励外地人报名。各医学院校可与当地政府联合制定政策，对于应届医学院校毕业难就业的问题，毕业生可与校方及当地政府签署三方协议，定向派遣毕业生到农村医疗机构工作。

（三）提高农村医疗卫生队伍建设

第一，政府应该制定优惠政策鼓励医学毕业生参与到农村医疗卫生队伍中，为农村医疗卫生队伍注入新的活力。第二，应当提高农村医护人员的薪酬和待遇，以留住现有的农村医护人员。第三，制定培训制度，对于已经任职的医护人员定期开

展医疗培训活动，以提高医护人员的基本素质。第四，建立人才双向流动机制。农村医护人员可以定期到上级医疗结构进修学习，不仅仅只有乡镇医疗机构（卫生院）的医护人员到村级的卫生室来进行卫生服务，从而，实现人才的双向流动。

四、总结

总体而言，近年来我国农村医疗卫生服务体系建设取得了很大的成效，医疗卫生服务水平大幅度提高，然而农村医疗卫生服务体系建设中仍然存在着一些问题，本文对这些问题进行了分析，并提出了解决对策和建议，以期能为我国农村医疗卫生服务体系的完善提供有效的借鉴。

参考文献

[1]林德威，仝永波.论我国农村医疗卫生服务体系的完善[J].农村经济与科技，2016(14).

[2]刘雯卓.试论我国农村医疗卫生服务体系的完善[J].健康大视野，2018(10).

[3]王德起.我国农村医疗人才现状与对策探索[J].产业与科技论坛，2016(19).

[4]魏守武.完善新农合制度提高农村医疗保障水平[J].超星，2017(5).

[5]韩俊江，王胜子.试论我国农村医疗卫生服务体系的完善[J].东北师大学报（哲学社会科学版），2015(2).

[6]王佳杰.我国农村医疗保障体系的建设问题[J].山东

青年，2015(9).

[7]高明珠.推广农村合作医疗制度改善农村医疗现状 [J].超星，2016(9).

[8]徐晓兰，牛琪.我国新型农村合作医疗制度属性探讨及完善 [J].河南社会科学，2014(2).

[9]陈晟，姜时雨，熊文婕，等.完善新型农村合作医疗制度的对策措施 [J].中国卫生事业管理，2013(5).

[10]刘彤晖.新型农村合作医疗制度发展浅析——以河南省栾川县为例 [J].经济研究导刊，2019(1).